新版 New Edition

教員養成課程
小学校音楽科教育法

2022年改訂版

Method of Teaching Music
For Primary School Teacher Training Course
2022 Revised Version

有本真紀／阪井 恵／津田正之 編著

教育芸術社

目次

第一部 **教育法研究**

I 小学校音楽科の意義

1 学校教育法から ·· 6
（1）生活を明るく豊かにする音楽
（2）音楽文化の継承

2 音楽の特質，音楽活動の特質から ································ 7
（1）音楽の特質
（2）音楽活動の特質

3 学習指導要領から ·· 8
（1）生活や社会の中の音や音楽と豊かに関わる資質・能力の育成
（2）音楽科の学習と社会をつなぐ「音楽的な見方・考え方」

II 小学校音楽科の目標と内容

1 改訂の背景 ·· 10

2 音楽科の目標 ·· 10
（1）教科の目標
（2）学年の目標

3 音楽科の内容の構成 ·· 13
（1）表現（歌唱，器楽，音楽づくり）の事項
（2）鑑賞の事項
（3）〔共通事項〕

4 内容のまとまりと題材構成 ·· 15

5 各領域及び〔共通事項〕の内容

「A 表現」歌唱分野 ··· 16
（1）歌唱の活動を通して育成する資質・能力
　　1.歌唱で育む「思考力，判断力，表現力等」／2.歌唱で育む「知識」
　　3.歌唱で育む「技能」／4.歌唱で育む「学びに向かう力，人間性等」
（2）指導のポイント
　　1.唱法／2.読譜／3.変声期／4.音高や音程を正しく歌えない児童に対する指導
（3）実践事例
　　1.低学年／2.中学年／3.高学年

「A 表現」器楽分野 ··· 24
（1）器楽の活動を通して育成する資質・能力
　　1.器楽で育む「思考力，判断力，表現力等」／2.器楽で育む「知識」
　　3.器楽で育む「技能」／4.器楽で育む「学びに向かう力，人間性等」
（2）指導のポイント
　　1.留意点／2.楽器の奏法のポイント　旋律楽器／打楽器／和楽器

（3）実践事例
　　1．低学年／2．中学年／3．高学年

「A表現」音楽づくり分野 ……………………………… 40
（1）音楽づくりの活動を通して育成する資質・能力
　　1．音楽づくりで育む「思考力，判断力，表現力等」
　　2．音楽づくりで育む「知識」／3．音楽づくりで育む「技能」
　　4．音楽づくりで育む「学びに向かう力，人間性等」
（2）指導のポイント
（3）実践事例
　　1．低学年／2．中学年／3．高学年

「B鑑賞」 ……………………………………………………… 48
（1）鑑賞の活動を通して育成する資質・能力
　　1．鑑賞で育む「思考力，判断力，表現力等」／2．鑑賞で育む「知識」
　　3．鑑賞で育む「学びに向かう力，人間性等」
（2）実践事例
　　1．低学年／2．中学年／3．高学年

共通事項 …………………………………………………………… 56
（1）〔共通事項〕の基本的な捉え方
（2）指導のポイント
●コラム「体を動かす活動の重要性」…… 58

Ⅲ 学習指導計画の作成

1 学習指導計画 …………………………………………… 60
（1）学習指導計画の意義
（2）音楽科の学習指導計画作成における基本的な考え方
●コラム「Ｑ＆Ａ方式による　音楽科教師としての心構えと指導力を高める方法」…… 64

2 幼保小・小中連携 ……………………………………… 68
（1）幼稚園・保育所との連携
（2）中学校との連携

3 特別な配慮を必要とする児童への指導 ……………… 72
（1）一般的背景
（2）音楽の授業での困り感を知る
（3）通常学級における配慮とは
（4）配慮の実際
（5）授業のユニバーサルデザイン

4 音楽科の学習指導案 …………………………………… 74
（1）総論
（2）低学年における学習指導案の例
（3）中学年における学習指導案の例
（4）高学年における学習指導案の例

5 「主体的・対話的で深い学び」の視点からの授業改善 …………………… 86

- （1）「主体的・対話的で深い学び」の視点とは
- （2）音楽科における授業改善
- （3）授業に関するこれまでの考え方の継承
- ●コラム「ICTの活用」…… 88

6 音楽科の評価 ……………………………………………………………… 90

- （1）「価値付け」「戻り道」としての教育評価
- （2）通知表と指導要録
- （3）「目標に準拠した評価」の実施
- （4）学習指導要領の目標と観点別評価
- （5）評価規準と「内容のまとまり」
- （6）題材の評価規準の作成方法
- （7）評価の方法と指導の改善

第二部 教材研究 ●

Ⅰ 教材研究 ……………………………………………………………………… 98

- 1 音楽科の「教材」
- 2 音楽科の教材研究の困難
- 3 教材研究をするということ
- 4 教師としての学びを広げる
- ●コラム「発達段階に合った教材選択」…… 102

Ⅱ 歌唱教材 ………………………………………………………………………… 104

Ⅲ 器楽教材 ………………………………………………………………………… 165

Ⅳ 鑑賞教材 ………………………………………………………………………… 170

- 1 鑑賞教材として考えられる曲一覧表
- 2 鑑賞教材の解説
  - （1）我が国や郷土の音楽，諸外国の音楽
  - （2）実践事例

付録

- 1 日本における音楽教育の歩み …… 184
- 2 楽典 ………………………… 188
- 3 音楽史年表 ………………… 200
- 4 小学校学習指導要領　総則 …… 204
- 5 小学校学習指導要領　音楽 …… 210
- 6 中学校学習指導要領　音楽 …… 216
- 7 幼稚園教育要領（抜粋）………… 220

これからの音楽科の学習指導の充実に向けたウェブ情報 …… 222

第一部

教育法研究

I 小学校音楽科の意義

　小学校の教育課程において，音楽科が存在することは，自明のこととなっている。小学校音楽科は，戦後一貫して教科として位置付けられており，ほぼ全ての保護者は，音楽の授業を受けて育っている。

　だが，改めて「なぜ学校教育において，音楽を学ぶ必要があるのか」と保護者や児童から問われたときに，教師は何と答えるだろうか。教師は「児童が音楽を学ぶ意義」を自分の言葉で説明できるようにすることが求められる。

　ここでは，いくつかの視点から，児童が音楽を学ぶ意義について考えてみよう。

1 学校教育法から

（1）生活を明るく豊かにする音楽

　日本の学校教育は，教育基本法及び学校教育法に基づいて遂行される。学校教育法第二十一条には，義務教育の目標が掲げられている。そこでは，次のような目標が示されている。

> 　義務教育として行われる普通教育は，教育基本法（略）第五条第二項に規定する目的を実現するため，次に掲げる目標を達成するよう行われるものとする。（略）
> 　九　生活を明るく豊かにする音楽，美術，文芸その他の芸術について基礎的な理解と技能を養うこと。

　ここでは，「各個人の有する能力を伸ばしつつ社会において自立的に生きる基礎を培い，また，国家及び社会の形成者として必要とされる基本的な資質を養う」（教育基本法第五条第二項）という目的を実現するために，次のことについ

て示されている。ここでは音楽に焦点を絞って述べる。

- ・芸術の一つである「音楽」が必要であること。
- ・その「音楽」は「生活を明るく豊かにする」ものであること。
- ・義務教育では「音楽についての基礎的な理解と技能を養うこと」が達成されるようにすること。

　この法文は，小学校の教育課程に音楽科を位置付ける論拠となっていることを理解しておく必要がある。

　「生活を明るく豊かにする音楽」「音楽についての基礎的な理解と技能を養うこと」という文言は，音楽の授業の必要性に関する一般的な認識とも親和性があると考えられる。音楽の授業を経験してきた一般の人々に，音楽がなぜ学校教育において必要なのかを尋ねると，「いろいろな音楽を歌ったり演奏したりすることができると生活が豊かになるから」という趣旨の答えと，その発言に賛同する人々の姿がみられる。音楽が生活を豊かにする上で大切な役割を果たしているという認識は，一定の市民権を得ているように感じられる。

（2）音楽文化の継承

　また，「音楽は大切な文化だから，学校で教えることは大事」という趣旨の声も多い。特に年配のかたは「日本の唱歌や童謡は大切な文化だから，次の世代に歌い継いでいけるようしっかり学校で教えることが大事」と力を込める。このことは，人類が育んできた音楽という芸術

文化の所産を次世代に継承していくことが，学校教育の大切な役割であるという認識が根強いことを示唆している。

「音楽についての基礎的な理解と技能を養うこと」は，音楽文化を継承していくために必要不可欠である。さらに，音楽文化を真に豊かに継承していくためには，自分たちの音楽文化を発展，創造していこうとする態度を育てていくことも大切となる。

2 音楽の特質，音楽活動の特質から

（1）音楽の特質

小学校音楽科において，学習の対象となる音楽，音楽活動にはどのような特質があるのか。音楽を学ぶ意義を考える上で，この点について理解を深めておくことが大切である。

音楽は，言語と並んで人間の集団であれば必ずもっている，人間固有の文化の一つである。音楽は，音を時間軸の中で組織付けることによって成り立つ。西洋音楽では，音楽は，旋律，和声，リズムの三要素から成るという考え方があるが，多様な集団の音楽を理解しようとする場合，このような考え方はなじまない。音をどのように組織付けているのか，音をどのように音楽へと形づくっていくのかは，集団によって多様だからである。徳丸吉彦の言うように，「音楽とは，人類が組織付けた音響である」（徳丸2012：p.15）という幅広い考え方に立つことが大切である。

もっとも，音楽は音響としてのみ存在するのではない。多様な集団において，人々の生活や社会と結び付いて音楽が生み出され，伝承されてきたことを理解する必要がある。すなわち，音楽は様々な集団がつくり上げてきた文化の所産なのである。とすれば，それぞれの集団がもっている音楽を学ぶことは，その集団の人々の考え方を学ぶことにつながる。広く言うと，人間を学ぶということになる。

（2）音楽活動の特質

私たちが音楽を表現する上で大切なのは，仲間の存在である。合唱や合奏をはじめ，音楽活動は集団で楽しむことが多い。個人で楽器の演奏などを楽しむ場合でも，その音楽を聴いてくれる仲間のいることが重要である。特に学校の音楽の授業では，個人的に音楽を楽しむのとは違い，仲間と一緒に歌ったり，演奏したり，つくったり，味わって聴いたりすることが大切にされる。

音楽を表現するためには，楽器を演奏したり，音楽をつくったりするための技能を習得することが必要となる。技能の習得には，地道な練習の積み重ねが必要となる。また，集団で仲間とともに音楽表現や鑑賞を深めていく過程においては，曲の理解を深めながら，自分はこのように表現したい，この曲のこういうよさを伝えたいという考えが生まれる。互いの音楽表現や曲のよさなどについての考えを交流しながら，音楽表現に対する思いや意図を共有していくことが必要となる。

このように，充実した音楽の学習を展開することは，教科等を横断する次のような汎用的な資質・能力を育むことにつながると考えられる。

・粘り強く物事に取り組む態度

・聴く力

・自分の考えをもつ力

・協働する力

・コミュニケーション力

8　第一部　Ⅰ　小学校音楽科の意義

・主体性
・創造性
・多様な文化への興味・関心
・感性，情操（豊かな心）　など

　まさに，人が人としてよりよく生きていくための資質・能力が育成される。もちろん，これらの資質・能力は，充実した音楽の学びを通して育まれるものである。汎用的な資質・能力の育成そのものを音楽の授業の直接の目的とするのではないことに留意する必要がある。

3 学習指導要領から

（1）生活や社会の中の音や音楽と豊かに関わる資質・能力の育成

　新学習指導要領では，全ての教科等について，各教科等をなぜ学ぶのか，この教科等を学ぶことで何が身に付くのか，という教科等を学ぶ本質的な意義を明確にしたことが特徴である。
　音楽の教科の目標の柱書には，音楽で育成を目指す資質・能力が次のように明記されている。

> 生活や社会の中の音や音楽と豊かに関わる資質・能力

　つまり，「なぜ小学校で音楽を学ぶ必要があるのか」の答えは，「生活や社会の中の音や音楽と豊かに関わる資質・能力を育成するため」ということになる。
　児童の生活やその生活を営む社会の中には，様々な音や音楽が存在し，人々の生活に影響を与えている。生活や社会の中の音や音楽と豊かに関わる資質・能力を育成することによって，児童がそれらの音や音楽との関わりを自ら築き，生活を明るく潤いのあるものにしていくことは，音楽科の大切な役割の一つである。

　生活や社会における音や音楽との関わり方には，歌う，楽器を演奏する，音楽をつくる，音楽を聴くなど様々な形があるが，そのいずれもが，児童が音や音楽に目を向け，その働きについて気付くことを促すとともに，音楽文化を継承，発展，創造していこうとする態度の育成の素地となるものである。
　音楽科は，「生活や社会の中の音や音楽と豊かに関わる資質・能力」の育成を実現することによって，

・生活や社会の中の音や音楽と豊かに関わることのできる人を育てること
・そのことによって，心豊かな生活を営むことのできる人を育てること
・ひいては，心豊かな生活を営むことのできる社会の実現に寄与すること

を目指しているのである。
　このことは，前述した学校教育法第二十一条に示された義務教育の目標「九　生活を明るく豊かにする音楽，美術，文芸その他の芸術について基礎的な理解と技能を養うこと」とも関連する。
　ここでいう「生活や社会の中の音や音楽と豊かに関わる資質・能力」は，教科の目標(1)(2)(3)に示されているものである。　(p.11参照)

（2）音楽科の学習と社会をつなぐ「音楽的な見方・考え方」

　今回の改訂のキーワードの一つが，「見方・考え方」である。新学習指導要領では，全ての教科等の目標の柱書（目標の冒頭の一文）に，

　……見方・考え方を働かせ，……資質・能力を次のとおり育成することを目指す。

と共通に示され（「……」は各教科等の特質に応じた文言），各教科等の資質・能力を育成するためには，各教科等の特質に応じた見方・考え方を働かせることが必要であるとされている。この「見方・考え方」とは，

・「どのような視点で物事を捉え，どのような考え方で思考していくのか」というその教科等ならではの物事を捉える視点や考え方
・各教科等を学ぶ本質的な意義の中核をなすもの
・各教科等の深い学びの鍵となるもの
・教科等の学習と社会をつなぐもの

とされている。（解説総則編2018：p.4）

　一言で言えば，資質・能力を育成するための学びのエンジンであり，深い学びを実現し，資質・能力を育成する上で必要不可欠なものである。また，このエンジンは，資質・能力を育成する過程で鍛えられ，広がったり深まったりする。

　音楽科では，音楽科の特質に応じた，物事を捉える視点や考え方を「音楽的な見方・考え方」とし，『小学校学習指導要領解説音楽編』では，次のように示されている。（解説音楽編2018：p.10）

> 音楽に対する感性を働かせ，音や音楽を，音楽を形づくっている要素とその働きの視点で捉え，自己のイメージや感情，生活や文化などと関連付けること。

　「音楽に対する感性」とは，リズム感，旋律感，和音感などの音楽的感受性であると同時に，音や音楽の美しさなどを感じ取るときの心の働きである。音楽に対する感性を働かせることによって，音楽科の学習が成立する。

　「音や音楽を，音楽を形づくっている要素とその働きの視点で捉え」とは，端的に言えば，音や音楽を「音響」として捉えることである。鳴り響く音や音楽が，どのように形づくられて

いるのか，そこからどのような感じが生み出されているのか，を捉えることである。その支えとなるのが，音色，リズム，速度などの「音楽を特徴付けている要素」や，反復，呼びかけとこたえなどの「音楽の仕組み」を聴き取り，それらの働きが生み出すよさや面白さ，美しさを感じ取ることである。

　一方，音響としての音や音楽は，「自己のイメージや感情」，「生活や文化」などとの関わりにおいて，意味あるものとして存在している。音や音楽とそれらによって喚起される自己のイメージや感情との関わり，音や音楽と人々の生活や文化などの音楽の背景との関わりについて考えることによって，音楽表現を工夫したり，音楽を聴いてよさなどを見いだしたりする学習が深まっていくのである。

　このことは，2（1）で述べた「音楽の特質」すなわち，芸術や文化としての音楽の特質とも関連する。

　さらに，「見方・考え方」は，「教科等の学習と社会をつなぐもの」であるとされ，児童が各教科等の学習の中だけではなく，大人になって明るく豊かな生活をしていく上でも重要な役割を果たす。児童が大人になったとき，学校教育で培われた「音楽的な見方・考え方」を働かせて，様々な音楽の特徴への理解を深め，創造的，協働的に表現したり聴いたりして，生活や社会の中の音や音楽と豊かに関わり，心豊かな生活や社会を築いていくことが期待される。

（津田正之）

引用文献

徳丸吉彦（2014）「学校での音楽教育の役割」『教育研究』平成24年10月号，pp.14-17

文部科学省（2018）『小学校学習指導要領（平成29年告示）解説音楽編』東洋館出版社

文部科学省（2018）『小学校学習指導要領（平成29年告示）解説総則編』東洋館出版社

Ⅱ 小学校音楽科の目標と内容

1 改訂の背景

　学習指導要領（平成29年告示）の改訂は，中央教育審議会での議論を踏まえ，「子供たちが未来社会を切り拓くための資質・能力」を一層確実に育成することを目指して進められた。このような資質・能力を，社会と連携・協働しながら，教育課程全体を通して育成するため，中央教育審議会答申では，育成を目指す資質・能力を，次の三つの柱に基づいて整理するように提言がなされ，全て教科等の目標と内容は，次のように整理が図られることになった。

・何を理解しているか，何ができるか（生きて働く「知識・技能」の習得）
・理解していること・できることをどう使うか（未知の状況にも対応できる「思考力・判断力・表現力等」の育成）
・どのように社会・世界と関わり，よりよい人生を送るか（学びを人生や社会に生かそうとする「学びに向かう力・人間性等」の涵養）

　授業の本質は「**学力の形成**」である。前述の三つの柱による目標と内容の整理は，平成19年の学校教育法の一部改正で位置付けられた**学力の三要素**（「基礎的な知識及び技能」，「思考力，判断力，表現力等」，「主体的に学習に取り組む態度」）を踏まえたものである。

　新学習指導要領の趣旨を理解しそれを踏まえた授業実践を充実していくためには，音楽科の目標と内容，そして学習評価が，三つの柱で整理されていることを理解する必要がある。

　［表1］は，新学習指導要領の目標及び内容，評価の観点との関係を表したものである。

　以下，［表1］と照らしながら，目標，内容を見ていただきたい。

2 音楽科の目標

（1）教科の目標

　音楽科の教科の目標は，次のとおりである。

【柱書】
・表現及び鑑賞の活動を通して，－①
・音楽的な見方・考え方を働かせ，－②
・生活や社会の中の音や音楽と豊かに関わる資質・能力を次のとおり育成することを目指す。－③
【知識及び技能】
(1) 曲想と音楽の構造などとの関わりについて理解するとともに，　　　　　（知識／表現・鑑賞）
　表したい音楽表現をするために必要な技能を身に付けるようにする。　　　　　（技能／表現）
【思考力，判断力，表現力等】
(2) 音楽表現を工夫することや，　　　　（表現）
　音楽を味わって聴くことができるようにする。
　　　　　　　　　　　　　　　　　　（鑑賞）
【学びに向かう力，人間性等】
(3) 音楽活動の楽しさを体験することを通して，音楽を愛好する心情と音楽に対する感性を育むとともに，　　　　　　　　（表現・鑑賞）
　音楽に親しむ態度を養い，豊かな情操を培う。
　　　　　　　　　　　　　　　（表現・鑑賞）
※【　】，－○，（　）は筆者，（　）は対応する資質・能力／領域

　柱書（目標の冒頭の一文）には，音楽科では，
・どのような資質・能力を－③
・どのような学習活動を通して－①，②
育成するのかが，明記されている。

　すなわち，音楽科は「**生活や社会の中の音や音楽と豊かに関わる資質・能力**」の育成を目指す教科である－③とし，そのためには，これま

［表1　小学校音楽科の目標及び内容，評価の観点との関係］

育成する資質・能力		生活や社会の中の音や音楽と豊かに関わる資質・能力		
		知識及び技能	思考力，判断力，表現力等	学びに向かう力，人間性等
教科の目標		(1)	(2)	(3)
学年の目標		(1)	(2)	(3)
内容 A表現	(1)歌唱	イ	ウ(ア)(イ)(ウ)	ア
	(2)器楽	イ(ア)(イ)	ウ(ア)(イ)(ウ)	ア
	(3)音楽づくり	イ(ア)(イ)	ウ(ア)(イ)	ア(ア)(イ)
B鑑賞	(1)鑑賞	イ	—	学びに向かう力，人間性等は，内容の学習を通して育成されるものである。
〔共通事項〕(1)		イ	—	ア
評価の観点		知識・技能	思考・判断・表現	主体的に学習に取り組む態度

でと同様に「**表現及び鑑賞の活動を通して**」行うこと―①と，新たに「**音楽的な見方・考え方を働かせ**」る必要があること―②が示されている（「音楽的な見方・考え方」についてはp. 8を参照）。

「生活や社会の中の音や音楽と豊かに関わる資質・能力」とは，目標(1)，(2)及び(3)の総体である。表現及び鑑賞の活動を通して，音楽的な見方・考え方を働かせて学習をすることによって，児童の発達の段階に応じた，

(1)「**知識及び技能**」の習得

(2)「**思考力，判断力，表現力等**」の育成

(3)「**学びに向かう力，人間性等**」の涵養

が実現し，「生活や社会の中の音や音楽と豊かに関わる資質・能力」が育成されるのである。

それでは，次の三つの柱で整理された，(1)(2)(3)の目標を見てみよう。

1．【知識及び技能】

「曲想と音楽の構造などとの関わりについて理解する」ようにするのが「知識」に関する目標であり，表現及び鑑賞領域に共通するものである。ここでいう曲想とは「その音楽に固有の

雰囲気や表情，味わい」のことであり，音楽の構造とは，「音楽を形づくっている要素の表れ方や，音楽を特徴付けている要素と音楽の仕組みとの関わり合い」である。「曲想と音楽の構造などとの関わりについて理解する」とは，例えば「落ち着いた感じから明るい感じに変わったのは，低い音域で旋律が繰り返されている前半に比べて，後半は旋律の音域が高くなり，音の重なり方が少しずつ変化しているから」といったことを，表現や鑑賞の活動を通して，音楽的な見方・考え方を働かせて，児童が自ら捉え理解することである。

一方，「表したい音楽表現をするために必要な技能を身に付けるようにする」のが「技能」に関する目標であり，表現領域のみに該当するものである。「表したい音楽表現をするために必要な」と表記することによって，音楽科における技能は「思考力，判断力，表現力等」の育成と関わらせて，習得できるようにすべき内容であることを明確にしている。

2．【思考力，判断力，表現力等】

「音楽表現を工夫すること」は表現領域，「音

楽を味わって聴くこと」は鑑賞領域に関する目標である。

「音楽表現を工夫する」とは，曲の特徴にふさわしい音楽表現を工夫したり（歌唱・器楽），実際に音を出しながら音楽の全体のまとまりなどを考えたり（音楽づくり）して，どのように表現するかについて思いや意図をもつことである。

「音楽を味わって聴く」とは，曲想及びその変化と音楽の構造との関わりなどを関連させて捉え直し，自分にとっての音楽のよさなどを見いだし，曲全体を聴き深めていることである。

また，このような学習を深めていくためには，音楽を形づくっている要素を聴き取り，それらの働きが生み出すよさや面白さ，美しさを感じ取りながら，聴き取ったことと感じ取ったこととの関わりについて考えることが必要である。

3．【学びに向かう力，人間性等】

「音楽活動の楽しさを体験する」とは，主体的，創造的に表現や鑑賞の活動に取り組む楽しさを実感することである。「音楽を愛好する心情を育む」とは，児童が心から音楽を愛好することができるようにするとともに，生活の中に音楽を生かそうとする態度を，音楽科の学習活動を通して育むということである。「音楽に対する感性」とは，リズム感，旋律感，和音感，強弱感など音楽の様々な特性に対する感受性であるとともに，音や音楽の美しさなどを感じ取るときの心の働きでもある。「音楽に親しむ態度」とは，我が国や諸外国の様々な音楽，及び様々な音楽活動に関心をもち，積極的に関わっていこうとする態度である。「豊かな情操を培う」とは，美しいものや優れたものに感動する情感豊かな心を培うことであり，音楽科では美的情操を培うことが中心となる。

（2）学年の目標

学年の目標には，教科の目標を実現していくための具体的な目標が，教科の目標と同じ構造（三つの柱，対応する領域）で示されている。児童の発達の段階や学習の系統性を踏まえ，学習が質的に高まっていくよう表記されている［表2］。

［表2　学年の目標］

【知識及び技能】

学年	「知識」：「A表現」及び「B鑑賞」		「技能」（技能は表現のみ）：「A表現」		
第1・2学年	曲想と音楽の構造など との関わりについて	気付くとともに，	音楽表現を楽しむ	ために必要な	歌唱，器楽，音楽づくりの技能を身に付けるようにする。
第3・4学年		理解するとともに，	表したい音楽表現を する		
第5・6学年					

【思考力，判断力，表現力等】

学年	「思考力，判断力，表現力等」：「A表現」			「思考力，判断力，表現力等」：「B鑑賞」		
第1・2学年	音楽表現を考え て表現に対する	思いを	もつことや，	曲や演奏の	楽しさを	見いだしながら	音楽を味わって 聴くことができ るようにする。
第3・4学年		思いや意図を			よさなどを		
第5・6学年							

【学びに向かう力，人間性等】

学年	「学びに向かう力，人間性等」：「A表現」及び「B鑑賞」							
第1・2学年	楽しく	音楽に 関わり，	協働して音 楽活動をす る楽しさを	感じ	ながら，	身の回りの様々な	音楽に親し むとともに，	音楽経験を生かして生活を明るく潤いのあるものにしようとする態度を養う。
第3・4学年	進んで					様々な		
第5・6学年	主体的に			味わい				

3 音楽科の内容の構成

　音楽科の内容は，「**A表現**」，「**B鑑賞**」の二領域及び〔**共通事項**〕で構成されている。「**A表現**」は，**歌唱，器楽，音楽づくり**の3つの分野からなる。三つの柱で整理された目標を踏まえ，2学年ごとに，次の資質・能力別に対応するように示されている〔表3〕。
　　ア「**思考力，判断力，表現力等**」
　　イ「**知識**」
　　ウ「**技能**」

［表3　音楽科の内容の構成］

		項目	事項
領域	A表現	(1) 歌唱	ア「思考力，判断力，表現力等」 イ「知識」 ウ「技能」
		(2) 器楽	ア「思考力，判断力，表現力等」 イ「知識」 ウ「技能」
		(3) 音楽づくり	ア「思考力，判断力，表現力等」 イ「知識」 ウ「技能」
	B鑑賞	(1) 鑑賞	ア「思考力，判断力，表現力等」 イ「知識」
〔共通事項〕		〔共通事項〕(1)	ア「思考力，判断力，表現力等」 イ「知識」

　三つの柱のうち，「知識及び技能」については，ウの技能が「A表現」のみの内容であることから，イ「知識」とウ「技能」とに分けて示されている。また，「学びに向かう力，人間性等」については，「知識及び技能」と「思考力，判断力，表現力等」を身に付けていく過程において育成されるものであることから，事項ではなく目標においてまとめて示されている。
　次に，第5・6学年の「A表現」(1)歌唱の各事項，「B鑑賞」(1)鑑賞の各事項，〔共通事項〕の各事項を示し，内容の示し方の特徴とその関係について述べる。

（1）表現（歌唱，器楽，音楽づくり）の事項

---

(1) 歌唱の活動を通して，次の事項を身に付けることができるよう指導する。

> ア　歌唱表現についての<u>知識や技能を得たり生かしたりしながら</u>，曲の特徴にふさわしい表現を工夫しどのように歌うかについて思いや意図をもつこと。　　　　　　（思考力，判断力，表現力等）

> イ　曲想と音楽の構造や歌詞の内容との関わりについて理解すること。　　　　　　　　　　（知識）

> ウ　<u>思いや意図に合った表現をするために必要な</u>次の(ｱ)から(ｳ)までの技能を身に付けること。
　　　　　　　　　　　　　　　　　　（技能）
　(ｱ) 範唱を聴いたり，ハ長調及びイ短調の楽譜を見たりして歌う技能
　(ｲ) 呼吸及び発音の仕方に気を付けて，自然で無理のない，響きのある歌い方で歌う技能
　(ｳ) 各声部の歌声や全体の響き，伴奏を聴いて，声を合わせて歌う技能

※下線，（　）等は筆者，以下同じ

（2）鑑賞の事項

---

(1) 鑑賞の活動を通して，次の事項を身に付けることができるよう指導する。

> ア　鑑賞についての<u>知識を得たり生かしたりしながら</u>，曲や演奏のよさなどを見いだし，曲全体を味わって聴くこと。　（思考力，判断力，表現力等）

> イ　曲想及びその変化と，音楽の構造との関わりについて理解すること。　　　　　　　（知識）

　ア（思考力，判断力，表現力等）の下線部には，「知識や技能を得たり生かしたりしながら（鑑賞は知識のみ）」と示されている。すなわち，アの事項は，イ（知識）やウ（技能）の習得との往還を図りながら育成すべき内容であることを示唆している。また，ウの下線部には，「思

いや意図に合った表現をするために必要な」と示されている。ウの事項は、アと関わらせて習得すべき内容であることを示唆している。

(3)〔共通事項〕

> (1)「A表現」及び「B鑑賞」の指導を通して、次の事項を身に付けることができるよう指導する。
>
> ア　音楽を形づくっている要素を聴き取り、それらの働きが生み出すよさや面白さ、美しさを感じ取りながら、<u>聴き取ったことと感じ取ったこととの関わりについて考えること</u>。
> 　　　　　　　　（思考力、判断力、表現力等）
>
> イ　<u>音楽を形づくっている要素及びそれらに関わる音符、休符、記号や用語</u>について、<u>音楽における働きと関わらせて理解すること</u>。　（知識）

〔共通事項〕(1)では、「第3 指導計画の作成と内容の取扱い」2(8)に示された「音楽を形づくっている要素」（下線部）ア、イが学習対象となる。

> 音楽を形づくっている要素
> ア　音楽を特徴付けている要素
> 　　音色、リズム、速度、旋律、強弱、音の重なり、和音の響き、音階、調、拍、フレーズなど
> イ　音楽の仕組み
> 　　反復、呼びかけとこたえ、変化、音楽の縦と横との関係など

これらは文字どおり、音響としての音楽そのものを形づくっているものである。

〔共通事項〕(1)アでは、これらの「音楽を形づくっている要素を聴き取る」ことと感じ取ること、「聴き取ったことと感じ取ったこととの関わりについて考えること」（二重下線部）が示されている。

ここでいう「聴き取ったことと感じ取ったこととの関わりについて考える」とは、例えば音楽に対する感性を働かせて、「追いかけられているような感じがしたのは、だんだん強くなるのと同時にだんだん速くなっているから」のように、客観的に聴き取った強弱や速度の変化と、主観的に感じ取ったよさや面白さ、美しさとの関わりについて考えることである。

〔共通事項〕(1)イでは、「音楽を形づくっている要素」と、「それらに関わる音符、休符、記号や用語」（下線部）を対象とし、「音楽における働きと関わらせて理解すること」（二重下線部）と示されている。「第3 指導計画の作成と内容の取扱い」2(9)に示された「音符、休符、記号や用語」が学習対象となる。

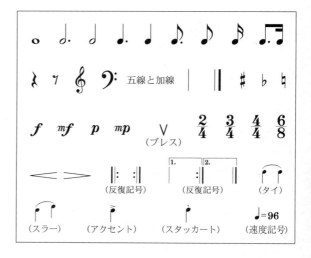

「音楽における働きと関わらせて理解する」とは、例えば♪のリズムが特徴的な曲を扱う場合、♪と♪とでは、音楽の表情がどう変わるのかを比較するなどして、音楽における働きと関わらせて、その意味や効果を理解するというようなことである。

〔共通事項〕(1)ア及びイで示したことは、表現及び鑑賞の学習において共通に必要となる資質・能力である。

4 内容のまとまりと題材構成

小学校音楽科における内容のまとまりは，次のようになる。

「A表現」
　①歌唱ア，イ，ウ及び〔共通事項〕(1) ア
　②器楽ア，イ，ウ及び〔共通事項〕(1) ア
　③音楽づくりア，イ，ウ及び〔共通事項〕(1) ア
「B鑑賞」
　④鑑賞ア，イ及び〔共通事項〕(1) ア

---

①から④のまとまりは，指導計画の作成において，題材を構成する基本的な単位でもある。したがって「A表現」領域の歌唱，器楽，音楽づくりの分野ではア（思考力，判断力，表現力等），イ（知識），ウ（技能）の事項，「B鑑賞」領域ではア，イの事項を扱い，互いに関連を図りながら一体的に育んでいくことが求められている。

その際，〔共通事項〕(1) アは，題材を成立させる基礎的な要件になる。先に例示したような〔共通事項〕(1) アの学習は，曲想と音楽の構造などとの関わりについて理解したり，曲の特徴にふさわしい表現を工夫したり，曲や演奏のよさなどを見いだしたりする学習を深めていくために必要なものだからである。一方，このような学習を通して，〔共通事項〕の学習も深まっていく。

なお，③音楽づくりの内容は，次の2つの活動から構成されている。

A．音遊びや即興的な表現の活動
　ア(ア)，イ(ア)，ウ(ア)の内容に対応
B．音を音楽へと構成する活動
　ア(イ)，イ(イ)，ウ(イ)の内容に対応

Aは主に(ア)の内容，Bは主に(イ)の内容に対応している。音楽づくりの活動では，何らかの形でA，B両方の活動が含まれるが，題材を構成する際，主にどちらの活動を扱うのか，あるいは両方の活動を扱うのかについて明確にすることが必要である。

※

題材を構成する基本的な単位である①から④は，適宜，関連を図ることによって，それぞれの内容のまとまりの学習が充実する。その際，①から④の各活動をつなぐ「要」となるのが〔共通事項〕である。「第3 指導計画の作成と内容の取扱い」2(8)(9)に示された「ア　音楽を特徴付けている要素」及び「イ　音楽の仕組み」，それらに関わる「音符，休符，記号や用語」によって関連を図ることが大切である。

例えば「呼びかけとこたえを楽しもう」という題材では，音楽の仕組みである「呼びかけとこたえ」を要として，呼びかけとこたえの表現が特徴的な教材曲を，歌唱と鑑賞の活動で関連付けて扱うことにより，①と④の学習の充実を図ることが考えられる。

このように，適宜，領域（表現，鑑賞）や分野（歌唱，器楽，音楽づくり）間の関連を図った題材を構成することによって，各領域や各分野で育成する資質・能力を一層高めていくことが期待される。

（津田正之）

5 各領域及び〔共通事項〕の内容

「A表現」歌唱分野

（1）歌唱の活動を通して育成する資質・能力

　学習指導要領解説のA表現(1)では，「歌唱の活動は，自らの声で，曲の表現を工夫し，思いや意図をもって歌うものである」とし，育成する資質・能力を他の表現分野と同じように，ア「思考力，判断力，表現力等」，イ「知識」，ウ「技能」に整理し，次のように示している。

ア　曲の特徴にふさわしい歌唱表現を工夫し，思いや意図をもつこと。（思考力，判断力，表現力等）
イ　曲想と音楽の構造や歌詞の内容との関わりについて理解すること。（知識）
ウ　思いや意図に合った表現をするために必要な次の(ア)から(ウ)までの技能を身に付けること。（技能）
　(ア)聴唱・視唱の技能
　(イ)自然で無理のない，響きのある歌い方で歌う技能
　(ウ)声を合わせて歌う技能

1．歌唱で育む「思考力，判断力，表現力等」

　歌唱表現についての知識や技能を得たり生かしたりしながら，曲の特徴にふさわしい歌唱表現を工夫し，どのように歌うかについて思いや意図をもつことである。指導に当たっては，教師の解釈や意図を児童に一方的に押し付けるのではなく，児童が思いや意図を言葉や音楽で伝え合ったり，実際に歌ったりすることなどを繰り返し，曲の特徴にふさわしい表現を試みるようにすることが重要である。

　例えば，第4学年の歌唱共通教材〈とんび〉では，「ピンヨロー」の歌詞が4回繰り返される。この「ピンヨロー」について，とんびが飛んでいる様子を想像し，どのように表現したいのかを児童が考え，言葉や音楽で伝え合い，歌って確かめる活動が大切である。

2．歌唱で育む「知識」

　歌唱曲の曲名，記号や用語などを覚えることだけではなく，「曲想と音楽の構造」，「曲想と歌詞の内容」との関わりについて理解することである。例えば「のびやかで明るい感じになっているのは，同じリズムが繰り返されたり，となり合った音が続いている旋律の中で時々上下に音が跳んでいて動きがあったりするから」といったことを，児童が自ら理解できるように指導を工夫することが大切である。

3．歌唱で育む「技能」

　(ア)聴唱・視唱の技能，(イ)自然で無理のない歌い方で歌う技能，(ウ)声を合わせて歌う技能である。発達段階に応じて，下の表のように整理できる。

(ア)聴唱・視唱の技能
　低学年：範唱を聴いて歌う，階名で模唱，暗唱
　中学年：範唱を聴いて歌う，ハ長調の楽譜を見て歌う
　高学年：範唱を聴いて歌う，ハ長調，イ短調の楽譜を見て歌う
(イ)自然で無理のない歌い方で歌う技能
　低学年：自分の歌声及び発声に気を付けて歌う
　中学年：呼吸及び発音の仕方に気を付けて，自然で無理のない歌い方で歌う
　高学年：呼吸及び発音の仕方に気を付けて，自然で無理のない，響きのある歌い方で歌う
(ウ)声を合わせて歌う技能
　低学年：互いの歌声や伴奏を聴いて，声を合わせて歌う
　中学年：互いの歌声や副次的な旋律，伴奏を聴いて，声を合わせて歌う
　高学年：各声部の歌声や全体の響き，伴奏を聴いて，声を合わせて歌う

　これらの技能についても，「思考力，判断力，表現力等」と同様に，技能のみを単独で習得することを意図するものではない。「思いや意図に合った表現をするために必要な」と示すように，児童が表したい思いや意図をもち，これら

の技能が何のために必要であるのか，児童がそのことを実感しながら習得できるようにすることが大切である。

また，「声を合わせる」ためには，友達の声だけではなく，自分自身の声を聴かなければならない。自分の歌声を無意識に「聞く」のではなく，意志をもって「聴く」ことは，実際は友達の歌声を聴くよりも難しい。まして，友達の歌声が聞こえる中で，自分の発した歌声を認識することは容易ではない。それを可能にするために，教師はクラス全体に対する指導に偏らず，個々の児童の歌声にも注目する必要がある。そのうえで，それぞれの児童が自分自身の歌声や友達の歌声を意識的に聴こうとしているかを見取り，適切に指導することが求められる。

なお，歌唱の学習では，ア（思考力，判断力，表現力等），イ（知識）及びウ（技能）を適切に関連させて扱うとともに〔共通事項〕との関連を十分に図って題材を構成することが必要となる。

4．歌唱で育む「学びに向かう力，人間性等」

この資質・能力は目標に示され，歌唱の指導内容には明示されていない。しかし，三つの柱の資質・能力をバランスよく身に付けるようにするためには，歌唱で育む資質・能力としても捉えておくことが必要である。

歌唱活動における「学びに向かう力，人間性等」とは，楽しく，進んで，主体的に音楽に関わり，協働して歌唱活動をする楽しさを感じたり，味わったりしながら，生活を明るく潤いのあるものにしようとする態度を意味する。

ところで，歌唱は，それぞれの人の体そのものを楽器とする音楽の表現行動である。表現される音は，歌唱者自身の身体面，精神面と密接

に関わっている。それゆえ，児童が歌唱で表現することの楽しさを感じられるようにするためには，教師が日頃からそれぞれの児童の声を尊重し，児童が自分自身の声を肯定的に捉えられるように導く必要がある。教師に対して信頼感をもつこと，また，歌唱の場面で児童が表現する楽しさを感じられるような雰囲気づくりをすることが何より重要である。

また，歌唱は人間の本能的な音楽表現であり，多くの人が最も長く関わる音楽行動である。同時に歌唱活動は，音楽的思考，音楽活動の基礎ともなる。すなわち，小学校での歌唱指導は，児童が生涯にわたって音楽と肯定的かつ積極的に関わるための土台づくりという重要な役割を担っているといえる。児童が身体的，精神的に著しく発達するこの6年間に，教師には，歌唱が児童の内面を成長させる活動となるよう指導することが求められている。

（2）指導のポイント

歌唱指導のポイントとして，ここでは，唱法，読譜，変声期，音高や音程を正しく歌うための指導について述べる。

1．唱法

①聴唱法と視唱法

聴唱法は，教師やCD，DVDなどによる範唱を聴き，それを模唱する（模倣して歌う）方法である。小学校低学年の歌唱指導は聴唱法が中心となる。授業では，児童に互いの声を聴かせるために，児童の声を範唱とすることも考えられるが，範唱はできるだけ教師が実際に行うことが望ましい。なぜなら児童にとっては，ピアノの音ではなく，教師が児童の前で実際に歌って聴かせる音色が，音程を確認するために最も聴きやすいからである。児童のモデルとなる

よう，教師自身が音程やリズムを正しく，美しい響きの発声で，表現豊かに自信をもって歌えることが必要である。

ピアノの弾き歌いの場合は，ピアノの音が大きすぎて教師の歌声が聴こえなくなることのないように，また，ピアノを弾くことだけに集中するのではなく，児童の表情や声をよく観察しながら指導することが重要である。

視唱法は，楽譜を見て音を取る方法である。視唱法を行うためには読譜力（読譜については，後述する２を参照されたい）が必要となる。児童が将来自ら歌いたいと思う歌に出会ったとき，楽譜を見て音を取る力があれば，積極的に音楽と関わる際に大きな手助けとなる。音の高さ，音の長さを視覚的に捉えることができれば，ピアノなどを用いてそれらを確認することができる。「Ａ表現」(1)ウ(ア)の第３学年及び第４学年の事項において「範唱を聴いたり，ハ長調の楽譜を見たりして歌う技能」を身に付けると示されているように，中学年から聴唱法と並行して視唱法を取り入れることが求められる。

②移動ド唱法（階名唱）と固定ド唱法

階名とは，絶対的な音高を表す際に用いられる「音名」とは異なり，長音階の場合はド，短音階の場合はラをそれぞれ主音とし，その調における相対的な位置を，ドレミファソラシを用いて表すものである。階名唱の場合，調により五線譜上の「ド」の位置が移動するため，「移動ド唱法」とも呼ばれる。「第３指導計画の作成と内容の取扱い」2(4)イに「相対的な音程感覚を育てるために，適宜，移動ド唱法を用いること」と示されているように，適宜「移動ド唱法（階名唱）」を用いて指導することが重要である。

一方，「固定ド唱法」では，どの調でもハ長調の階名を用いて歌う。（「ド」の位置が固定されるため，「固定ド唱法」と呼ばれる。）例えば，ト長調の音階は「ソラシドレミファソ」と歌う。鍵盤楽器などを演奏する際には，この唱法だと演奏する実音と楽譜上の音が一致するので混乱がない。児童に混乱を来たすことのないように，教師は十分に活用する場面を考慮する必要がある。

〔譜例１〕は，ト長調の移動ドと固定ドである。

〔譜例１：ト長調の音階〕

２．読譜

楽譜を読むことは，あくまでも音楽を学ぶための手段の一つである。しかしながら読譜力は，生涯にわたって音楽と積極的に関わっていくための素地となる，極めて重要な能力である。

教師にとっても，児童に歌って聴かせたい曲の楽譜を見て，自分でピアノの練習をしたり，歌う旋律を確認したりするためには，楽譜を読むことが必須である。

楽譜には様々な種類がある。ここでは，小学校の音楽科で多く使用される五線譜の読譜について述べる。

楽譜が読める人は，ピアノを習っていたり，合唱部に入っていたり，音楽の学習経験が基礎になっていることに気付くであろう。つまり楽譜は，ひらがなの五十音を学ぶのと同様に，学習することで読めるようになるのである。教師がこのことを正しく認識していないと，児童に対する指導も躊躇しがちになる。

また，読譜が苦手だという人の多くは，音符

の下に「ドレミ」などの字を書き込んでいる。音符があるのに，自分で書いた「ドレミ」という字を見て歌っている。楽譜のメリットは，音の高さや長さを絵のように視覚的に捉えられることにあるのに，その特徴が全く生かされていない。これでは，いつまでたっても楽譜を読めるようにはならない。

　読譜ができるようになるための具体的な方法として，例えば授業時間開始の数分を使い，ハ長調の旋律を見て，最初は二音，三音，五音というように，カードを瞬間的に児童に見せて答えさせるゲームなどがある。また，ＩＣＴやデジタル教科書を活用する方法も有効であろう。楽譜上のどの音を今歌っているのかを認識することが可能になるからである。

　楽譜に示された音とその名前が結び付けば，児童も楽譜を読む楽しさがさらに増し，授業の中で新しい楽譜に出会う度に，読譜力が確実なものとなっていく。そのためにも，積極的に読譜指導を行う必要がある。

３．変声期
①変声期について

　思春期において発声器官の急速な発育による声の変化を変声，その時期を変声期と呼ぶ。変声の時期には個人差があるが，主に小学校の高学年から中学校の初期にかけて，男子は話し声の高さが約１オクターブ低くなって音色も変わり，声だけでなく心身ともに著しい変化がみられる。自分自身の声のコントロールがうまくいかず，ひっくり返ったり，しわがれ声になったり，また低い音域の音であっても音高が不安定になったりする。一方，女子はこの時期に話し声が２，３度低くなる。音色の変化が中心であり，男子ほどの急激な変化はみられない。

②変声期の指導

　「第３指導計画の作成と内容の取扱い」２(4)ウには，「変声以前から自分の声の特徴に関心をもたせるとともに，変声期の児童に対して適切に配慮すること」と明記されている。

　教師は，変声期の児童が子供の声から大人の声へと急激に変化しても，歌うことに対する羞恥心や不安感をもたないように十分に配慮する必要がある。特に，男子の声の変化は著しいが，声は人の一生を通して発達，変化するものであり，変声は特別なことではないと認識させることが大切である。教師はまず，変声についての十分な知識を得ることと，変声が特別ではないと児童に教えることが重要である。そのうえで，児童が自分自身の変声について気付き，教師だけでなく周囲の児童もそのことについて理解し，変声中であっても児童が抵抗なく歌えるような環境を整えたい。例えば，変声中の児童の不安を取り除くために，児童の声が今，どのように変化しているのかを本人に伝えることで，自分自身の声の状態を客観的に捉えられ，安心感がもてるだろう。

　変声期は，生理的には喉頭の充血なども見られるので，無理な発声はさせないようにする。しかし，過度に変声を意識するのも適切な指導とはいえない。話すことと同様，歌唱においても適度に発声指導を行ったほうが，変声を早く軽く終わらせることができるといった考えや，変声中だからといって特別な指導をするのではなく通常どおりに歌わせるといった考えもある。

　変声中は，児童が歌いやすい音域だけで歌わせる，教材を歌いやすい音域に移調する，声帯の負担にならないよう裏声で歌わせる，できるだけ教師が一緒に歌うなど，様々な指導の工夫

が行われている。それぞれの実態に合わせて，児童が変声期においても「歌いたい」という気持ちを失うことなく，継続して歌唱に参加できるように指導することが何よりも重要である。

4．音高や音程を正しく歌えない児童に対する指導

①音高や音程を合わせることの難しさ

「音高や音程を合わせて歌う」ことは，歌唱の活動で必要な技能である。しかし，どんなに歌唱経験を重ねても，音高や音程を合わせられない児童は必ずいる。歌いながら音高や音程が合っているかどうか判別できない児童も少なくない。つまり，教師から「正しい音程で」「よく自分の歌声を聴くように」と指摘されても，歌った音高や音程のどこが正しくないのか，自分の歌声のどこをよく聴いたらよいのかが分からない児童も存在するのである。実際，自分自身の歌声は，空気伝導と骨伝導の音とが合わさり，他者の歌声よりも客観的に聴くことが難しい。

②心理面との関わり

歌唱は，自分自身の体を楽器とした自己表現であると同時に，他者とのコミュニケーション手段でもある。しかし，ふと歌ったときに，他者から「オンチ」と言われて傷ついた経験をもつ児童は多い。その心理的なダメージから，その後の歌唱経験が不足し，歌唱に対する苦手意識がさらに強くなることもある。そのような状況になることを危惧し，音高や音程についての具体的な指導を躊躇する教師も少なくない。

しかし，適切な指導により，音高や音程を合わせて歌う技能は確実に習得できる。自分自身で歌いながら音高や音程の正誤が分かり，自分で修正できるようになれば，楽しく自信をもって歌えるようになる。さらに歌唱活動だけでなく，その人のふだんの行動にまで変容が起きる

こともある。歌唱とは，それほど人間にとって根源的な活動なのである。

③具体的な指導方法

では，音高や音程を合わせられない児童に対しては，どのような指導が有効であろうか。いくつか例を紹介する。

・ピアノの音は補足的に用いる程度にし，できるだけ教師が自ら歌って音を提示する。児童にとっては，ピアノよりも声で音を提示されるほうがはるかに音高や音程を合わせやすい。

・曲の音域と児童の声域が合っていない場合，例えば思い切って3度から4度ほど下げて移調し，歌わせてみる。

・提示した音高に合わせられないとき，教師の声やピアノの音を何度も聴かせるのではなく，教師が児童の歌う音高に合わせて一緒に歌い，「今，同じ高さで歌えている」ことを児童に伝え，同一音高で歌う感覚を実感させる。

こうした指導を実施するには，児童に「この先生の前だったら歌いたい」「この先生と一緒に歌いたい」と思ってもらえるような信頼できる聴き手として，教師が受け止められることが前提である。

児童の心を傷つけないようにと指導を敬遠することが教師の最善の行動ではない。児童が生涯にわたって歌唱と豊かに関わるためには，それぞれの歌声を尊重しながら，音高や音程についても具体的な指導を行うことが必要なのである。

(小畑千尋)

参考文献
岩﨑洋一（1997）『小学生の発声指導を見直す』音楽之友社
小川昌文（2004）「唱法」『日本音楽教育事典』音楽之友社　p.474
小畑千尋（2017）『〈OBATA METHOD〉によるオンチ克服指導法 さらば! オンチ・コンプレックス』教育芸術社
米山文明（1998）『声と日本人』平凡社　pp.90-94
村尾忠廣（1998）『［調子外れ］を治す』音楽之友社

（3）実践事例
1．低学年

　低学年の児童は基本的に歌うことが大好きである。たくさんの歌に出会い，「歌うことが楽しい」という気持ちをさらに高めるような指導を進めていきたい。しかし，その楽しさは「自分が好きな歌を，気持ちよく歌えるから」という独りよがりな理由であることも多く，喉に力が入った叫ぶような声のこともある。こうした場合，友達と声を合わせることや気持ちを伝えるように歌うこと，話し声と歌声の違いなどを徐々に理解させる必要がある。また，この時期の児童は教師の指示を素直に受け入れてくれるので，正しい姿勢や口形など，発声の基本を一つ一つ丁寧に指導していくことが大切である。

○指導の具体例

〈春がきた〉（第２学年共通教材）

　〈春がきた〉の上記の部分は，歌詞から捉えると「やまにきた」「さとにきた」「のにもきた」の３つのフレーズに分けられる。そして，それぞれのフレーズは徐々に音が上がっていく。さらに「のにもきた」の箇所は「ソ」から「ミ」まで音が跳躍している。この特徴的な旋律を，春の訪れをうたった歌詞の内容と結び付けることで，表現の仕方を工夫させることが可能である。以下は，歌ったときの感動を話し合い，その感動をどのように表現するのかについて考える授業の展開例である。

> T ：春を探している人が春を見つけたとき，どんな気持ちだったかな？
> S₁：とてもうれしかった。
> S₂：うきうきしていた。
> T ：「やまにきた」「さとにきた」「のにもきた」だったら，どの部分がいちばんうれしい感じがする？
> S₃：最初は山に春を見つけただけだったけれど，里にも見つけて，野にも見つけて，だんだんうれしさが大きくなってきたから，「のにもきた」がいちばんかな。
> S₄：音もだんだん高くなって，「のーにー」のところは大きくジャンプしているよ。
> T ：じゃあ，だんだんうれしくなる様子を表すにはどう歌ったらいいかな？
> S₅：だんだん強く歌えばいいよ。
> S₆：うれしさが伝わるように，「のーにー」は滑らかに歌いたいな。

（Tは教師，Sは児童を表す）

　このように，「春を見つけた感動」と「音高が上がっていくフレーズ」とを関わらせることで，児童は具体的なイメージや，見通しをもって表現を工夫することができる。その後は，音が高いフレーズを滑らかに歌うことができるように，手を使って音の高低やフレーズの滑らかさを表現するなどして，高い音を出すイメージをもたせるとよい。

○身に付けさせることが期待できる資質・能力

ア「思考力・判断力・表現力等」

　春を見つけた感動を感じ取って，フレーズを滑らかに歌ったり，だんだん強く歌ったりするなど表現の仕方を工夫し，どのように歌うかについて思いをもつ。

イ「知識」

　明るい雰囲気の曲想と，順次進行と跳躍進行からなるフレーズの特徴，春が来たことを表す歌詞の内容との関わりに気付く。

ウ「技能」

　表したい思いと関わらせながら，手を上に伸ばすなどして，高い音を出すイメージをもってフレーズを滑らかに歌う技能を身に付ける。

2．中学年

中学年になると，「この曲は川の水がきれいに流れている感じがするから，その様子が伝わるように滑らかに歌おう」など，曲の特徴を捉えて，曲の表情に合った表現を工夫する学習により一層意欲をもって取り組むことができるようになる。また，低学年に比べて歌声も安定し，高音の声域も広がってくる。そこで，「このように歌いたい」という思いや意図を実現するために必要となる歌唱の技能を伸ばしていくことが大切である。例えば，授業の始めなどの時間に，犬の遠吠えやパトカーのサイレンを，裏声を使ってまねさせてみることで，楽しみながら高音を豊かな響きで発声する素地をつくることができる。

また，国語科の音読の指導と関連させながら，はっきりと発音させることも歌唱表現の充実につながる有効な手立てである。

○指導の具体例
〈うさぎ〉（第３学年共通教材）

古くから歌い継がれてきた日本の音階によるうたである。まず，月は昔から今まで日本人が愛でてきた秋の風物詩であることや，月の模様はうさぎが餅つきをしている様子に似ていることなどを伝える。十五夜の雅な雰囲気と，日本の音階や特徴的なフレーズ，歌詞の表す秋の夜の情景との関わりについての気付きを得たり生かしたりしながら，曲の特徴を捉えた速度の変化を工夫することで，さらに豊かな表現へと導いていくようにする。以下は，月を見ている人の気持ちに焦点を絞った授業の展開例である。

T：	（速度を速くして歌わせる。）
S_1：	うさぎがぴょんぴょん跳ねているみたい。
S_2：	何だか落ち着かないなぁ。
T：	（速度を遅くして歌わせる。）
S_3：	月を見ている人は，うさぎがお餅をついているのを想像しているのかな。
S_4：	月ってきれいだなと心の中で言っているみたい。
T：	月を見ている人が「月っていいな」と思っている様子を表すためには，どんな速さで歌えばいいかな？
S_5：	最初からゆっくり歌えばいいと思う。
S_6：	最初は普通の速さで，最後の「は～ね～る～」だけ，ゆっくり歌ってみたらどうだろう。

このように，歌う速度と見ている人の気持ちとを関わらせることで，情景を生かして表現しようとする意欲をもたせることができる。児童一人一人のふさわしいと感じる速度は違うので，多様な表現が生まれて面白い。また，「みてはねる」の前のブレスをしっかりとすることで，最後まで丁寧に歌え，呼吸についての指導もできる。

○身に付けさせることが期待できる資質・能力
ア「思考力・判断力・表現力等」

曲の特徴や曲に合った歌い方についての知識や技能を得たり生かしたりしながら，「ゆっくり月の美しさを味わっているように歌いたい」などという，思いや意図をもつ。

イ「知識」

〈うさぎ〉の曲が醸しだす雅な雰囲気や表情と，日本の音階や特徴的なフレーズ，速度の変化，歌詞が表す情景や気持ちとの関わりについて気付く。

ウ「技能」

曲の特徴にふさわしい歌い方が実現できるよう，範唱を聴いて，リズムや音程に注意しながら歌う技能や，曲の特徴にふさわしい素朴な声で，呼吸に気を付けながら，自然で無理のない歌い方で歌う技能を身に付ける。

3．高学年

　高学年の児童は，声も安定し，二部合唱や民謡の歌唱など，充実した歌唱活動ができるようになる。また，新しい曲に出会ったときに，旋律や速度，和音の響きなどの音楽の要素を捉えて曲を聴くこともできる。だからこそ歌唱の活動の際には，児童が十分に表したい思いや意図をもって歌うことのできるような選曲が重要になる。

　一方で，恥ずかしさや自信の無さから歌うことに消極的になってしまう児童も見受けられる。そのようなときに効果的な手立てを3つ紹介する。

---
①「このように歌いたい」という思いや意図を強くもたせる。
②どんな声でも受け入れる明るい雰囲気づくりや，人間関係に不安のない学級経営をする。
③児童が少しでも自分から表現をしたときに，そのことを積極的に認め，自信を付けられるようにする。

○指導の具体例

〈いつでもあの海は〉（第5学年歌唱教材）

　海の力強さや優しさなどを表現した曲である。前半は単旋律，3段目は掛け合い，4段目は和声的な重なりの二部合唱となっており，フレーズごとに表現の仕方を工夫することができる。

　以下は，1番の歌詞で後半の表現の仕方（主に強弱）を工夫させることに焦点を絞った授業の展開例である。

T：曲の山はどこですか？
S₁：「おおぞらにうみのうた」のところ。音もいちばん高いし，2つのパートがそろうから。
T：なるほど。ではどれくらいの強さで歌いますか？
S₂：山だからいちばん強く歌うとよい。
S₃：大空に広がるように強く歌う。
T：掛け合いのところはどうですか？では，先生が響きをつくる旋律を歌ってみるので，みんなは主な旋律を歌ってください。
（児童の歌声の強さに対して極端に弱く歌う。）
S₄：それだと，掛け合いにならないから，強く歌ったら強く歌わないといけない。
S₅：激しい波が重なるように，響きをつくる旋律も強く歌うといいね。
T：最後の「とおくひびくよ」も強くていいのかな？
S₆：遠くに響くように優しく弱く歌うといいと思います。
S₇：最後は波の音がすーっと引いていくように歌いたい。
T：それでは，グループごとに工夫して練習しましょう。

　このように，どのような強弱で表現したらよいか，ある程度の見通しをもつことで，その後のグループ練習が滞りなく行われる。さらに，グループの工夫のよさをクラス全体で共有し，どのような表現がこの曲にふさわしいのか話し合うことで，児童同士で曲の特徴にふさわしい歌い方を追究することができる。

○身に付けさせることが期待できる資質・能力

ア「思考力・判断力・表現力等」

　海や波のイメージをもつ曲想と，掛け合いや和声的な重なりの部分との関わりから，どのように歌うかについて思いや意図をもつ。

イ「知識」

　曲全体を見通しながら，曲の雰囲気や表情と，音楽の縦と横との関係に代表される音楽の構造（単旋律，掛け合い，和声的な重なり）との関わり，歌詞の表す情景との関わりについて理解する。

ウ「技能」

　曲想に合わせて強弱を変えたり，互いの声部を聴き合いながら，自分の声を調和させたりして歌う技能を身に付ける。

（末永有哉）

「A表現」器楽分野

(1) 器楽の活動を通して育成する資質・能力

人間は先史時代から音楽を生み出してきた。その出発点は人間の声であったが，声に合わせて手拍子や足踏みを入れるなどのリズムが生まれた。そして，音楽の可能性を広げる道具として誕生したのが楽器である。楽器を用いることで，声では出せない音域や音量，さらに多彩な音色も発することができるようになり，音楽表現の世界は飛躍的に広がった。楽器を用いることにより，1つの楽器で奏でられる美しい音や，複数の楽器を重ねたときに生まれる美しいハーモニーなどの音楽美を探究することができる。

学習指導要領解説のA表現(2)では，「器楽の活動は，楽器で，曲の表現を工夫し，思いや意図をもって演奏するものである」とし，育成する資質・能力を他の表現分野と同じように，ア「思考力，判断力，表現力等」，イ「知識」，ウ「技能」に整理し，次のように示している。

> ア　曲の特徴にふさわしい器楽表現を工夫し，思いや意図をもつこと。(思考力，判断力，表現力等)
> イ　次の(ア)及び(イ)について理解すること。(知識)
> 　(ア)曲想と音楽の構造との関わり
> 　(イ)多様な楽器の音色や響きと演奏の仕方との関わり
> ウ　思いや意図に合った表現をするために必要な次の(ア)から(ウ)までの技能を身に付けること。(技能)
> 　(ア)聴奏・視奏の技能
> 　(イ)音色や響きに気を付けて，楽器を演奏する技能
> 　(ウ)音を合わせて演奏する技能

1. 器楽で育む「思考力，判断力，表現力等」

アは，「思考力，判断力，表現力等」に関する資質・能力である。「思いや意図をもつ」とは，このように演奏したいという考えをもつことである。例えば，「明るい雰囲気の曲なので，元気にはずむように演奏したい」といった思いや意図をもつことが考えられる。ここで，「元気にはずむように演奏したい」という思いや意図をもち，それを実現するためには，楽器の演奏の仕方などに関わる知識や技能が必要となる。これまでに習得した知識や技能を活用するとともに，思いや意図を実現するために，新しい知識や技能を習得することが必要なこともある。思いや意図は学習の過程で更新されていくものであり，その過程で器楽表現を工夫する楽しみや喜びが生まれる。思いや意図は，言葉で伝え合うこともできるが，実際に楽器を使いながら，音を通して伝え合うことが大切である。

2. 器楽で育む「知識」

イは「知識」に関する資質・能力である。(ア)の「曲想」とは，その音楽に固有の雰囲気や表情，味わいのことで，「音楽の構造(音楽を形づくっている要素の表れ方や，音楽を特徴付けている要素と音楽の仕組みとの関わり合い)」によって生み出されるものである。例えば，「はずんで楽しい感じがするのは(曲想)，タッカのリズムが繰り返し出てくるから(音楽の構造)」というように，曲想と音楽の構造との関わりに気付き，理解することである。〔共通事項〕との関連を図り，聴き取ったことと感じ取ったこととの関わりについて考えながら，曲想と音楽の構造との関わりについて，児童が自ら理解できるように指導を工夫することが重要である。

(イ)では，それぞれの楽器には固有の音色があるが，演奏の仕方や楽器の組合せを工夫することにより，その音色や響きは変化するということを理解することが求められている。例えば，「鍵盤ハーモニカは息をゆっくりと吹き込むと，優しい感じの音になる」というように，演奏の仕方を工夫することによって楽器の音色や響き

が変わることを，演奏を通して理解することが重要である。

3．器楽で育む「技能」

ウは「技能」に関する資質・能力である。教師が一方的に技能を習得させるのではなく，児童が表したい思いや意図をもち，それを実現するための技能を習得することの必要性を実感できるように指導することが大切である。

（ア）の「聴奏」とは，手本となる演奏を聴いて，それをまねて演奏する技能，「視奏」とは，楽譜を見て演奏する技能である。低学年では主としてリズム譜を，中学年ではハ長調の楽譜を，高学年ではハ長調及びイ短調の楽譜を見て演奏する技能を身に付けることができるようにする。ここでは，楽譜と音との関連を意識し，学習指導要領〔共通事項〕の指導も併せて行うことが大切である。

（イ）は，それぞれの楽器がもつ固有の音色や響きの特徴に応じた演奏の技能である。例えば，リコーダーの演奏では，息の吹き込み方やタンギングの仕方により音色や響きが変わることを実感し，自らの思いや意図を実現することができるような奏法を身に付けるようにする。

（ウ）は，自分の音だけではなく友達の音や伴奏を聴きながら，音を合わせて演奏する技能である。重奏や合奏では，自分が担当している声部やそれぞれの楽器の役割を意識し，音を合わせる喜びを味わうようにすることが大切である。

なお，器楽の学習では，ア（思考力，判断力，表現力等），イ（知識）及びウ（技能）を適切に関連させて扱うとともに，〔共通事項〕との関連を十分に図って題材を構成することが必要となる。

4．器楽で育む「学びに向かう力，人間性等」

この資質・能力は目標に示され，器楽の指導内容には明示されていない。しかし，三つの柱の資質・能力をバランスよく身に付けるようにするためには，器楽で育む資質・能力としても捉えておくことが必要である。

（2）指導のポイント

1．留意点

○取り上げる楽器

世界には無数の楽器が存在するといわれているが，音を出す方法は，「打つ」，「擦る」，「吹く」，「弾く」の4つしかない。この分類の方法は楽器の演奏の仕方に焦点を当てているが，その他に，発音構造の違いによる分類，楽器の素材の違いによる分類などがある。

小学校の学習指導要領では，「和楽器」「弦楽器」「管楽器」「打楽器」「鍵盤楽器」「電子楽器」「諸外国に伝わる楽器」などと分類している。その他に「旋律楽器」という名称も登場するが，これは旋律を奏でることができる楽器の総称である。以下に，小学校で取り上げる楽器の具体について述べる。

打楽器には，小太鼓，大太鼓，和太鼓，タンブリン，トライアングルなどの無音程楽器と，木琴，鉄琴のような有音程楽器がある。いずれも学校に備えられている楽器である。演奏の効果や，児童や学校の実態を考慮し，演奏するときに技能的に無理のないものを選択することが大切である。

旋律楽器には，個人持ちの楽器として，鍵盤ハーモニカ，リコーダーなどがあり，学校に備えられている楽器には，ピアノ，オルガン，電子楽器，和楽器などがある。学習指導要領では，低学年で取り上げる旋律楽器について「オルガ

ン，鍵盤ハーモニカなどの中から」，中学年では，「既習の楽器を含めて，リコーダーや鍵盤楽器，和楽器などの中から」，高学年では，「既習の楽器を含めて，電子楽器，和楽器，諸外国に伝わる楽器などの中から」とし，いずれも「児童や学校の実態を考慮して選択すること」と示されている。なお，和楽器については，従前は，高学年において取り上げる旋律楽器として例示されていたが，今回の改訂で，中学年にも新たに加えられた。実際には，和楽器の導入として箏が用いられている事例が多い。

　なお，「いろいろな楽器を演奏することに挑戦したい」と思えるようにすることも大切である。例えば，近年，打楽器の中で注目されているカホンやジェンベは，素手で叩くことができるので，叩き方によって変化する音色の違いを手の感触で味わうことができる。また，新しく登場したプラスチック製の楽器を利用すれば，これまで実際に手にするチャンスがなかった管楽器（トランペットやフルートなど）に触れ，交代で音を出すことにチャレンジすることもできる。プラスチック製の管楽器は比較的安く購入することができるうえ，耐久性があり，水洗いできることから衛生面でも優れている。さらに身近なところでは，手拍子や足踏みなどの身体打楽器（ボディ パーカッション）や，イメージする音の出せる楽器を自分で考案して作ることも器楽の活動として位置付けられる。

○取り扱う教材

　学習指導要領では器楽教材について，低学年では「既習の歌唱教材を含め，主旋律に簡単なリズム伴奏や低声部などを加えた曲を取り扱う」，中学年では「既習の歌唱教材を含め，簡単な重奏や合奏などの曲を取り扱う」，高学年では「楽器の演奏効果を考慮し，簡単な重奏や合奏などの曲を取り扱う」と示されている。例えば，低学年では，〈ぶんぶんぶん〉（ボヘミア民謡）のリズムに合わせてタンブリンを打ったり，〈かえるの合唱〉（ドイツ民謡）の旋律を鍵盤ハーモニカで演奏したりすることが考えられる。中学年では，〈パフ〉（ピーター ヤーロウ・レナード リプトン作曲）の旋律をリコーダーで演奏したり，〈こきりこ〉（富山県民謡）のリズムを締太鼓で打ったりすることが考えられる。高学年では，鑑賞曲〈威風堂々第1番〉（エルガー作曲）の一部分を取り上げて合奏にチャレンジすることが考えられる。教材の選択に当たっては，育成を目指す資質・能力が先にあり，それを実現するために教材が選択されるという大前提を忘れてはならない。

・楽器の扱い方

　楽器の基本的な扱い方については，児童が楽器を手にする前に伝えておくようにする。例えば，リコーダーや鍵盤ハーモニカの歌口を深くくわえすぎない，楽器を振り回さないなど安全面の指導が重要である。また，吹き終わったあとに水滴をしっかりと取り除くなど衛生面の配慮も大切である。楽器は美しい音を奏でるための道具であり，優しく丁寧に扱うことを小学校の早い段階で学ぶようにしたい。

・楽器との出会い

　初めての楽器を手にするとき，どんな音がするのだろうというワクワク感が高まるものである。楽器の演奏の仕方について教師が手順を追って説明することは大切であるが，とにかく音を出してみたいという児童の思いを尊重し，まずは音を自由に出して，音そのものを楽しむ時間を確保することも必要である。また，きれい

な音の出し方について，教師が指導するだけではなく，児童自身が音を出しながら探究していく時間をとることも考えられる。

・学習環境

リコーダーや鍵盤ハーモニカなどの楽器を扱う場合，楽器や楽譜（教科書など）を置くための机が必要となる。普通教室であれば問題ないが，音楽室で机を用いずに授業を行っている場合は何らかの配慮が必要となる。少なくとも，楽譜を置くための譜面台は用意したい。まれに，鍵盤ハーモニカや楽譜を音楽室の床の上に直接置いて演奏している授業を見かけるが，楽器を演奏する環境として望ましいとはいえない。教師は，楽器を正しく演奏するための学習環境を整える必要がある。

・学習形態

器楽の指導においては，学習の段階に応じて，その学習の形態を工夫することが大切である。最初に楽器を練習する際は個別学習が基本となるが，ペアや小グループで互いに教え合うといった協働的に学べる環境をつくることも大切である。ある程度演奏できるようになったら，パートごとに集まって行うグループ学習，そのあとに全体での一斉学習となる。なお，器楽の学習においては，児童の演奏技能の差が生じる可能性が高いため，児童の実態に応じて教材をアレンジするなどの工夫も必要となる。

・「器楽」と「歌唱」「音楽づくり」「鑑賞」との関連

学習指導要領では，指導計画の作成に当たって，「A表現」の歌唱，器楽，音楽づくりの分野並びに「B鑑賞」の有機的な関連が大切であるとしている。それらを関連付けるのが〔共通事項〕であり，「音楽を形づくっている要素」(ア音楽を特徴付けている要素，イ音楽の仕組み)

が各領域や分野をつなぐ要となる。歌唱との関連で，例えば，歌唱で取り扱う教材の主旋律をリコーダーで吹くことにより，その主旋律の味わいを一層深めたり，低声部や和音のパートを楽器で加えて歌うことにより，曲全体のよさを深く味わったりすることにつながる。音楽づくりとの関連では，例えば，様々な打楽器を用いて即興的な音楽づくりをすることにより，器楽と音楽づくりを融合させた学習となる。鑑賞との関連では，例えば，鑑賞で取り扱う教材に登場するフルートに注目して，楽器の歴史や文化，構造などについて学ぶことにより，その発音原理が似ているリコーダーという楽器への関心をより高めることにつながる。

・生涯にわたって

器楽の学習全体を通して，楽器を演奏する楽しさや，楽器を用いて自分の思いや意図を表現することの喜びや感動を味わわせたい。一人一人の児童が，やってみたい，うまく演奏してみたいと思える楽器と出会い，生涯にわたって楽器を愛好するきっかけをつくることができるような器楽の学習でありたい。

また，鑑賞の活動において，例えば，CD音源を用いてオーケストラの鑑賞をすることにより，バイオリンなどの弦楽器の音色を聴くことはできるが，スピーカーを通した音なので，本物の楽器の音色とは異なる。近隣のコンサートホールに足を運び，本物の楽器の音色の美しさに出会うことができるようなきっかけをつくることも，音楽科の役割の一つである。

2．楽器の奏法のポイント

■旋律楽器

ここでは，小学校で扱うことが多い鍵盤ハーモニカとリコーダーを取り上げる。

鍵盤ハーモニカ

鍵盤ハーモニカは，息を吹き込み，空気の流れを作り金属性のリードを振動させて音を鳴らす吹奏楽器である。鍵盤の位置を視覚的に確認しながら演奏できるので，第1学年から個人持ちの楽器として導入する学校が多い。小学校で使用されている楽器は32鍵のタイプがほとんどである。

○ポイント
・座って演奏するときは，楽器本体を机の上に置き，ロングホースを使う。歌口（マウスピース）はかまずに唇で軽く挟むようにし，左手で軽く支える。
・立って演奏するときは，左手の親指以外の4本の指を楽器本体下のベルトに通して楽器を持ち，短い歌口を付ける。
・鍵盤ハーモニカは，基本的に**タンギング**を用いて演奏する。タンギングとは，舌を使って，「tu tu（トゥートゥー）」と発音するように息を吹き込むことである。特に，同じ高さの音を連続して演奏するときは，鍵盤から指を離さずに，タンギングで音を切る。鍵盤ハーモニカでタンギングを習得すると，それがリコーダーの学習にもつながる。なお，タンギングの導入時期については，子供の実態に応じて，無理のないタイミングで指導するとよい。
・指は，軽く丸めた形で鍵盤を弾くとよい。
・楽器の演奏に慣れてくると，息の量の変化による強弱表現や，スタッカート，レガート等の音楽表現ができるようになる。

リコーダー

小学校では，第3学年からソプラノリコーダー（以下，リコーダー）を個人持ちの楽器として導入する学校が多い。リコーダーは，息を吹き込み，空気の気流の変化で音を鳴らすエアリード楽器である。リコーダーの種類には，**バロック式**（イギリス式，BやEと記されている）と**ジャーマン式**（ドイツ式，GやDと記されている）がある。音によって運指が異なるので，あらかじめ，どちらの形式のリコーダーなのか確認しておく必要がある。

○ポイント
・演奏するときの姿勢は，肩に力を入れすぎず，肘を体から少し離すようにして楽器を自然に構えるとよい。
・演奏するときの口の形を，**アンブシュア**という。歌口を下唇に軽くのせるように構える。歌口を深くくわえすぎたり，歯でかんだりしないように気を付ける。
・導入時には，中音域の「シ」「ラ」「ソ」など左手を用いる音から始めると，おさえる指が分かりやすく，音も出しやすい。徐々に音域を拡大していくとよい。

- 音孔は，指の腹（指紋の辺り）の柔らかい部分で，隙間ができないように閉じる。
- オクターブ高い「ミ」「ファ」「ソ」などの音を鳴らすためには，左手の親指を少しずらして隙間をつくる。これを**サミング**という。隙間は髪の毛一本分くらいのイメージである。
- リコーダーできれいな音を鳴らすためには，鍵盤ハーモニカと同様に**タンギング**を用いて演奏する。
- 高い音を演奏するときは「ti ti（ティーティー）」，低い音を演奏するときは「to to（トォートォー）」と発音するつもりでタンギングをすると，音を出しやすくなる。
- 息を強く入れすぎると，ピッチ（音の高さ）が上がり，逆に弱すぎるとピッチが下がることがあるので，適度な息の量を見つけることが大切である。

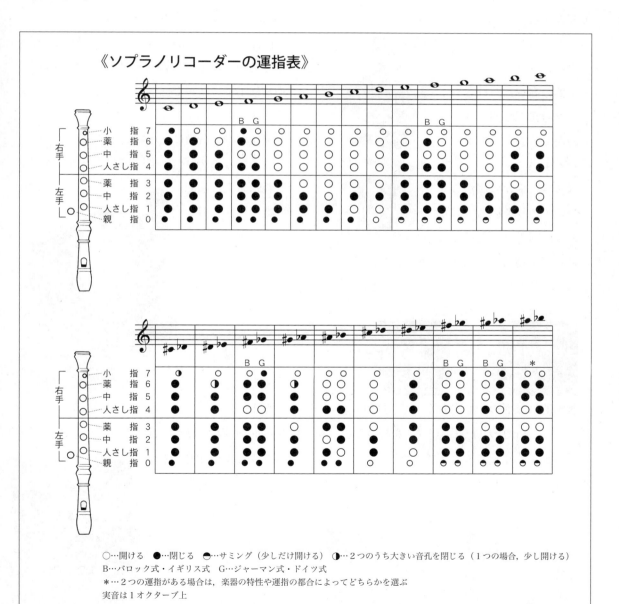

■打楽器

　ここでは，小学校で扱うことが多い楽器を取り上げる。打楽器は，打つというイメージが強いが，楽器をきれいに響かせるように留意しながら演奏するとよい。

小太鼓（スネアドラム）

　両面に皮が張られている太鼓で，裏側の鼓面に金属製の響き線（スネア）が張ってあることからスネアドラムともいう。2本のばちを使って演奏する。ドラムセットに組み込んで使用することもある。

○ポイント

・楽器の高さは，打ちやすさを考え下腹部辺りに鼓面がくるようにセットするとよい。
・ばちは，手元の側から3分の1辺りを握る。握り方は，両手とも親指と人さし指で持ち（写真 左），他の指は軽く添える（写真 右）。手の甲を上にして，ばちが「ハ」の字になるように構える。

・基本的に鼓面の中心（写真 左）を打つ。弱音にするときは縁のほう（写真 右）を打つとよい。
・手首を支点にしてスナップを使って打つ。
・ばちのバウンドを利用して，音を連続させるロールという奏法もある。

・響き線の着脱スイッチ（ストレイナー）が小太鼓の側面にあるので，使用しないときはオフにしておく。

・チューニングは，ヘッドの周りにあるチューニングボルトで調整する。むらなく均等に締めておくことが大切である。

大太鼓（バスドラム）

　両面に大きな皮が張られている太鼓で，低い響きを得られることからバスドラムともいう。通常は1本のばちで打つ。

○ポイント

・楽器のやや右横に立って演奏する。
・右手でばちの手元の側から3分の1辺りを，親指を上にして持ち，他の指は軽く握る。小さい音を出すときは手首のスナップを使って打ち，大きな音を出すときは肘を支点にして打つとよい。

・鼓面の中心を打つとはっきりとした音，中心を少し外して打つと余韻の長い音が得られる。
・残響を止めるときには左手を使う。ミュートともいう。鼓面の上方辺りを，鼓面をなで上げるように押さえる。完

全に音を消すときは，両面に手を押し当てる。
・音の高さや余韻の長さなどはヘッドの周りにあるチューニングボルトで調整を行う。むらなく均等に締めておくことが大切である。

シンバル

金属でできている楽器で，2枚を打ち合わせて演奏するクラッシュ・シンバルや，1枚のシンバルを吊り下げて（またはスタンドに固定して）スティックやマレットを用いて演奏するサスペンデッド・シンバル等がある。

○ポイント
・クラッシュ・シンバルは，手皮の根元を親指と人さし指の間に挟み，残りの指で手皮を握る。この方法だとシンバルを平行に当てやすい。手皮に手を通してから手皮の根元をつかむ方法もある。こうすると安定して握ることができる。
・楽器をやや斜めにして腹の前で構える。
・クラッシュ・シンバルは，右手のシンバルで打ち込み，左手のシンバルで受けるようにして打ち鳴らすとよい。

なお，残響は楽器を腹や胸などに引き寄せて止める。
・サスペンデッド・シンバルは，スタンドにセットし，マレットを用いて，縁のほうを打つ。

タンブリン

タンブリンには，皮が張ってあるタンブリンと，枠とジングルのみのモンキー・タンブリンがある。モンキー・タンブリンはポップス等で使われることが多い。

○ポイント
・左手で，ジングルのない部分を持つ。親指は鼓面側を押さえ，他の指で楽器の裏側を握る。枠の穴には指を入れないように気を付ける。

・鼓面をやや斜めにして構え，右手で打つが，そのときに指をそろえておくようにするとよい。大きな音を出すときは，手のひらを使って鼓面の中心を打つ。
・手首を素早く回転させるように振ってジングルを連続して鳴らすトレモロ奏や，親指の腹を使って鼓面をこすって鳴らす奏法（フィンガーロール）などがある。
・モンキー・タンブリンは，左手で楽器を持ち，手首を左右に振って音を鳴らす。右手で枠を打つと，アクセントを付けることができる。

鈴

教育用として使われている鈴は，プラスチック素材の輪に鈴が付いているタイプのものが多い。

○ポイント
・左手で楽器を持ち，右手で握りこぶしをつくり，左手の手首の辺りを打つようにする。
・トレモロ奏は手首をひねって回転させるように振る。

トライアングル

三角形の形状をした金属製の楽器である。金属製のビーター（ばち）を用いて鳴らす。

○ポイント

・左手の人さし指を紐に通し，親指と中指を添えるようにして楽器を顔の前あたりに吊す。

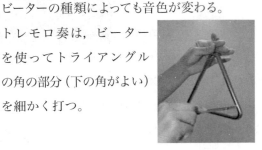

・右手でビーターを持ち，三角形の底辺の中央辺りを打つと透明感のある音が響く。その際，ビーターを縦方向に持ち，前方に押し出すように打つとよい。打つ位置やビーターの種類によっても音色が変わる。
・トレモロ奏は，ビーターを使ってトライアングルの角の部分（下の角がよい）を細かく打つ。

カスタネット

手のひらにおさまるサイズの木製の楽器で，2枚を打ち合わせて音を出す。

○ポイント

・左手の人さし指か中指をゴムの輪に通し，手のひらの上に楽器を置く。

・右手の指先を使って打つ。細かいリズムを演奏するときは，人さし指と中指を使って交互に打つ等，工夫するとよい。

マラカス

ラテン系の音楽で使われることが多いリズム楽器で，左右の手に1つずつ持ち，振ることによって音を出す。

○ポイント

・親指と人さし指で柄の真ん中辺りを持ち，他の指で軽く握り，腰の少し上辺りで構え，上下に振るように演奏する。その際，中に入っている粒が同時に移動するようなイメージをもつとよい。

・ロールは，下に吊り下げるようにして楽器を持ち，手首を使って回転させる。上に向けて構える方法もある。

ギロ

ラテン系の音楽で使われることが多いリズム楽器で，表面の溝をスティック（棒）でこすって音を出す。木製のものが多い。

○ポイント

・楽器を共鳴させるため孔の部分を下側にして，左手で楽器を包み込むように持つ。その際，共鳴孔には指を入れない。右手でスティックを持ち，こすって音を鳴らす。

クラベス

ラテン系の音楽で使われることが多いリズム楽器で，2本の棒状の木片を打ち合わせて音を出す。

○ポイント

・2本のうちの1本はばちの役目で，もう1本を響かせて鳴らすようなイメージをもつとよ

い。まず、左手の親指と他の4本の指先で支えるように楽器を持つ。ポイントは左の手

のひらと楽器との間に空間を作ることである。右手でも軽くつまむような感じで持ち、2本をクロスさせて打つ。

カホン

ペルー発祥の箱型の打楽器である。打面の裏側に響き線を張ってあるものもあり、気軽に持ち運べることから、近年、ドラムセットの代わりに使われることもある。

○ポイント

・箱型の楽器にまたがり、素手で打面や縁を打って演奏する。打面の中央辺りは低い響きの音、縁のほうは高めの軽い音が出るので、打つ位置を工夫するとよい。

ジェンベ

西アフリカの民族楽器で、深胴の片面太鼓である。木製でヤギの皮が張られているが、近年、プラスチック製で響きのよい楽器も普及している。音楽教育の様々な場面で活用できる。

○ポイント

・座奏の場合、膝の間に挟むようにして構える。その際、響きを得るため、太鼓の底面を少し開けて、斜めに構えるとよい。
・素手で手のひら全体を使って鼓面の中心を打つと低い音、縁のほうを指をそろえて打つと高い音が出る。その間に、中間の高さの音があるので、本来は、低音、中音、高音が出せる打楽器である。

・打ったときに、手のひらを鼓面に付けたままにしておくと響きが止まってしまうので、バウンドさせるようにするとよい音が出る。

＊ジェンベ（Jembe）：日本ではジャンベとも呼ばれる。

シロフォンとマリンバ（木琴）

木製の音板をもつ鍵盤打楽器で、シロフォンは甲高く硬い響きであるのに対し、シロフォンより大型のマリンバは深く豊かな響きがする。いずれも、いわゆる木琴の一種である。

○ポイント

・マレットは、後方の3分の1辺りの部分を、親指と人さし指で持ち、他の指は軽く添える。手の甲を上にして、左手を前方に、右手を後方に構える。

・音板の中央辺りを、マレットで軽く弾ませるように打つと響きがよい。

- シロフォンは，樹脂性のマレットを使うことが多い。マリンバは，毛糸や綿糸が巻かれたマレットを使うことが多い。種類によって音の響きが大きく変わるので，マレット選びは重要である。

ビブラフォーン（鉄琴）

ビブラフォーンは金属製の音板をもつ鍵盤打楽器である。いわゆる鉄琴であるが，ビブラフォーンには共鳴パイプの上にあるファンを回す機能があり，ビブラートを付けることができる。

○ポイント
- マレットは，シロフォンと同じ持ち方をする。

- 綿糸が巻かれたマレットを使うことが多い。
- ペダルを使って音の余韻を調整することができる。

※本稿では，右利きを想定して説明しているが，楽器の構え方などは，利き腕や持ちやすさによって変わることもある。

(齊藤忠彦)

■和楽器

ここでは，音楽科の和楽器の指導に最も多く用いられている「箏（こと・そう）」を例として和楽器及び我が国や郷土の音楽の指導について述べる。なお，奏法については生田流の角爪を例に説明する。

1．学習指導要領における位置付け

学習指導要領（解説）では，改訂の基本方針に「伝統や文化に関する教育の充実」が掲げられ，小・中学校音楽科では「我が国や郷土の音楽」と「和楽器」の指導について一層の充実が図られた。これは，平成18年の教育基本法，平成19年の学校教育法の改正を受けたもので，その後の学習指導要領改訂においても重要なポイントとして位置付けられてきた。

2．箏の奏法

①演奏前の準備

箏は本体以外の付属品が多い楽器である。演奏前に柱（じ），箏をのせる台，譜面台，爪をそろえる。最初に箏に柱を立てる。柱は倒れやすく，また箏は柔らかい桐材でできているため，傷をつけないように柱の持ち方に注意し調弦の音の配列を考えて柱を立てる。

②調弦

箏は柱の配列によって容易に様々な音階に調弦することができるので，教材や指導内容に応じて柔軟に対応できる。伝統的には「平調子（ひらぢょうし）」「雲井調子（くもいぢょうし）」など「都節音階」を用いたものや「乃木調子（のぎぢょうし）」など「律音階」を用いたものがある。13本の弦には「一，二，三…十，斗（と），為（い），巾（きん）」と数字と漢字が当てられる。調弦はチューナーを使えば容易にできるが，伝統的な調弦法は一の糸を基音として自分の耳で合わせていくものである。「平調子」では〈さくら さくら〉，「乃

木調子」では〈茶つみ〉などを演奏することができる。

③爪選び

通常右手の親指，人さし指，中指に爪をはめるが，幾つもそろえられない場合は親指を優先する。年齢，体格や指の太さなどに応じて選ぶとよい。爪が外れやすい場合はテープなどで固定して使用することもある。

④座り方

竜頭側に座る。流儀によって２通りあり，生田流は右膝の外側が磯に触れるよう箏に対して左斜め向き，山田流は両膝頭が磯に触れるよう箏に対して正面に向いて座る。注意点として，竜角（りゅうかく）の延長線上に腰の右端が触れる，右膝の外側が磯に当たる，背筋をピンと伸ばす（肩甲骨を締めて胸を張る），左斜め向きに座っても体の向きは軽く正面を向くように座る，右手は竜角の右側に触れるように，左手は十，斗，為，巾の柱の左側に力を加えずにそっと置いておく。こうすることで正しく美しい構えができる。正しい構え方はよい音色を出すことにつながるので，姿勢よく演奏することを心がけたい。

⑤構え方

右手の親指で演奏するのが基本である。「人さし指，中指，薬指」を「向こう指」と呼び，向こう指を特定の糸に置くことで親指の運指を安定させることができることから，最初は向こう指を置く糸を特に意識して演奏する。まず，向こう指を五の糸にそろえて置き，薬指の小指側が竜角の左側に触れるようにする。小指は薬指から少し離して竜角の右側に来るように力を抜いて置く。次に親指の爪を竜角の２～３センチほど左側に置き，爪の角を約45度の角度で爪の半分ぐらいが糸に当たるように構える。

左手は，音高や余韻に変化を付ける役割がある。また演奏中に柱（じ）を動かすこともある。動作

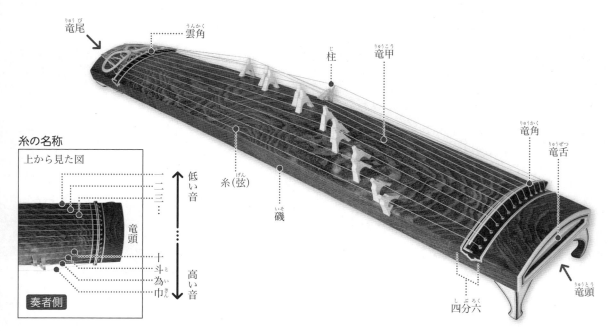

各部の名称は，箏全体を竜の姿になぞらえてつけられている。各部には，他にもさまざまな呼び方がある。

のないとき，前述のように左手は十，斗，為，巾の柱の左側に力を加えないでそっと置いておく。

⑥基本的な奏法

(1)親指

親指で弾く動作は，肩をもむのと似ている。向こう指の人さし指と中指の間をめがけて肩もみの要領で力を入れる。最初親指は次の糸（七の糸であれば六の糸）に指をグッと押し付ける要領で力を加える。箏（こと（そう））は糸のどの部分を弾いても音は出るが，箏本来の「よい音」で弾くためには，この位置を守る必要がある。

(2)人さし指と中指

爪の角度は親指同様，約45度を基本とする。人さし指は中指側の角で，中指は薬指側の角で親指同様力を入れて弾く。

⑦箏を用いた授業

限られた授業時数で児童が演奏面での達成感を味わうことは難しい。p.37に示した楽譜〈虫づくし〉は古くから手ほどきに用いられている曲の一つで，平調子で巾から一の糸に向かって親指で順に13本の糸をはじいていくだけで演奏できる。26文字の言葉からなる歌詞が付いている。「まつむし，すずむし，くつわむし」は巾から一までを親指で，「こおろぎ，はたおり，きりぎりす」は中指で演奏してもよい。活動としては歌詞を26文字でつくり，弾き歌いで演奏することもできる。

小学校で箏を用いる場合は，学年に応じた教材の選択も必要である。伝統的な箏曲は高学年あるいは中学校で扱うとして，低・中学年ではその他の表現や鑑賞教材との関連も踏まえて，共通教材，わらべうたや民謡を用いるのもよい。その場合，乃木調子や楽調子など楽曲にふさわしい調弦を用いて児童が弾いたり，教師が箏で伴奏をして児童が歌ったりするなど，中学年から和楽器の音色に親しめるよう指導の工夫をしたい。

⑧口唱歌（くちしょうが）

学習指導要領では中学校音楽科に「適宜，口唱歌を用いること」と明記された。小学校の学習指導要領解説にも，「曲に合った歌い方や楽器の演奏の仕方については，（中略）口唱歌を活用することなどが考えられる。（以下略）」（「第4章　指導計画の作成と内容の取扱い」2(3)）と記述された。

「口唱歌」は，口頭伝承が中心で楽譜をもたなかったかつての我が国の音楽の学習において，記憶の補助や師匠が弟子に微妙な音楽的なニュアンスを伝える際に用いられてきた伝統的な学習方法であり，和楽器の種類の数だけ存在する。箏の唱歌では，「トン」「ツン」「テン」「チン」のタ行の発音が用いられる。フレーズに対応する「コロリン」や特定の奏法を示す「シャン」「カーラリン」などもある。

楽器を児童の人数分そろえることが難しい場合，1面の箏を複数の児童が交代で演奏することもある。その際に演奏をしていない児童の気持ちがそれないように，待っている間は口唱歌を歌うことで学習に参加することが可能となる。また，箏には多くの奏法があり，それらを口唱歌で歌うことで楽曲を理解することにもつながる。〈さくら さくら〉であれば，「ツンツンテーン，ツンツンテーン，ツンテンチンテンツンコロリーン」と口唱歌で曲を歌うことで，児童が楽しく和楽器を学ぶことができる。

（長谷川　慎）

箏の調弦

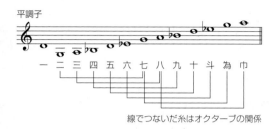

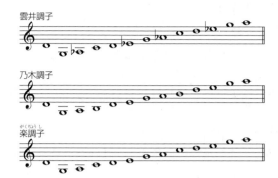

古曲〈虫づくし〉
作詞・作曲者不詳／縦書箏譜作成：長谷川 慎

さくらさくら
日本古謡／編曲：長谷川 慎

茶つみ
文部省唱歌／編曲：長谷川 慎

※ 主旋律を1パート，伴奏を2パートとして合奏できる。
※ 前奏として，冒頭2小節の伴奏部分を演奏する。
※ 糸番号に○が付いている音は左手の中指で弾く。

「2. 箏の奏法」については教育芸術社教則動画
「箏を弾こう 奏法編」を参考にしてください。
(https://www.kyogei.co.jp/video/koto.html)

（3）実践事例

1．低学年

第1学年

〈ぶん ぶん ぶん〉にリズムを入れてみよう

　既習の〈ぶん ぶん ぶん〉（村野四郎 日本語詞／ボヘミア民謡）を取り上げ，歌に合わせて身近な打楽器を用いてリズム打ちをする事例である。蜂が飛んでいる様子を想像し，それに合うような身近な打楽器（タンブリンなど）を探し，歌に合わせてリズムを打つという学習である。歌いだしの歌詞「ブン ブン ブン はちがとぶ」に合わせて「タン タン タン（ウン）タタ タタ タン（ウン）」というリズムを入れることが考えられる。最初は，手拍子で練習してもよい。児童がイメージする蜂が飛んでいる様子によって，テンポや強弱を変えて演奏表現を工夫することができる。なお，最初はCDや教師による範唱に合わせてリズムを打つが，慣れてきたら自分たちで歌いながらリズムを打つようにする。その際，歌とリズムが合うように，互いによく聴き合うことが大切である。

第2学年

〈かえるの合唱〉を鍵盤ハーモニカで演奏しよう

　既習の〈かえるの合唱〉（岡本敏明 日本語詞／ドイツ民謡）を取り上げ，鍵盤ハーモニカの導入の教材として扱う事例である。最初に階名で歌えるようにし，続いて鍵盤ハーモニカでどの鍵盤を弾けばよいのかを確認する。指の番号と鍵盤の位置を，音を出す前に確認しておくとよい。後半の「ド」の音が続くところは，鍵盤から指を離さずに，タンギングで音を切ることを確認する。児童の演奏技能の差が生じる可能性が高いので，友達と教え合うように声がけをするとよい。一通り弾けるようになったら，児童がイメージするかえるを表現するために，テンポや強弱を工夫するのもよい。なお，この曲は歌で輪唱することがあるが，鍵盤ハーモニカを用いて輪奏にチャレンジすることもできる。

2．中学年

第3学年

互いの音をよく聴き合いながら〈パフ〉を合奏しよう

　拍の流れを感じ取りやすい〈パフ〉（ピーター ヤーロウ・レナード リプトン作曲）を取り上げ，リコーダーや鍵盤ハーモニカなどを用いて合奏する事例である。リコーダーで演奏するパートには，低い「ド」や「レ」の音が出てくるので，運指をしっかりと確認し，音孔を確実に閉じることと，息のスピードの調整が大切であることを指導する。学習活動の流れとしては，最初に全員で主旋律のリコーダーのパートを練習し，演奏できるようになったらそれぞれのパートに分かれて，もう一つのリコーダーのパートや副次的な旋律のパート（鉄琴など），低音のパート（オルガンなど）を練習するとよい。全体で合わせるときには，互いのパートの音をよく聴き合いながら，拍の流れにのって演奏するとよい。なお，タンブリンやカスタネットなどでリズム伴奏を加えると，拍の流れをより感じやすくなるだろう。児童が思い描いているパフ（竜）のイメージに近づけるように，音楽表現を創意工夫すると楽しい。

第4学年

民謡の雰囲気を感じ取って演奏しよう

　既習の〈こきりこ〉（富山県民謡／市川都志春編曲）を取り上げ，曲にふさわしい打楽器を選んで歌に合わせてリズム伴奏をしたり，副次的な旋律をリコーダーで演奏したりする事例で

ある。民謡の雰囲気を生かして演奏するにはどうしたらよいかについて考え，打楽器を用いてリズム伴奏を入れたり，「デデレコデン」という囃子言葉のパート（副次的な旋律）をリコーダーで演奏したりするなどの方法に気付けるとよい。グループをつくり，この曲にふさわしい打楽器の音を探求したり，リズムのパターンを考えたりする活動も考えられる。歌を含めて全体で合わせる場面では，他のパートの音をよく聴いてテンポを合わせ，民謡の雰囲気を味わいながら演奏する。

3．高学年
第5学年
〈威風堂々〉の合奏にチャレンジしよう

　鑑賞と関連させて，〈威風堂々〉（エルガー作曲／長谷部匡俊編曲）の合奏にチャレンジする事例である。主旋律のパートと低声部を含む和音のパート（計4声）からなる合奏曲である。主旋律や和音のパートにどの楽器を用いたらよいか，実際に音を出してみたり，友達と楽器の音色を組み合わせたりして決めるとよい。楽器が決まったら，担当するパートの練習を個別に行う。続いて，主旋律のパートと和音を担当するパートに分かれてそれぞれパート練習を行う。最後に全体で合わせる際には，他のパートの音をしっかりと聴いてテンポを合わせるとともに，パート間のバランスにも気を付け，ハーモニーの美しさを味わいながら演奏する。合奏で〈威風堂々〉の特徴を捉えているので，鑑賞する際，曲想と音楽の構造が理解できているため味わって聴くことができる。

第6学年
楽器の特徴を生かして〈ラバーズ コンチェルト〉を演奏しよう

　「主な旋律」「かざりの旋律」「和音」「低音」の4つのパートからできている〈ラバーズ コンチェルト〉（デニー ランデル・サンデー リンザー作曲／石桁冬樹編曲）を取り上げて，楽器の音色の特徴を生かして，全体の響きを味わいながら合奏するという事例である。最初に，〈ラバーズ コンチェルト〉の範奏CDを聴き，楽曲の特徴を捉える。さらに，パートの構成や旋律の特徴について楽譜を見ながら確認し，それぞれのパートがどのような役割をもっているのか，それにはどの楽器を用いたらよいかを考える。クラス全員で一つの合奏をつくり上げていく活動の他，8〜10人ぐらいのグループをつくり，グループごとに，この曲のイメージを考え，それにふさわしい演奏を追究する活動も考えられる。最後に，グループごとにその楽器を選んだ理由や工夫した点を伝えて演奏を発表し合う時間を設け，それぞれの表現のよさを味わう。なお，この曲は，リズム伴奏を入れることもできる。トライアングル，小太鼓，大太鼓など，この曲にふさわしい打楽器の組み合わせやリズムパターンを考える活動を加えるとよい。

（齊藤忠彦）

「A表現」音楽づくり分野

（1）音楽づくりの活動を通して育成する資質・能力

　学習指導要領（解説）A表現（3）では，「音楽づくりの活動は，創造性を発揮しながら自分にとって価値のある音や音楽をつくるものである」とし，育成する資質・能力を他の分野と同じように，ア「思考力，判断力，表現力」等，イ「知識」，ウ「技能」に整理し，次のように示している。

ア　次の(ア)及び(イ)をできるようにすること。
　　　　　　　　　　（思考力，判断力，表現力等）
　(ア)即興的に表現することを通して，音楽づくりの様々な発想を得ること。
　(イ)音を音楽へと構成することを通して，全体のまとまりを意識した音楽をつくることについて工夫し，思いや意図をもつこと。
イ　次の(ア)及び(イ)について，それらが生み出すよさや面白さなどと関わらせて理解すること。
　　　　　　　　　　　　　　　　　　　　　（知識）
　(ア)いろいろな音の響きやそれらの組合せの特徴
　(イ)音やフレーズのつなげ方や重ね方の特徴
ウ　発想を生かした表現や，思いや意図に合った表現をするために必要な次の(ア)及び(イ)の技能を身に付けること。　　　　　　　　　　　（技能）
　(ア)設定した条件に基づいて，即興的に表現する技能
　(イ)音楽の仕組みを用いて，音楽をつくる技能

　また，音楽づくりの活動は，「音遊びや即興的に表現する」活動と，「音を音楽へと構成する」活動からなるものとし，各事項の(ア)は主に前者，(イ)は主に後者の内容について示している。指導に当たっては，両者のつながりについて配慮することの必要性が指摘されている。

1．音楽づくりで育む「思考力，判断力，表現力等」

　アの(ア)の「即興的に表現する」とは，低学年では「音遊び」，中・高学年では「即興的に表現すること」である。「音楽づくりの様々な発想を得る」ことは，音楽づくりの根幹をなす資質・能力といえる。ここでは，様々な音楽活動に求められる「即座に判断し表現する即興性」を身に付けることができる。

　アの(イ)の「音を音楽にしていく（低学年），音を音楽へと構成する（中・高学年）」とは，「音楽の仕組み」，つまり反復，呼びかけとこたえ，変化，音楽の縦と横との関係などを用いながら音やフレーズを関連付けてまとまりのある音楽にしていくことである。このことは，音楽の構造への意識を育て，その音楽がもつ意味や価値を考えることにつながるとともに，音楽への価値観が育まれると考えられる。

2．音楽づくりで育む「知識」

　イの(ア)は，主に音の素材等に関わる知識である。音楽づくりでは，何を使って表現するかといった表現媒体を吟味することが必須である。適切な音の素材でなければ，児童のつくった音楽のよさが伝わらない。音の素材やその組合せによる響きを，それらのよさや面白さを感じ取りながら理解することにより，音楽づくりの様々な発想を明確にすることができるのである。

　また，イの(イ)「音やフレーズのつなげ方や重ね方の特徴」では，リズムや旋律などのつながりや重なりがどのようになっているのかという特徴を理解して音楽を紡いでいくことにより，なぜこうした音楽をつくったのかといった児童の思いや意図が明らかになる。

　つまり，イで示された音楽づくりで育まれる「知識」は，アで示された音楽づくりの「思考力，判断力，表現力等」の根拠となるものであると同時に，試行錯誤しながら更新されていくものでもある。

3．音楽づくりで育む「技能」

ここで大切なのは「発想を生かした表現や，思いや意図に合った表現に必要な」ということであるが，何もないところから音楽をつくることはできないため，ウの(ア)に記された「設定した条件」が重要となる。「設定した条件」によって，当然のことながら身に付ける技能は異なるが，児童から条件を導き出すことにより彼らの発想が広がっていく。また，楽譜等によらないでその場で選択して即興的に表現する技能も求められている。

ウの(イ)の「音楽の仕組みを用いて，音楽をつくる技能」は，反復，呼びかけとこたえ，変化，音楽の縦と横との関係などを用いて，音を音楽へと構成できることである。児童の発達段階や音楽経験を考慮して，教師から指定する場合や，児童が選択する場合が考えられる。

いずれにしても音楽づくりの学習では，ア（思考力，判断力，表現力等），イ（知識）及びウ（技能）を適切に関連させて扱うとともに，〔共通事項〕との関連を十分に図って題材を構成することが必要となる。

4．音楽づくりで育む「学びに向かう力，人間性等」

この資質・能力は目標に示され，音楽づくりの指導内容には明示されてはいない。しかし，三つの柱の資質・能力をバランスよく身に付けるようにするためには，音楽づくりで育む資質・能力としても捉えておくことが必要である。

まず，音楽づくりは，新しいものを生み出す創造性の育成に欠かせない。また，グループで活動することが多いため，必然的に協働的な学びが生まれ，他者を思いやったり協力したりする資質・能力が培われる。その結果，他者から学び，自らの考えを広げたり深めたりする学び

が得られるのである。また，様々な音楽に触れながら活動するため，音楽に対する価値観が広がり，多様な音楽への関心が高まる。さらに，音楽をつくる過程では，試行錯誤する中で探究心や向上心が育まれていくのである。

（2）指導のポイント

音楽づくりでは，学習指導要領に示された資質・能力が，学習過程の中で往還しながら育成されていく。したがって，教師は，何を育てようとしているのか，児童に身に付けさせたい資質・能力は何かをその場面ごとに見極める必要がある。

その中で，児童がそれぞれの思いや意図を伝え合い，実際に音で試しながら表現を工夫し，自分たちの音楽に対する思いや意図を膨らませていけるようにしたい。

いずれの学習も，教師が児童の表現に耳を傾け彼らの変容を捉え，その表現のよさや面白さを具体的に価値付けしたり，全体で共有しながら友達の表現を自分の表現に生かすように導いたりすることが必要である。また，音遊び及び即興的な表現の内容や方法の引き出しを増やしていくことも教師の役割である。さらに，「児童がつくった音楽を互いに聴き合いながら，それぞれの表現のよさを認め合い，思いや意図を明確にしながらつくっていく経験を積み重ねる」ように指導計画を立てることも重要である。

音楽づくりは児童が新しい音楽をつくっていく学習であるため，つくる音楽についての具体的なイメージをもちにくい場合がある。まず，教師自身がつくる音楽や，つくる過程に見通しをもち，児童が試行錯誤しながらも「こうしてつくっていけばできる」といった実感をもてるように，「設定した条件」や例示の仕方を工夫

する必要がある。つくろうとしている音楽への児童の思いや意図に寄り添いながら、教師自ら児童と一緒に音楽をつくってみることも大切である。

（3）実践事例
1．低学年
①音遊び「がっきであそぼう」〈1時間扱い〉

> 本事例は、学習指導要領A表現(3)音楽づくりの事項ア、イ及びウの(ア)に関わる学習である。学校にある身近な楽器を用いて音を探し、1つの楽器からいろいろな音が出せることを実感しながら、自分の気に入った音の出し方を見つける。その音の感じを共有し、即興的に声で表現したり、楽器で音遊びしたりする面白さを味わう学習である。
> ここでは、いろいろな音の出し方を試しながら、その音色の面白さを感じ取り、自分なりに音の出し方を工夫して、楽器による音楽づくりの発想を得ることを目指している。

❶音の感じを想像しながら、音を声で表す。

教師は児童から見えないところで楽器を使って音を出し、児童はその音の感じを即興的に声で表す。

　例1　タンブリン＝パン　パン、シャララ
　例2　トライアングル＝チーン、トゥルル
　例3　カスタネット＝コンコン、ココココ
　　　　　　　　　　　　　　　　　　etc.

教師は、最後に児童に楽器を見せて楽器名を確認する。音の感じがうまく表現されているか、高さ、長さ、速さ、強さなどが工夫されているかに注目しながら、どんな感じの音なのか、感じたことを尋ねたり確かめたりする。

❷表現したい音を選んで、いろいろな音の出し方を試す。

友達同士で、1つの楽器からいろいろな音を見つけて、音を確かめながら交代で試す。

私は、タンブリンの枠を打ちます。先生の打った音より優しい感じです。

打つ場所や打ち方によって、音の感じが違うね！僕は、どのように打とうかな？

❸グループ内で、互いの見つけた音を聴き合い、友達の音を声で表現する。

4人のグループで、交代しながら自分の見つけた音を紹介し、他の友達はそれぞれの音の感じを声で表し、互いの表現のよさを伝え合う。

例：タンブリンの枠打ち

 　テンテン

声で

　テンテン

かわいい音だね！少し弱く打ったからかな？

枠を打つのと、真ん中を打つのとでは、音が変わるね！

②音を音楽にしていく
「楽器でおはなし」〈2時間扱い〉

> 本事例は、①で見つけた音を、他の楽器を使った友達に紹介し、音で会話する楽しさを感じ取りながらグループで音楽を構成する学習である。
> 始めに、自分で見つけた音や友達が見つけた同じ楽器の音を、他の楽器を使っていた友達に紹介をする。グループで互いの楽器の音を聴き合いながら、呼びかけとこたえを生かして音楽をつくる。
> 次に、なぜそのように呼びかけ合ったりつなげたりしたのかを振り返りながら、互いにつくった音楽のよさや面白さを認め合うようにする。
> 演奏の仕方によって1つの楽器からいろいろな音

が出せることを意識し，低学年なりに拍のあるリズムと拍のないリズムのよさや面白さを感じ取り，楽器の音色を生かした音楽をつくる技能を身に付けるようにする。

❶タンブリン，トライアングル，カスタネット，すずで１つのグループをつくり，自分の見つけた音を紹介する。

私は，枠を打つ音を見つけました。真ん中を打つ音や指先で打つ音も見つけました。

私たちもいろいろな音を見つけました。

トライアングルは打つ場所によって音の高さが違うよ！

❷気に入った音を選び，音を鳴らす順番を決めて１音ずつのリレーを２回行う。
・１回目と２回目で音や順番を変えてもよい。
・音の長さ，強さ，高さなどを考えながら順番を決め，１音ずつ演奏する。
・前の音の響きが消えてから次の音を鳴らす。

　コン　　シャン　　パン　　チーン

１回目　→
２回目　←

１回目は音の短いものから順に演奏します。２回目は，逆の順リレーします。響きの長さが違うのが面白い感じになるので気に入っています。

❸それぞれの楽器に合う４拍のリズムを選び，呼びかけ合うようにつなげる。

・例示された４拍のリズムの中から選択する。
・演奏の仕方を決めて，まねっこやおはなしリレーなどをしながらリズムをつなげ，２回繰り返す。

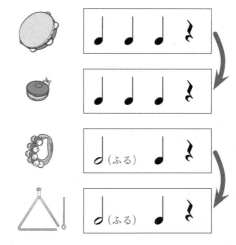

❹❷と❸をつなげて演奏し，発表し合う。
・❷と❸の順番を決めてつなげる。
・音の出し方やリズムの組合せなどについて気付いたり感じたりしたことを交流する。

２．中学年
①即興的な表現「あいさつの言葉で」

　本事例は，低学年で行った声遊びの発展であり，声のもつ表情の豊かさや広がりを感じ取って，声による音楽づくりの発想を得る学習である。即興的な表現を行う中で，声の出し方と言葉との関わりに気付き，言葉のもつリズムや抑揚などを生かしながら，挨拶の言葉にいろいろな表情を付けるようにする。
　ここでは，言葉や声を使った音楽づくりの発想がより広がるように，声をしっかり出し，自分が表現したいことを明確にする。自分の表したい思いや意図が聴いている人に伝わるかどうか，隣の友達に聴いてもらったり遠くの友達に呼びかけたりする活動を取り入れ，友達の意見を参考にしながらより豊かな表現を目指している。
　ここでは次のようなねらいをもって臨みたい。
　声の響きと言葉のもつリズムや抑揚との関わりに気付き，挨拶の言葉を使って即興的に表現する技能を身に付けながら，声や言葉による音楽づくりの発想を広げる。

❶「おはよう」の言葉をいろいろな高さや強さ,長さ,音色で表現する。
・教師がいろいろな高さや強さの声で「おはよう」の言葉を表現し,それを児童が模倣する。
・「悲しそうに」「うれしそうに」などの,表情も模倣する。

例

「おーはーようーーーー！」
高めの声の *mf* で1音ずつ言うように。

「おーはーようーーーー！」
高めの声の *mf* で1音ずつ言うように。
(先生をまねる)

高い声だと,遠くへ届く感じになるね！

・慣れてきたら3〜4人のグループで行う。
・どんな感じがしたかを共有しながら,交代で模倣し合う。

「お は ようーーーー！」
短く切って元気よく表現する。

「お は ようーーーー！」
短く切って元気よく表現する。
(友達をまねる)

弾んだ感じになるね！「スタッカート」っていうんだね！私もまねてみよう。

スタッカートで表現している友達がいました。みんなもまねしてみましょう。

❷友達の表現のよさを共有しながら,「おはようエコー」を楽しむ。
・教室の窓側Aと廊下側Bに5〜6人ずつ並ぶ。
・Aは1人ずつ順に,いちばん気に入った表現の仕方でBに「おはよう」を届ける。
・Bは,エコーのように模倣する。
・残りの友達は,教室の真ん中でAとBの応答を聴き合い,表現について気付いたことや感じたことを交流し合う。
・役割を交代する。

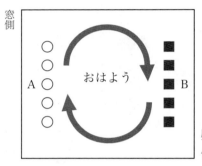

②音を音楽へと構成する
「言葉でつくろう」〈3時間扱い〉

　本事例は,即興的に表現した「おはよう」をヒントに,声の出し方を工夫しながら,言葉のアンサンブルをつくる学習である。①の学習は,拍のない表現であったが,ここでは,4分の4拍子でつくる。1つの言葉から生まれるリズムを拡大縮小させて,その組合せを工夫して音楽をつくる。低学年では,リズム遊びの中で言葉のリズムを活用しリズムをつくって表現する学習が多い。本事例は,それらを組み合わせて生まれる響きを大事にしながら,反復,呼びかけとこたえ,変化などを用いて言葉のアンサンブルを構成していく。
　ここでは,声やその組合せによって生まれる響きの特徴に気を付けながら,言葉から生まれるリズムの拡大縮小を理解し,反復,呼びかけとこたえ,変化,音楽の縦と横との関係などを生かして音楽をつくる技能を身に付けるとともに,どのような音楽をつくるかについて思いや意図をもって表現することを目指している。

❶「おはよう」のリズム表現の仕方を工夫する。

・「おはよう」を4分の4拍子の拍に合わせて、㋐4分音符で表現する。

「は」のHの発音や自然な抑揚に意識を向けると、表現が豊かになる。

❷「おはよう」を拡大縮小させたリズムを確かめ、いろいろな組合せを試す。

・縮小

㋑音価を半分にする　㋒音価を4分の1にする

1/4の縮小は、児童の発想から生まれることが多い。拍に合わせて表現できるようなら活用する。

・拡大

㋓音価を2倍にする

児童が提案したものについては、学級全体で試しながら取り入れるようにする。

❸教師が組合せの例を示し、学級全体で試す。

（は1小節）

・拍にのって演奏し、発音や声のバランスに気を付けたり、上と下のパートの声の高さを変えたりする。

❹2つのパートに分かれて、8小節の「おはよう」アンサンブルをつくる。

・拍を打つ役割の人を決めてもよい。
・例を参考に、反復、呼びかけとこたえ、変化、音楽の縦と横との関係などを生かしてつくり、つくった音楽について振り返りながらまとめる。

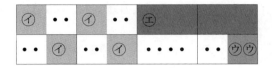

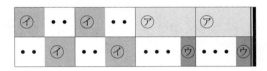

❺出来上がった作品を発表し、用いた音楽の仕組み、声の出し方、作品のよさや面白さについて交流する。

　最初は、㋑のリズムでまねっこし合いました。㋒の短い「おはよう」で終わった時は、突然終わったのでびっくりしたけれど、とても心に残りました。

3．高学年

①即興的な表現

「日本の音階で即興的に旋律をつくろう」

　本事例は、即興的に音を選んで2小節の旋律をつくる学習である。これは、つくった旋律を友達と組合せ、よりまとまりのある作品をつくろうとするときに欠かせない学習である。

　音を音楽へと構成していく際に、ここで得た発想をヒントにして、そこからさらに新しい発想を生み出してオリジナリティーのある作品をつくる力を身に付けることができる。つまり、児童が見通しをもって音楽づくりを進められるようになるのである。

　ここでは、これからますます重視される我が国や郷土の音楽を構成している音階に着目して、即興的に旋律をつくる。

> 旋律の音の上がり下がりやリズムを工夫して即興的に旋律をつくり，与えられた旋律や友達の旋律とつなげる活動を通して，まとまりのある旋律づくりの発想を得る。

❶ ア と イ の２つの音階を演奏して，音の並び方や中心になる音の違いを理解し，それぞれの音階の醸し出す雰囲気の違いを感じ取る。

（○の付いた音が中心になることが多い）

・リコーダーか鍵盤ハーモニカで実際に音を確かめる。

 ア は，４年生のときに歌った「さくらさくら」の感じだね！

 イ は，どこかで聴いたことがある感じがするよ！

 ３年生のとき運動会で踊った「エイサー」かな？

❷ ア の音階で，教師の旋律を模倣したり，後に続く旋律を即興的につくったりする。
・全ての音を使わなくてもよい。
・リズムは教師と同じでもよい。

例

・模倣の例

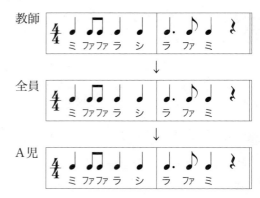

・会話の例

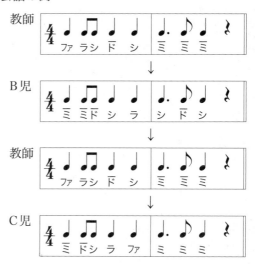

活動に慣れたら，教師はリズムを変えて行うようにする。児童も自分で即興的に考えたリズムを使ってもよい。友達同士でも行う。

 Ｂさんの旋律は，先生の最後の音から始めて，終わりは続く感じになったね。Ｃさんの旋律は，やはり先生の最後の音と同じミから始めたのですが，一気に下がって低いミの音で落ち着いた感じになり，終わる感じがしましたね。

❸ イ の音階で❷と同様に行い，それぞれの音階のもつ雰囲気を味わう。

②音を音楽へと構成する

「日本の音階を使って旋律をつくろう」

> 本事例は，①で学習した２つの音階から気に入ったほうを選び，4分の4拍子，2小節の旋律をつくり，それを友達の旋律とつなげて8小節のまとまった旋律をつくる学習である。
>
> 旋律の音の上がり下がりやリズムを意識し，旋律が続くのか終わるのかといった終止感にも耳を傾け，まとまりのある旋律をつくる。その際，それぞれの音階が醸し出す雰囲気を大切にしたい。
>
> ここでは，音階に使われている音を知り，旋律の音の上がり下がりやリズムと旋律のつなげ方との関わりを感じ取りながら，反復や呼びかけとこたえを生かして旋律をつくり，どのように全体のまとまりを意識した音楽をつくるかについて思いや意図をもつことを目指している。

❶ ①の学習を思い出して，3人グループで音階と使う楽器を選択し，各自で4分の4拍子，2小節の旋律をつくる。

・①で使ったリズムなどを例示して，その中から選択する。

・旋律の音の上がり下がりを表した図を元に，どのような旋律にするかを考えながらつくる。このとき，「こんなふうにつなげたい」という見通しをもってつくれるとよい。

旋律の上がり下がりのヒント

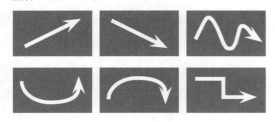

・使う楽器は，リコーダー，鍵盤ハーモニカ，シンセサイザー，木琴，鉄琴などから選択し，楽器の音色も考慮しながら旋律をつくる。

・実際に楽器を演奏しながらつくる。

・五線に書く前に，次のようなワークシートにリズムと階名を書くとよい。

例

の音階の場合は，タッカのリズムを含んだパターンを例示すると，より沖縄の雰囲気を出せる。

❷ 3人の旋律を聴き合い，反復する旋律，それにこたえる旋律を決め，全体にまとまりがあり終わる感じになるよう旋律をつなげる。

鍵盤ハーモニカで旋律をつなげた例

❸ どのようにつくり，どんな旋律になったかを説明し発表し合う。

（石上則子）

「B鑑賞」

(1) 鑑賞の活動を通して育成する資質・能力

学習指導要領解説B鑑賞(1)では「鑑賞の活動は，曲想と音楽の構造との関わりなどについて理解しながら，曲や演奏のよさなどを見いだし，曲を全体にわたって味わって聴くものである」とし，育成する資質・能力を次のように示している。

ア　曲や演奏のよさなどを見いだし，曲全体を味わって聴くこと。　　（思考力，判断力，表現力等）
イ　曲想及びその変化と，音楽の構造との関わりについて理解すること。　　　　　　　（知識）

---

1. 鑑賞で育む「思考力，判断力，表現力等」

音楽を味わって聴くとは，単に心地よい音の響きに身を任せることではない。音楽に深く耳を傾けるときに感じられる劇的な進行は，私たちの日常の感情経験と深い関係をもっている。音楽の響きの中に表れる重々しさ，鋭さ，緊張，停滞などの性質は，私たちがもつ過去の経験，現在の認識，未来の予感と共鳴して，悲哀，歓喜，不安，期待などの象徴的な意味を帯びる。さらにこの象徴的意味を帯びた響きは，音楽の進行とともに繰り返されたり，変化したり，発展したり，消滅したりしながら音楽全体を通じて一貫性のある，そして始まりと終わりのある新しい経験として心の中で統合されていく。このようにして，とりとめがなく，予測不可能で，無秩序な私たちの感情は，深い音楽体験を通じて，まとまりのある，意義深い経験として再構成される。だからこそ私たちは，音楽体験を通して励まされたり，癒やされたり，勇気付けられたりするのである。

したがって深い音楽体験のためには，音楽の中で起こる出来事に注意深く耳を傾け，それを記憶したり，比較したり，予測したりする思考力や判断力が必要となる。さらにこれらの思考・判断を通じて，音の響きを自分なりに意味付けたり，価値付けたり，言語化したりすることは表現力とも密接に関わっている。

2. 鑑賞で育む「知識」

「知識」に関する資質・能力については，「曲想及びその変化と，音楽の構造との関わりについて理解すること」と示されている。

「曲想」とは，その音楽が醸し出す雰囲気であり，音楽によって聴き手の中に喚起されるイメージや感情である。

個々の音楽作品は，軽快で勇壮な〈アメリカンパトロール〉（ミーチャム作曲）のように，作品全体の印象として心に残る独特の曲想をもっている。しかし，一つの楽曲の雰囲気が最初から最後まで同じであるわけではない。そこには物語のように揺れ動き，際立ち，回帰する曲想の変化がある。また，均整のとれた古典派時代の音楽作品やドラマティックなロマン派の音楽作品のように時代による雰囲気の違いや，南国情緒漂う琉球地方の伝統音楽のように地域や民族独特の雰囲気の違いもある。

これらの曲想の違いを生み出しているのが「音楽の構造」である。音楽の構造とは，音楽を形づくっている要素の表れ方や，音楽を特徴付けている要素と音楽の仕組みとの関わり合いである。例えば，〈白鳥〉（サン＝サーンス作曲）では，朗々としたチェロの音色によるゆったりとした旋律が優雅に水面を進む白鳥を，そして細かい音符で反復されるピアノの分散和音の音型がさざ波の様子を表現している。同じ〈白鳥〉

をチェロではなくホルンの演奏で聴いた場合には，楽器の音色の違いによって異なるイメージが湧いてくる。

また〈ファランドール〉（ビゼー作曲）では，別々に登場する2つの性格の異なる旋律が曲の後半で重なり合うことにより，華やかなクライマックスを形成している。こうした曲想及びその変化と音楽の構造の特徴との関わりを理解することで，音楽の聴き方が変わり，曲全体をより深く味わって聴くことができるようになる。

なお，鑑賞の学習では，ア（思考力，判断力，表現力等）及びイ（知識）を適切に関連させて扱うとともに，〔共通事項〕との関連を十分に図って題材を構成することが必要となる。

3．鑑賞で育む「学びに向かう力，人間性等」

この資質・能力は目標に示され，鑑賞の指導内容には明示されていない。しかし，三つの柱の資質・能力をバランスよく身に付けるようにするためには，鑑賞で育む資質・能力としても捉えておくことが必要である。

「学びに向かう力，人間性等」の涵養について，学年の目標では「主体的に音楽に関わり，協働して音楽活動をする楽しさを味わいながら，様々な音楽に親しむとともに，音楽経験を生かして生活を明るく潤いのあるものにしようとする態度を養う」（第5学年及び第6学年）と示されている。

音楽鑑賞は，ともすれば受動的で個人的な活動と捉えられがちである。しかし前述のように，音楽を深く味わうためには，音楽の中で起こる出来事に注意深く耳を傾け，曲想及びその変化と音楽の構造との関わりについて理解することが必要となる。つまり音楽鑑賞は，流れてくる

響きに対して主体的に働きかけ，自ら意味や価値をつくり上げていく営みなのである。その際，どんな音楽に価値を見いだし，美しさを感じるかは，決して個人的な好みだけで決まるわけではない。例えば，声を合わせて歌ったり，音楽に合わせて一緒に踊ったりすることは，仲間との結び付きを強めるとともに，その音楽への愛着も高めていく。また，思春期の子供たちのポピュラー音楽への傾倒は，同年代の友達との間で生じる文化的同調が大きく影響していると思われる。つまり音楽の中に意味や価値を見いだしたり，音楽表現に対して共感したりすることには，「私」と「私」を取り巻く人々との社会的な相互作用が深く関与しているのである。このことから，音楽の授業の中で一緒に音楽を聴き，互いの気付きや感想を交換することは，現在の「私」の音楽の感じ方を超えて，音楽の中に新しい意味や価値を見いだす大切な時間であるといえる。

先に述べたように，深い音楽体験は単なる感覚的に心地よい体験ではなく，私たちが生きていることそのもの，つまり人生の在り方についての意味や価値を再発見していくことでもある。だからこそ全ての民族，全ての時代において，音楽は宗教とともに大切にされてきたのである。

（2）実践事例

鑑賞の活動を通して育む資質・能力を効果的に育成するためには，児童の段階を踏まえて，様々な指導の手立てを工夫することが必要である。ここでは，低学年，中学年，高学年別に，具体的な事例を通して指導のポイントを例示してみよう。

1．低学年

　様々な音楽に触れ，その作品がもつ魅力を体全体で味わうことが低学年の鑑賞活動の中心となる。音楽が表す情景を想像したり，音楽の特徴を様々な体の動きで表したりすることを通して，リズム感，旋律感，和音感，強弱感，速度感，音色感などの音楽的感受性を育てていくことが大切である。

①体を動かしながら聴く

　2拍子と2足歩行の関係，あるいはアッチェレランドと興奮時の心拍数の関係など，音楽的な感覚と私たちの身体的な感覚は密接に関わっている。音楽の様子を表すための語彙をまだ十分にもっていない低学年の児童にとって，音楽に合わせて歩いたり踊ったりすることは，音楽の特徴を捉え，その気付きを互いに共有するうえで重要な活動となる。

　例えばA-B-A-コーダで構成されている〈おどるこねこ〉(アンダソン作曲)を聴かせながらこねこになったつもりで踊らせてみよう。バイオリンによるこねこの鳴き声のような音型が特徴的なAの部分(譜例1)と，木管楽器の跳びはねるような音型が繰り返されるBの部分(譜例2)で踊り方を変化させる児童が現れるであろう。そのときに「どうして踊り方を変えたのか」「どんな場面を想像したのか」などと発問することによって，曲想の変化に注目させることができる。また友達の踊り方をまねてみることは，自分とは違う音楽の感じ方を共有する手立てとなる。

譜例1

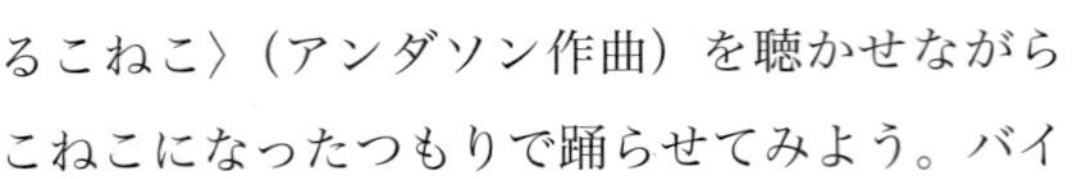

譜例2

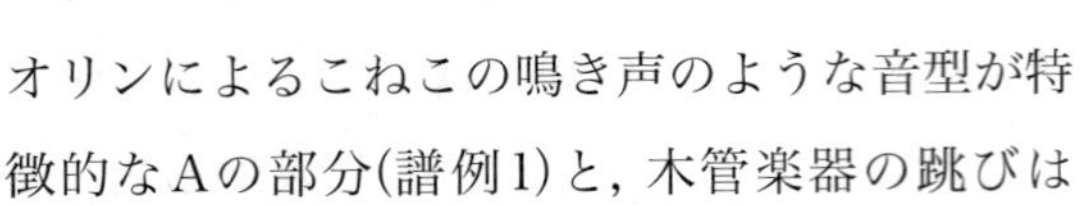

②楽器の音色に注目する

　丸くて暖かみのある木琴の音，鋭く冷たい感じのするトライアングルの音など，楽器の音色はそれぞれ独特の表情をもっている。〈シンコペーテッド クロック〉(アンダソン作曲)では，ウッドブロックのリズムが4小節ごとにシンコペートすることで，規則正しい時の刻みから逸脱するゆかいな時計の様子が表現されている(譜例3)。楽器を打つまねをしたり，実際に一緒に打ったりしながら音楽を聴くことで，ウッドブロック独特の明るく乾いた音色の特徴や，高い音と低い音を交互に打つ奏法に注目させたい。またBの部分ではトライアングルのトレモロが目覚まし時計のベルを模している。どのような鳴らし方をすればジリリリリンとベルのような音が出るのか工夫させてみるのもよいだろう。さらにこの曲をきっかけにして，様々な打楽器の素材や打ち方による音色の違い，あるいは楽器だけでなく身の回りの様々な音に注目して，好きな音や嫌いな音，美しい音や耳障りな音について話し合うことも，音色に対する感覚を研ぎ澄ますことにつながる。

譜例3

③強弱と速度の変化に注目する

　強弱と速度の変化は，音楽の中で気分の盛り上がりやクライマックス，あるいは落ち着きや

静まりをつくるための中心的な要素である。例えば，〈トルコ行進曲〉（ベートーベン作曲）では，軍隊がだんだん近づいて目の前を通りすぎ，やがて遠ざかっていく様子が強弱の変化で表されている（譜例4）。音楽を聴きながら音の小さいところでは弱く，音の大きいところでは強く手を打ったり，足踏みしたりすることで，強弱の変化に注目させたい。

譜例4

また〈山の魔王の宮殿にて〉（グリーグ作曲）は，不気味な旋律を繰り返しながらしだいに速度が速くなっていき，音楽の気分も高まっていく（譜例5）。音楽に合わせて歩いてみれば，しだい足が速くなり，最後には走るような速さになることに気付くだろう。速度の変化によって，どんな場面の展開を想像したのか話し合ってみるのもよい。

譜例5

④情景を想像して言葉で表す

音楽を聴いて感じ取ったことを，体の動きだけでなく言葉で表すことで，注意を向ける対象がより明確になる。音楽は時間とともに流れていく響きの中にあるから，絵や彫刻のように直接指で指し示すことができない。音楽から聴き取ったことや感じ取ったことについて友達と語り合うためには，音楽を記憶の中にとどめたり，聴いたあとに取り出したりするための言葉が必要となる。

〈人形の夢と目覚め〉（エステン作曲）は，「子もりうた～人形のねむり」（譜例6），「人形の夢」（譜例7），「人形の踊り」（譜例8）の3つの場面に分かれており，それぞれ拍子や速度，強弱が異なる。「ゆっくりしている」「急に音が大きくなった」「かけっこしているみたい」など，音楽を聴いて感じ取ったことを自由に言葉で表し，それを「強弱の言葉」「速さの言葉」「場面の言葉」のように教師が整理する。その上で，「急に強くなったから目が覚めた感じがした」のように，「強弱の言葉」や「速さの言葉」と「場面の言葉」とを結び付けて考えられるように促していくとよいだろう。こうして，聴き取ったことと感じ取ったことを関連付けていくことが中学年以降の鑑賞活動の準備することになる。

2．中学年

中学年では，様々な楽器の音色や演奏の仕方（奏法），旋律の反復や変化，拍子の違いなど，個々の曲を特徴付けている様々な要素と曲想との関わりに注意を向け，感じ取ったことを体の動きや言葉で伝え合う活動をさらに進めていくことが大切である。

①楽器の音色や演奏の仕方（奏法）への注目

児童にとって楽器への興味・関心は，多様な音楽へアプローチするための大切な入り口である。バイオリンで演奏される〈メヌエット〉（ベートーベン作曲），フルートで演奏される〈メ

ヌエット〉（ビゼー作曲），トランペットで演奏される〈トランペットふきの休日〉（アンダソン作曲）など，演奏する楽器の特性と楽曲の魅力が一体となっている作品をいろいろと聴かせたい。

　また同じ曲でも，演奏する楽器が変わるだけで雰囲気は大きく変わる。〈ホラ スタッカート〉（ディニーク作曲）は，バイオリンで演奏されることの多い作品だが，トランペットやフルートでも演奏される（譜例9）。それぞれの楽器によってイメージがどのように変わるか聴き比べてみるとよい。

譜例9

　〈ピーターとおおかみ〉（プロコフィエフ作曲）では，劇中の登場人物に，それぞれを表す旋律（ライトモティーフ）が割り当てられている。これらの旋律は，それぞれの登場人物の特徴や性格にぴったりの楽器で演奏される。クイズ形式でどの旋律がどの登場人物なのか，特に楽器の音色に注目しながら考えさせるのもよいだろう。その際，正解か不正解かにはこだわらず，楽器の音色や旋律のどのような特徴からそう思ったのか，児童のいろいろな発言を，一つ一つ大事に取り上げていくことが大切である。

② <u>口ずさんだり演奏したりする</u>

　主な旋律の反復や変化，あるいは旋律の重なりに気付くためには，まずその旋律を心にとどめておく必要がある。歌ったり楽器で演奏したりすることは，旋律を記憶するための最も効果的な手立てである。〈ファランドール〉（ビゼー作曲）では，冒頭で「王の行進」の主題（譜例10）がユニゾンで力強く提示されたあと，2声のカノンで進行する。

譜例10

　次に速度が上がって「馬のダンス」の主題（譜例11）が提示，反復され，その合間に「王の行進」の主題が断片的に挿入される。最後の部分では，もともと短調だった「王の行進」の主題が長調になって再現されると同時に，「馬のダンス」の主題と重なり合い，華やかなクライマックスとなる。以上に述べたこの作品の構成の面白さに気付かせるために，まず何度か口ずさませることによってこの2つの旋律をしっかりと覚えさせたい。2つの旋律の性格の違いも重要なポイントである。どんなふうに感じが違うか，体を動かしたり言葉で表したりして表現する。

譜例11

　〈トランペットふきの休日〉（アンダソン作曲）をリコーダー三重奏で演奏してみよう（譜例12）。最高音のGは，親指のサミングを細め（1ミリぐらい）にすると強く吹かなくても鳴る。16分音符の連続は，普通のタンギング（トゥトゥ）では間に合わないので，ダブルタンギング（トゥクトゥク）で演奏する。自分たちで演奏したあとに鑑賞すると，繰り返されるごとにリズムが少しずつ変化していること，後半ではバイオリンパートと「呼びかけとこたえ」の関係になっていることなどに気付きやすいだろう。

譜例12

BUGLER'S HOLIDAY
Music by LEROY ANDERSON
©1954 EMI MILLS MUSIC, INC.
All Rights Reserved.
Print rights for Japan administered by Yamaha Music Entertainment Holdings, Inc.

③指揮をしながら聴く

　2拍子に合わせて行進したり3拍子にのってワルツを踊ったりするように，拍子と運動感覚は深い関係にある。一定の速度で流れていく拍に合わせて楽しく体を動かしていた低学年での活動を発展させ，強弱-強弱，あるいは強弱弱-強弱弱のように規則正しく繰り返されるアクセントのパターンによって生ずる拍子に注目させ，それに合った体の動きを通して，拍子の違いにも気付かせたい。

　ここでは2拍子と3拍子の指揮をしながら音楽を聴いてみよう。まず2拍子と3拍子の指揮の仕方を学習する。空中で描く図形を覚えたら，2拍子や3拍子の既習曲を歌いながら指揮をさせて定着を図る。音楽を聴きながら指揮をさせるときには，2拍子か3拍子かをはっきりと聴き分けられる曲がよいだろう。2拍子では，前述した〈トルコ行進曲〉（ベートーベン作曲），〈ラデツキー行進曲〉（ヨハン・シュトラウス父作曲）などの行進曲や，〈バディネリ〉（J. S. バッハ作曲），〈クラリネット ポルカ〉（ポーランド民

謡）など2拍子の踊りに由来する音楽がよい。3拍子では，様々な作曲家による〈メヌエット〉（ベートーベン，ビゼー，ペツォルト作曲）のほかに，ホルンが3拍子のリズムを刻み続ける〈かね〉（ビゼー作曲）も拍子が分かりやすい楽曲だ。慣れてきたら，2拍子か3拍子かを当てさせたり，拍子による音楽の感じ方の違いを言葉で表したりさせてみるのもよいだろう。発展的な学習としては〈小組曲より「バレエ」〉（ドビュッシー作曲）もお薦めだ。この曲はABA形式で構成されており，Aの部分が2拍子，Bの部分が3拍子に変化する。また曲の終わりではAの部分の2拍子の旋律が3拍子に変化して登場する（譜例13・14）。指揮をすることによってどこで拍子が変わるか注意しながら聴かせてみよう。

譜例13

譜例14

3．高学年

　高学年では，低学年や中学年で学習したことを土台にして様々な音楽を比較しながら聴くことを通して，自分にとっての曲や演奏のよさを見いだしていく学習を進めていくことが大切である。さらに，このような学習を一層充実させるためには，必要に応じて，音や音楽と人々の生活や文化と関わりについて考えていくことも大切である。

①演奏者による表現の違い

　同じ楽曲でも指揮者や演奏者によって大きく表現は変わる。例えば〈ハンガリー舞曲 第5番〉

（ブラームス作曲）は，指揮者によって大きく表現が異なる代表的な楽曲だ（譜例15）。冒頭の旋律をいきなり急速なテンポでスタートする演奏もあれば，おもむろに開始して，少しずつ速度を上げていく演奏もある。また中間部の速度設定や強弱の付け方も様々である。いろいろな演奏を比較聴取させた上で，自分の一番好きなものを選ばせ，雑誌の演奏批評やCDのライナーノーツのように，音楽評論家になってその演奏のよさを伝える文章を書かせてみよう。

譜例15

②演奏形態による響きの違い

　中学年では個々の楽器の音色や特性に焦点を当てたが，高学年では，それに加えて，管弦楽・吹奏楽・室内楽など，演奏形態による響きの違いにも注目させたい。

　〈アイネ クライネ ナハトムジーク 第1楽章〉（モーツァルト作曲）は，もともと2台のバイオリンとビオラ，チェロによる弦楽四重奏のために作曲された楽曲である（譜例16）。しかし現在では，コントラバスを含む大勢の弦楽器によって構成された弦楽合奏で演奏される機会も多い。各楽器が1台ずつで演奏し，個々の演奏者の音色や表現が際立つ弦楽四重奏の演奏と大勢の弦楽器が重なり合って分厚い豊かな響きをつくる弦楽合奏の演奏を聴き比べさせ，どちらが好きか話し合わせてみるのもよい。

譜例16

　また〈祝典序曲〉（ショスタコーヴィチ作曲）を管弦楽による原曲と吹奏楽編曲版を聴き比べてみると，弦楽器を含む管弦楽と金管・木管・打楽器のみで構成される吹奏楽の響きの違いがよく分かる。

③いろいろな音階による音楽

　まず全員で〈かねがなる〉（フランス民謡／詞：勝承夫）を輪唱させる（譜例17）。これは，もともと〈フレール ジャック〉と呼ばれ，ヨーロッパの各地で歌われている有名な旋律である。次に，〈交響曲第1番「巨人」より第3楽章〉（マーラー作曲）の冒頭部分を聴かせる。同じ旋律なのに雰囲気が全く異なることに気が付くはずだ。もともと長音階（長調の音階）でできている〈フレール ジャック〉を，作曲者のマーラーが短音階（短調の音階）に変えて使っているからだ。

譜例17

　今度は〈ソーラン節〉（北海道民謡）や〈あんたがたどこさ〉（わらべうた）を歌わせてみよう。これらは，日本の民謡音階（譜例18）による旋律である。〈管弦楽のための木挽歌〉（小山清茂作曲）は，やはり民謡音階による宮崎県民謡の旋律を使用している。バイオリンやチェロなどの西洋の管弦楽器で演奏されているのに，ひなびた日本の野山の風景が浮かんでくる。

譜例18

次に〈スカボロー フェア〉(イギリス民謡)をリコーダーで演奏させてみよう(譜例19)。これはドリア旋法というヨーロッパの古い音階でできた曲だ。短音階に似ているが, 音階の第6番目の音が半音高くなっている。そのあとで, 中世の音楽〈トリスタンの嘆き(Lamento di Toristano)〉(作者不詳)を鑑賞させる。長音階, 短音階, 日本の民謡音階, ドリア旋法の雰囲気の違いを言葉でどのように表現できるだろうか。

譜例19

④世界の美しい声・美しい音

頭部の豊かな共鳴を含むいわゆる「頭声的発声」を, 音楽の授業で「美しい声」と呼ぶことが一般的だ。しかし時代や地域によって「美しい」とされる声は様々である。声の音色に注目して, 民謡歌手によって歌われる〈ソーラン節〉(北海道民謡)や〈かりぼし切り歌〉(宮崎県民謡)とソプラノ歌手やテノール歌手によって歌われる〈赤とんぼ〉(山田耕筰作曲)や〈待ちぼうけ〉(山田耕筰作曲)を聴き比べさせてみよう。同じ日本の歌でも, 歌い継がれてきた民謡と近代になってから作曲された歌曲では, 歌うときの声の質が全く違うことに気付くはずだ。

同様に〈春の海〉(宮城道雄作曲)を, 原曲の箏(こと(そう))と尺八による演奏と, ハープとフルートによる演奏で聴き比べさせてみよう(譜例20)。

譜例20

どちらも弦をはじいて音を出す楽器と笛の組み合わせだが, 日本の楽器と西洋の楽器では, その趣が全く異なる。日本の箏(こと(そう))は, 立ち上がりのはっきりした, 比較的余韻の短い, どちらかと言えば硬質の音色をもっている。これに対し, 西洋のハープは, 立ち上がりが丸く, 残響の長い, やわらかい音色である。また息ムラの音が混じる風のうなりのような尺八の音色に対し, フルートは透明でつややかな音色をもつ。

日本の楽器の音色の特性と日本人にとっての「美しい声」やその他の日本の伝統的な文化, 例えば生け花や書道などにおける美意識との関係について考えてみることは, 音や音楽を生活や文化などと関連付け, 音楽表現の共通性や固有性について, 中学校での学習の準備をすることになるだろう。

(菅 裕)

共通事項

（1）〔共通事項〕の基本的な捉え方

　学習指導要領「第3 指導計画の作成と内容の取扱い」1(3)では，「〔共通事項〕は，表現及び鑑賞の学習において共通に必要となる資質・能力であり，『A表現』及び『B鑑賞』の指導と併せて，十分な指導が行われるよう工夫すること」とし，育成する資質・能力を，ア「思考力，判断力，表現力等」，イ「知識」に整理し，次のように示している。

> ア　音楽を形づくっている要素を聴き取り，それらの働きが生み出すよさや面白さ，美しさを感じ取りながら，<u>聴き取ったことと感じ取ったこととの関わりについて考えること</u>。
> 　　　　　　　（思考力，判断力，表現力等）
> イ　音楽を形づくっている要素及びそれらに関わる<u>音符，休符，記号や用語</u>について，<u>音楽における働きと関わらせて</u>理解すること。
> 　　　　　　　　　　　　　　　　　　　（知識）
> 　　　　　　　　　　　　　　　　　　（下線筆者）

　二重下線は学習の対象，下線は学習方法であり，これらが一体となって資質・能力を形成する。学習の対象となる「音楽を形づくっている要素」の具体的な内容は，学習指導要領「第3 指導計画の作成と内容の取扱い」2(8)に，「ア　音楽を特徴付けている要素」と「イ　音楽の仕組み」に分けて次のように示されている。

> ア　音楽を特徴付けている要素
> 　　音色，リズム，速度，旋律，強弱，音の重なり，和音の響き，音階，調，拍，フレーズなど
> イ　音楽の仕組み
> 　　反復，呼びかけとこたえ，変化，音楽の縦と横との関係など

　これらの要素を児童の発達の段階や指導のねらいに応じて，適切に選択したり関連付けたりして指導することが求められる。

　事項アでは，上記の「音楽を形づくっている要素」を学習の対象として扱う際，学習方法として，聴き取ること，感じ取ることに加えて下線部に示したように，「聴き取ったことと感じ取ったこととの関わりについて考えること」が必要である。

　例えば，強弱と速度であれば，強弱や速度の特徴を客観的に聴き取ることに留まらず，「追いかけられている感じがしたのは，だんだん強くなるのと同時にだんだん速くなっているから」のように，強弱と速度の変化と，それらの働きが生み出すよさや面白さ，美しさとの関わりについて考えられるようにすることが，要素の聴き取りと，よさや面白さ，美しさの感じ取りを質的に深めていくのである。

　また，事項イの学習の対象となる「音符，休符，記号や用語」については，「第3　指導計画の作成と内容の取扱い」2(9)に，37項目が具体的に示されている。

　事項イでは，「音楽を形づくっている要素」とそれらに関わる「音符，休符，記号や用語」を学習の対象として扱う際，下線部に示したように「音楽における働きと関わらせて」意味や効果を理解することが必要である。

　例えば，〈茶つみ〉（文部省唱歌）では，4つのフレーズの最初に「4分休符」がある。それが音楽表現において，どのような意味をもったり効果を生み出したりしているのかについて，休符がある場合とない場合の演奏を比較するなどして，理解することが考えられる。

　以上に示したような〔共通事項〕に関する学習と，表現及び鑑賞の各事項の学習とを適切に関連させて扱うことにより，曲想と音楽の構造との関わりについての理解を深めたり，音楽表現を考えて思いや意図をもったり，曲や演奏のよさなどを見いだしたりする学習が一層充実する。

　　　　　　　　　　　　　　　　　（津田正之）

（2）指導のポイント

　前述のように〔共通事項〕は，表現及び鑑賞の学習において共通に必要となる資質・能力であるため，表現や鑑賞の音楽活動に関わらせて学習させることが重要である。

　第2学年での拍のまとまりを感じ取ることを目的とする題材を例にすると，〈メヌエット〉（ペツォルト作曲）を鑑賞で取り上げる際，3拍子の流れを感じ取らせるために，音楽に合わせて体を動かす活動を行うことが考えられる。「メヌエット」はもともと舞曲であることから，音楽に合わせて拍ごとに足踏みをしてみよう。最初はゆったりしたテンポで，1拍目を右足で少し大きめに踏み込む。この踏み込む動きによって体の重心は必然的に下へ移動し，2拍目にかけて重心を上へ移動させながら左足を右足の横に揃え，3拍目ではその場で小さく右足を踏むことになる。この時，すでに次の1拍目へ向けて，大きめに体の重心を下げながら左足を踏み込むために体の重心を移動させる準備を行っているはずである。ここで大切なことは，ただ単に足踏みを行うのではなく，音楽に合わせて体を動かすことである。

　このように，音楽に合わせて意識的に体を動かすことによって，「メヌエット」がもつ3拍子の拍のまとまりの特徴を感じ取ることができる。また，1小節目の1拍目に右足を踏むならば，2小節目の1拍目は左足で踏み込むことになる。この左右の足で交互に1拍目を踏み込むという一対の動きから，2小節のまとまりを感覚的に捉えることも可能となる。

　つまり，音楽に合わせた体の動きに着目することは，それぞれの拍が3拍子という拍のまとまりの中でどのような機能をもっているのかを理解することにつながる。そして，その拍のま

とまりと旋律がどのように関わりながら奏でられているのかを聴くことは，「鑑賞」のア及びイの事項に関わるものであり，〔共通事項〕に示された「音楽を形づくっている要素」の中のリズム，旋律，拍，フレーズの理解と，それらの働きが生み出す面白さや美しさとの関わりについて考える内容といえる。

　一方，学年を越えてベートーベン作曲の〈メヌエット〉を聴く際にも，ペツォルト作曲の〈メヌエット〉の学習を基に，3拍子の拍のまとまりの特徴（音楽を特徴付けている要素）を聴き取ることができるだろう。その上で，旋律の違いがどのような「感じ方」の違いをもたらすのかについて考えることになる。これは，「聴き取ったことと感じ取ったこととの関わりについて考える」ことであり，聴き取る経験が，その後の「感じ取ること」自体を深めていくことにつながっていく。このような経験は，ほかの作曲者による〈メヌエット〉に対しても興味・関心を喚起することにもなるだろう。

　また，このような活動による音楽経験は，表現活動においてもその曲にふさわしい表現のあり方を考える資質・能力を育てることにつながる。表現と鑑賞とは密接に関わるものであり，〔共通事項〕はそれらの音楽経験の中で理解され，生かされることによって，一層学習は深化する。したがって教師は，学年を越えて学習者の音楽的な知識を更新し，それに基づいて音楽のより一層の理解へと導くことを意図して指導を行わなければならない。

　指導にあたって，〔共通事項〕は，表現や鑑賞活動において，音楽そのものに迫る音楽経験の中で踏まえるべき事項であることを念頭に置く必要がある。

（古山典子）

コラム 体を動かす活動の重要性

1. 音楽と動き

「体を動かさないで音を出すことができますか?」 答えは「No」である。音楽と体の関係を考えるときに, この問いかけをする。どんな小さな音にもそこには動きがある。ささやくような声でさえ, 呼吸をして, 声帯の筋肉が動いている。音がするのは, そこに動いている何かが存在するということである。音 (Sound), 音楽 (Music) は動き (Movement) なのである。

2. 音楽と言葉

私はしばしば「音楽」を「言葉」に置き換えて考える。私たち人間はどのように言葉を学習するのか, 身に付けていくのかという過程が, 音楽の学習と同じであると思うからだ。

0歳児が発する言葉は泣き声である。それから, 笑い声を発するようになり, 喃語, 単語, 文章へとメッセージの量と種類が多様化していく。「言葉」の学習と述べたが, 正確には「母語」の獲得の過程である。なぜ母語が身に付くのか? それは「体全体」で聴いているからである。生きている環境の中で, その言葉を体験して聴いているからである。

言葉を耳で聴いたとき, 同時に, 目, 皮膚, 鼻, 舌などの感覚も合わせてその言葉の意味を理解する。聴覚, 視覚, 触覚, 嗅覚, 味覚など自分がもっているすべての感覚が連動して情報をキャッチし, それが脳に伝達され, 感情を伴って, 言葉の意味を理解するのである。その流れが繰り返されることによって, 自分で聴いた言葉が, 自分で表現する言葉に変わっていく。これが母語の獲得である。

聴覚, 視覚, 触覚, 嗅覚, 味覚の他に, も

う一つ大切なものは「筋肉」の感覚である。人間は重力のある空間で生きている。重力空間の中で動くことによって, 筋肉が育つ。筋肉がいろいろな情報を受け取るのである。例えば, 重さの感覚は, 目や耳, 皮膚, 鼻, 舌ではなく, 筋肉で感じる。速さも同様である。重い, 軽い, 遅い, 速いなどの言葉の意味がわかるのは, 筋肉運動感覚である。

私たち人間は, 言葉を「体」で覚え, 動いて覚えている。音楽も言葉と同じように, 耳で聴くだけではなく, 体で覚え, 動いて覚えていくのである。

3. 音楽と体

学習指導要領を読むと, 音楽科の目標に, 「**音楽活動**の楽しさを**体験**することを通して, 音楽を愛好する心情と音楽に対する感性を育むとともに, 音楽に親しむ態度を養い, 豊かな情操を培う」という一文がある。

また, 指導計画の作成と内容の取扱いの事項に, 『各学年の「A表現」及び「B鑑賞」の指導に当たっては, **音楽との一体感**を味わい, 想像力を働かせて音楽と関わることができるよう, 指導のねらいに即して**体を動かす活動**を取り入れること』と記述されている。(太字, 筆者)

音楽と体の関連性を示す文章である。音楽は耳で聴くだけではなく, 体全体に振動し鳴り響く。そして, 音楽をすること, 音楽行動, 音楽活動は, 全て体が媒体である。

では, 体を動かす活動とは具体的にどのようなものだろうか? 音楽の「何」を聴いて, 体の「どこ」を動かすのだろうか?

音楽には，気持ちを和らげる音楽と気持ちを高揚させる音楽がある。聴いているとゆったりとした呼吸になる音楽と，一緒に体を揺らしたり，手拍子を打ったり，踊ったりしたくなる音楽がある。音楽の「何か」が体や心に働きかけている。これこそが，音楽との一体感である。人間の自然な動きと音楽との関係を観察することが大切である。

4.身体運動から身体表現へ

人間の自然な動き，身体運動として「歩行」がある。重力空間の中で立ち上がり，前へ進む。歌いながら歩いてみよう。ビート感の強い音楽は一緒に手拍子をしたくなる。手を合わせるタイミングが，足が地に着くタイミングと同じである。足の裏から体全体にビート感が伝わってくる。

Andante（アンダンテ），Allegro（アレグロ），Moderato（モデラート），Presto（プレスト）等の速度を表す用語は実際に歩いてみてこそ感じられる音楽の言葉である。単に日本語の訳を覚えても無意味である。言葉を体験の中から覚えるように，音楽の用語も，実際に自分の体を動かしてその意味を理解し覚えていきたい。

聴覚と筋肉運動感覚との結び付きを，より意識するために，聴いて反応する活動をしてみよう。音楽のテンポが速くなったら速く歩き，遅くなったら遅く歩く。音楽が始まったら歩き出し，止まったら歩くのをやめる。変化が多いほど集中して聴くことになる。また，例えば2種類以上の楽器が同時に鳴っている音楽の中で，1つの楽器の旋律だけを選んで歩くことにする。耳で聴くだけよりも筋肉を動かすことによって音楽の違いを明確に実感することができる。

「歩く」という身体運動は移動することでもある。どこからどこへ行くのか。音楽の方向性や音の連なりを感じることができる。また，歩き方にもいろいろな表情がある。元気な歩き方，疲れた歩き方，うれしい，悲しいなど，それらによって速さや強さが異なってくる。曲想を感じて，その表情で歩いてみよう。

もし，歩くことができない場合，それに代わる体の部分を動かせばよい。大切なのは，自分がもっている筋肉を最大限動かして感じることである。

旋律を体で感じるためには上下運動が有効である。高音，低音という言葉のとおり，音の高さの変化は，空間の高さの変化である。旋律の上行と下行を重力と関連付けて捉えると，旋律のもつエネルギーが分かる。

これらの経験を積み重ねていくと，楽譜に書かれている音符と音符が，点ではなく線としてつながって見えるようになる。

5.音楽を味わって聴く

学習指導要領音楽科の鑑賞に関する目標の中に「味わう」という言葉を見つけた時，うれしくなった。なぜなら，私は，音楽は心と体を育てる「食」だと考えているからである。文化によって好みの味や香りは違う。人によって好き嫌いもあるし，心と体の状態によって欲するもの，必要とするものも異なる。1人でゆっくり味わいたいときもあるし，皆で共に味わい，喜びを共有することもある。

それが「食」であり「音楽」である。児童の成長のために，心と体全体に染みわたっていく「音楽」を料理し，共に味わっていくことが，音楽教員の務めであり，喜びであると，私は思っている。

（井上恵理）

Ⅲ 学習指導計画の作成

1 学習指導計画

(1) 学習指導計画の意義

1．意義

2020年全面実施の学習指導要領は、学校教育を通じて児童が身に付けるべき資質・能力や学ぶべき内容、学び方の見通しを示す「学びの地図」として幅広く学校や児童、そして家庭・地域、民間企業等において活用できることを目指している。その学習指導要領を基に作成した教育計画、学習指導計画もまた、それらに向けた各学校や教科等の「学びの地図」といえる。

まずは、その「学びの地図」が意義あるものになるよう、学校における学習指導計画の種類や、編成の留意点について理解しよう。

2．学校の教育計画全体である教育課程

教育基本法第一条に教育の目的として、「教育は、人格の完成を目指し、平和で民主的な国家及び社会の形成者として必要な資質を備えた心身ともに健康な国民の育成を期して行われなければならない」とある。この大きな目的の実現のために、同第二条で教育の目標、また、学校教育法で校種別に教育の目的と目標が定められている。

学校ではその目標を達成するよう、教育を受ける者の心身の発達に応じて、体系的な教育が組織的に行われなければならない。そのために、学校は教育計画である教育課程を編成することが必要である。

3．小学校の教育課程編成の基準

小学校の教育課程は、国語、社会、算数、理科、生活、音楽、図画工作、家庭、体育及び外国語の各教科、特別の教科である道徳、外国語活動、総合的な学習の時間並びに特別活動によって編成する。そして、教育課程の基準は学習指導要領によることが学校教育法施行規則で定められている。

［図1］小学校の教育課程のイメージ

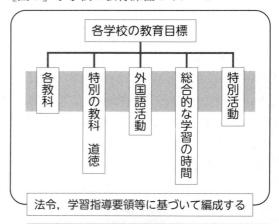

項目背後の網掛けは相互に関連を図ることを示している。

学習指導要領は、全ての学校が取り扱い、全ての児童が学ぶ内容である。また、各教科等に示されている目標や内容を逸脱したり、児童の負担過重になったりしないよう配慮しながら、特に必要がある場合には発展的な内容を加えてもよいことが総則などで示されている。

4．教育課程を編成する際の留意点

小学校の学習指導要領では、道徳科を除いた各教科、外国語活動、総合的な学習の時間、特別活動において、概ね次のような共通した書き方で目標が示されている。

> ○○を通して，（□□の）見方・考え方を働かせ，◇◇の資質・能力を次のとおり育成することを目指す。
> (1) 知識及び技能
> (2) 思考力，判断力，表現力等
> (3) 学びに向かう力，人間性等

※○○，□□，◇◇には，各教科の特質に応じた言葉が入る。順序が前後する場合もある。

各学校では，教育課程を編成する際，目標の実現を目指して，次の点に気を付けて計画をすることが重要である。

■知識及び技能が習得されるようにすること。

■思考力，判断力，表現力等を育成すること。

■学びに向かう力，人間性等を涵養すること。

5．「主体的・対話的で深い学び」の実現に向けた授業改善

各教科等の指導に当たっては，「主体的・対話的で深い学び」の実現に向けた授業改善が求められている。「主体的・対話的で深い学び」は，必ずしも1単位時間の授業の中で全て実現されるものではない。そこで学習指導計画作成段階で，中長期的に内容や時間のまとまりを見通し，「主体的・対話的で深い学び」の実現に向けた題材・授業構成を考えることが大切である。

（2）音楽科の学習指導計画作成における基本的な考え方

（1）で教育課程全般を見てきたが，ここからは音楽科の学習指導計画作成について理解を深めよう。

1．音楽的な見方・考え方

各教科等の目標の中に「見方・考え方を働かせ」とあるのは，学習指導計画作成時にも意識したい事柄である。小学校音楽科における音楽的な見方・考え方とは，「音楽に対する感性を働かせ，音や音楽を，音楽を形づくっている要素とその働きの視点で捉え，自己のイメージや感情，生活や文化などと関連付けること」である。前述した「主体的・対話的で深い学び」の実現に向け，「深い学び」では，この「見方・考え方」を働かせることが重要になる。

2．6年間の見通しと中学校との連携

音楽科の授業時数は下記のとおりである。6年間の見通しをもって，指導計画を作成したい。また，中学校との連携も考えて，中学校学習指導要領の内容も把握しておこう。

◆小学校音楽科授業時数（1単位時間45分）

学年	1	2	3	4	5	6	計
時数	68	70	60	60	50	50	358

◆中学校音楽科授業時数（1単位時間50分）

学年	1	2	3	計
時数	45	35	35	115

3．教科書使用義務

学校教育法などでは，各教科において教科書が主たる教材とされている。そのため採択した教科書を中心に学習指導計画を作成する。各教科書会社では，次ページの［表1］のように，学習指導計画作成の参考になる情報をホームページなどで公開しているので，参考にするとよい。

4．2年間を見通した年間学習指導計画

年間学習指導計画とは，「指導する月」「題材名」「題材の時間数」「題材のねらいや学習目標」「教材」「学習指導要領の指導事項や〔共通事項〕との関連等」などを記したものである。授業時数の合計が上記の年間時数になるように計画する。

小学校学習指導要領音楽科では，「第1学年及び第2学年」「第3学年及び第4学年」「第5

学年及び第6学年」のように2学年まとめて目標と内容が示されている。これは2年間かけて指導を進めることができるようにしたものであり、それぞれの学年に分けて指導する、もしくはどちらの学年でも指導するなどを考えて計画する。その際も、各教科書会社の学習指導計画作成の資料が役に立つ。

5. 題材の学習指導計画

題材の学習指導計画は、年間学習指導計画の項目に「題材設定の趣旨」や「題材の評価規準」、「題材の学習指導計画と評価計画」などを加えた、題材の特徴が現れる具体的な計画である。この参考資料も教科書会社が公表している。

6. 題材の目標及び題材構成の際の留意点

題材の学習指導計画を作成する場合、指導事項と〔共通事項〕の構成の特徴を踏まえて、下記を目標及び題材構成に生かすようにする。
■知識及び技能が習得されるようにすること。
■思考力、判断力、表現力等を育成すること。
■学びに向かう力、人間性等を涵養すること。

そのために、学習指導要領における指導事項と〔共通事項〕の構成について確認する。

［表2］は第3学年及び第4学年の指導事項と〔共通事項〕を表にしたものである。A表現(1)歌唱、(2)器楽、(3)音楽づくりとB鑑賞は、指導事項アが「思考力、判断力、表現力等」に関する資質・能力を育成する事項、イが「知識」に関する資質・能力を育成する事項である。また、A表現にのみ置かれているウは「技能」に関する資質・能力を育成する事項である。そして、A表現はア、イ、ウを、B鑑賞はア、イを必ず題材の目標に盛り込むことが重要である。

次に〔共通事項〕であるが、アは音楽を形づくっている要素を聴き取り、それらの働きが生み出すよさや面白さ、美しさを感じ取りながら、

［表1］年間学習指導計画例（教育芸術社ホームページ　第6学年年間学習指導計画作成資料より）

第6学年　年間学習指導計画作成資料					◎…共通教材　♪…鑑賞
扱い月 / 年間	扱い時数 合計50	題材名	題材のねらい	学習目標	教材名
	1	巻頭	音楽プリズム		人をつなぐ音楽
			心をつなぐ歌声	年間を通して愛唱したり、歌う楽しさを味わったりするための歌唱教材。	つばさをください
4 5	5	1. 豊かな歌声をひびかせよう	●音程やリズムに気を付けて視唱したり、曲想にふさわしい歌い方を工夫して思いや意図をもって歌ったりする。	・明るくひびきのある声で歌いましょう。	明日という大空
				＊曲のまとまりや強さの変化に気をつけて、曲想にふさわしい歌い方を工夫して歌いましょう。	◎おぼろ月夜
				・曲想にふさわしい歌い方を工夫して歌いましょう。	星空はいつも
6 7	8	2. いろいろな音のひびきを味わおう	●パートの役割や楽器の特徴を生かして全体の響きを味わって演奏したり、楽器の組合せから生まれる響きの美しさを味わって聴いたりする。 ●楽器の音色やリズム、音楽の仕組みを生かして、音楽をつくったり演奏したりする。	・パートの役割や楽器の特徴を生かして合奏しましょう。	ラバーズ コンチェルト
					♪メヌエット
				・オーケストラのひびきを味わいながらききましょう。	♪木星
				＊曲想を生かして歌いましょう。	◎われは海の子
				・打楽器の音色や音楽のしくみを生かして、リズムアンサンブルをつくりましょう。	☆リズムをつくってアンサンブル
9 10	8	3. 和音の美しさを味わおう	●和音の響きの変化を感じ取りながら、各声部の歌声や楽器、全体の響き、伴奏を聴いて合唱したり合奏したりする。 ●和音に含まれる音を用いて、まとまりのある旋律をつくる。	・歌声が重なり合うひびきを感じながら合唱しましょう。	星の世界
				・和音の移り変わりを感じながら演奏しましょう。	雨のうた
				・和音にふくまれる音を使って旋律をつくりましょう。	☆和音の音で旋律づくり
11	6	4. 曲想を味わおう	●曲想にふさわしい表現を工夫し、旋律の特徴や重なり方を生かして歌ったり、パートの役割にふさわしい楽器や演奏の仕方で演奏したりする。 ●曲想とその変化を感じ取りながら、旋律の特徴、反復や変化、強弱や速度などによる楽曲の構造を理解して聴く。	・旋律の音の上がり下がりや重なり方から、表現のしかたを考えて歌いましょう。	広い空の下で
				・曲想の移り変わりを味わいながらききましょう。	♪ハンガリー舞曲 第5番
				・曲想を生かして合奏しましょう。	風を切って

※上記ではカットされているが、表の右側に各題材における学習指導要領の指導事項や〔共通事項〕との関連が示されている。

聴き取ったことと感じ取ったこととの関わりについて考えることを示しており、「思考力，判断力，表現力等」に関する資質・能力である。イは音楽を形づくっている要素及びそれらに関わる音符，休符，記号や用語について，音楽における働きと関わらせて理解することについて示しており，「知識」に関する資質・能力である。

中学年の音楽づくりを例に見てみよう。

題材名
「ミソラシレで日本らしい旋律をつくりましょう」
学習活動の概要
①既習曲の「ひらいたひらいた」がミソラシレでできていること，それによって日本的なイメージをもたらしていることを理解する。
②4分の4拍子で4分音符と2分音符でできているリズムパターンとミソラシレを使って4小節の旋律をつくる。
③イメージに合った速度や強弱，リズムの変化を工夫して発表する。

この「ミソラシレで日本らしい旋律をつくりましょう」は下記を指導する題材である。

・「**思考力，判断力，表現力等**」に関する資質・能力：ア(イ) 音を音楽へと構成することを通して，どのようにまとまりを意識した音楽をつくるかについて思いや意図をもつこと。

・「**知識**」に関する資質・能力：イ(イ) 音やフレーズのつなげ方や重ね方の特徴

・「**技能**」に関する資質・能力：ウ(イ) 音楽の仕組みを用いて，音楽をつくる技能

そして，〔共通事項〕は下記である。

・「**思考力，判断力，表現力等**」に関する資質・能力：ア リズムパターン，民謡音階，速度，強弱，リズムの変化について，聴き取ったことと感じ取ったこととの関わりについて考えること。

・「**知識**」に関する資質・能力：イ 𝄞, 𝟜𝟜, ♩, ♩, ♫ 縦線，終止線について，音楽における働きと関わらせて理解すること。

7. 特別な配慮を必要とする児童への学習指導計画

通常の学級において，日本語が分からない状況や発達障害があるなどの理由により学びにくさを感じている児童が在籍している可能性がある。そのことを前提にして，学習指導計画を作成したい。その際，全ての児童が「分かる」「できる」よう工夫をするとともに，該当児童へのきめ細やかな配慮と指導の工夫が必要である。本書p.72を参考にしよう。

(酒井美恵子)

［表2］小学校学習指導要領音楽科　第3学年及び第4学年の内容の構成

		思考力，判断力，表現力等	知識	技能
A 表現	（1）歌唱	ア	イ	ウ (ア)(イ)(ウ)
	（2）器楽	ア	イ (ア)(イ)	ウ (ア)(イ)(ウ)
	（3）音楽づくり	ア (ア)(イ)	イ (ア)(イ)	ウ (ア)(イ)(ウ)
B 鑑賞		ア	イ	

	思考力，判断力，表現力等	知識	
〔共通事項〕	ア	イ	

〔共通事項〕アは必ず扱う。
イは題材の内容や活動によって，扱わない場合もある。

網掛け■は，「ミソラシレで日本らしい旋律をつくりましょう」で育む資質・能力

コラム Q&A方式による 音楽科教師としての心構えと指導力を高める方法

Q1：自分にはある程度の音楽的能力があると思うのですが，授業がうまくできません。「君には子供が見えていないね」という指摘も受けました。どうしたらよいでしょうか。

A1：目の前の子供の状況をしっかりと把握したうえで，教師の働きかけを行うこと（教授行為）がたいへん重要となります。

このことについて，木原は次のように述べています。

「『目の前の子供の意欲や理解の状況を把握して即時に適切な意思決定をする柔軟で個性的な教授行為』に立ち向かうことが求められよう」[1]

この言葉はどの教科等にも通じることなのですが，とりわけ音楽科で意識したい言葉です。例えば，児童にどの程度の技術が定着したのかを推察するための聴く力，児童が心を開き活動に没頭しているかどうかを洞察する力，歌う（演奏する）姿勢や表情といった身体的状態を見極める力等が教師に要求されます。そのため，刻々と変化する児童の瞬間的な状況を，1つたりとも見逃すまいとする姿勢が重要となるでしょう。すなわち，授業を進めながらも児童の状況を細部にわたって捉えることのできる，いわば観察者としての授業者となれるようなトレーニングを積むことが肝要です。さらにいえば，こうした能力をフルに発揮するためにも，児童の音楽に関する「知識及び技能」「思考力，判断力，表現力等」や，「興味・関心の対象」等，多くの情報を事前に把握しておくことが重要となるでしょう。

Q2：それでは，そういった「状況を把握する力」をアップさせるための方法を具体的に教えてください。

A2：次の3つの方法を試してみましょう。

①児童の状況を能動的に捉える意識をもつこと

授業力をアップさせるために，教師は状況把握の視点を明確にし，能動的に全ての児童を捉えるトレーニングを積むことが大切です。意識せずとも勝手に飛び込んでくる情報（例えば目立つ児童の歌声や言動等）のみを捉え，それに振り回されてしまうことは避けたいものです。

また先にも述べたように，音楽科の授業では，瞬間的に音を聴き分ける能力が教師に要求されます。そのため，例えば「今，指導するのは音の高さか？発声か？」等，授業のねらいに沿って聴く焦点を絞り，積極的に全ての児童の発した音をキャッチしにいくトレーニングが大切となるでしょう。

さらに，音楽科においては「聴く」ことだけではなく「見る」ことも極めて重要となります。歌唱や演奏における姿勢，表情等の所作や，児童の健康状態，クラス内の人間関係等も適宜見ながら，授業を展開していく必要があります。このような，音楽や音以外の視点から児童の状況を見極めようとする姿勢も，求められるのです。

このことに関して，斎藤は次のように述べています。

「（子供の事実を）よく見て，よく考える。それを繰り返していくと，今度は自然に見えてくるようになるんです。相手が呼びかけてくるんです」[2]

この言葉は，教師が明確な意図をもって「聴く」あるいは「見る」ことを繰り返せば，児童の状況が具体的に「聴こえる」「見える」ようになると解釈することができます。

また，「クラス全体を見ているのか，個人を見ているのか」，「A君を見ながらB君の状況も捉えようとしているのか」というような，見る対象を明確に意識するトレーニングを積むことも重要でしょう。

②授業後の振り返り（省察）によって児童の状況を再現し把握すること

自分の授業の録画を見て，そのときの教授行為で，自分は児童の何を見ていたのか，何を聴いていたのかを振り返り記録することも，力量アップのコツです。記録する事柄は，「○○君の姿勢」「4小節目の歌い方」等，具体的な内容にします。

このような振り返りを繰り返すことにより，児童を見る自らの傾向が明らかになります。「ある児童については何度も記録されているのに，一度も名前が書かれていない児童がいる」「発声については毎回記述されているのに，歌う表情については触れていない」等の発見があるでしょう。この発見を基に，状況把握の視点として不十分な点を改善したり，着眼点を広げたりしたいものです。

また，授業中には捉えられなかった児童の状況が，授業後にVTRを視聴してみて見えることもあります。このような場合，後から見えた状況として記録し，なぜ授業中には見えなかったのかを分析することも効果的です。

③「授業者を離れた視点」から児童の状況を把握すること

「授業者を離れた視点」から児童を観察することも大切です。例えば，担当するクラスの授業を他の教師に依頼して，自分は観察者として児童の状況を把握してみましょう。このとき，授業者と同じ場所（教壇やピアノの辺り）からではなく，例えば合唱や合奏をする児童の輪の中に入るようなポジションで観察すると効果的です。

このようなトレーニングを行うと，授業者として日頃見えていなかった様々な児童の状況や，聴こえなかった声，音が浮き彫りになり新たな発見があります。児童を見るときの視座を変えてみるとよいでしょう。

Q3：「児童が心を開いて夢中で活動するような音楽の授業をしたい」と思っていますが，どんなことに留意すればよいでしょうか。

A3：毎回の授業で，必ず全員が「わはは…」と大声で笑えるような瞬間をつくりたいものです。笑い声を共有できるクラスは，歌声も共有できます。このような笑顔あふれる授業をするために，教師は日頃からユーモアのセンスを磨くことが必要でしょう。それと同時に，児童の発する笑いの本質を見極めて指導することにも力を注ぎたいものです。例えば，授業中誰かが歌ったとき，他の児童が笑ったとします。教師は，このときの笑いの本質を瞬時に的確に見極めて指導する必要があります。「これは，温かい笑いか？冷たい笑いか？ノ

リのよい笑いか？」というような見極めです。

こうした状況の本質を把握する営みを，アイスナー（E. W. Eisner）は，「教育的鑑識（educational connoisseurship）」[3] と呼びました。アイスナーは，ワインのテイスティングを例に挙げて鑑識について述べています。ワインの鑑識とは，単に味わうだけではなく，香り，色などから五感を使ってブドウの品種や産地など，実に様々なことを判断する営みです。同じことを教育の場面に置き換えると，授業中に起こる様々な出来事の本質を捉えることは，教育上の鑑識であると考えることができます。このような教育的鑑識は，先に述べた状況把握と同じ意味であり，教師にはこのような能力が強く求められているといっても過言ではないでしょう。

こうした教育的鑑識に基づいた指導はとても重要です。当然ながら，冷たい笑いやバカにした笑いならば注意を与える必要がありますが，温かい笑いやノリのよい笑いまでをも教室から奪うと，冷え切ったしらけた空気が漂います。こうなると，児童の心は閉ざされ自由な言葉もなくなり，音楽表現どころではなくなります。

児童が安心して自己を表出できる音楽の授業の雰囲気づくりは，歌声や楽器の音だけではなく，笑い声を通して行うことも大切です。温かくノリのよい笑い声を共有できる学級は，歌声も共有できます。そのためにも，状況の本質を瞬時に的確に捉える教師の目，耳，皮膚感覚を研ぎ澄ましておきたいものですね。

Q4：授業をしていると音楽科の指導内容そのものでなく，別の（学級集団づくりのような）指導をするべき瞬間を何度も体験するのですが…。

A4：教師あるいは指導者が指導を入れるべき瞬間を，ヴァン・マーネン（M. Van Manen）は「教育的瞬間（pedagogical moment）」[4] と呼びました。教育的瞬間とは，「教育を行う適切なタイミング」「今ここで，指導を入れなければいけない一瞬」と考えられます。教育的瞬間がいつ舞い降りてくるのかについては予測が難しく，そのときの指導内容も状況に応じなければなりません。当然ながら音楽科の指導内容そのものの指導が多いのですが，質問にあるような学級集団づくりの指導が適している場合もあります。

このようなときは，音楽そのものの指導よりも，音楽の授業を支える学級集団づくりの指導を優先させなければなりません。これほど大切な瞬間に，次のような状態は絶対に避けたいものです。

①学級集団づくりの指導をすべき瞬間なのに何の指導もなく放置する。

②学級集団づくりの指導をすべき瞬間なのに，音楽そのものの指導しかしない。

上記①，②のような状態が積み重なると，学級が荒れ，最後には音楽の授業の崩壊に至ることも考えられます。特に②の状態は，指導が行われているところに落とし穴があるといえるでしょう。「先生，今は音楽の指導じゃなく，仲間の問題を解決してほしいんだ」と児童は感じているのに，教師は音楽の指導ばかり……。これでは授業は成立しません。つまり，音楽の授業では音楽そのものの指導だけではなく，このような学級集団づくりの指導こそが求められる瞬間もあるのです。仲

間と心を開いて活動する音楽の授業を目指すならば，この点を強く意識したいものですね。

Q5：国語科や算数科の授業については相談できる先輩が多くいますが，音楽科の授業ではそうした先生が少なくて困っています。

A5：経験を積んだ助言者のことをメンターと呼びます。新人教師にとっては先輩の同僚，指導教員らを指します。メンターとなる同僚の教師に質問し自己の授業を検討することは，教師としての成長を促進する糧となるでしょう。こうした新人教師の成長にメンターの存在が欠かせないことは，多くの研究者によって指摘され，行政的な取組も進みつつあります。

しかしながら質問にもあるように，筆者の知る多くの教師は，「音楽は授業展開についてアドバイスできる教師が少ない教科である」と指摘しています。また筆者のインタビュー調査において，ある新人教師は「音楽科は，国語科や算数科に比べ，指導内容や指導方法が校内の全教師に意識されていないような気がする。できなくてもいいというような雰囲気もある（筆者要約）」[5]と述べました。このような指摘を踏まえると，「校内の全ての教師に音楽科の存在意義を再認識させること」「校外にもメンターを求めること」の緊要性に気付きます。この2点を実行に移しながら，新人教師の力量形成を支援する必要があるといえるでしょう。

Q6：教育現場では毎日のように，ほんとうに多くの困難と出会います。乗り切るための心構えを教えてください。

A6：以前行った筆者の調査でも，音楽の授業において教師が様々な困難に遭遇していることが分かっています。とりわけ新人教師は，理想としている授業と現実のそれとのギャップにリアリティ・ショックを受けています。しかしながらこの調査ではまた，音楽教育界の今後に，一条の光を見いだすこともできました。

調査対象の新人教師たちは，困難に遭遇しても誰一人としてネガティブな態度をとることなく，何とか乗り越えようと試行錯誤し，何らかの気付きを得て自らを成長させていたのです。このような若者たちの姿を目にするとき，遭遇する「困難」の正体は，実は「成長するための大切なレッスン」であると，前向きに考えることもできるのです。

この調査における新人教師たちには，こうした前向きな，若さゆえのたくましさを感じることができました。

すなわち，ここまでA1〜A5に述べた方法が成功するか否かは，「困難」を「大切なレッスン」に変換できるような，そんなポジティブな精神状態が鍵を握っています。そして，それを支えるものこそが，メンターを含めた「理解し合えるチームとしての教師集団」の存在なのです。
（高見仁志）

引用・参考文献
1) 木原成一郎（2007）「初任者教師の抱える心配と力量形成の契機」グループ・ディダクティカ編『学びのための教師論』勁草書房，pp.35-36.
2) 斎藤喜博（1984）『第二期斎藤喜博全集』第2巻，国土社，p.300.
3) Eisner, E. W. (1998) The Enlightened Eye, Upper Saddle River, NJ : Prentice-Hall.
4) Van Manen, M. (1991) "Reflectivity and the Pedagogical Moment : the Normativity of Pedagogical Thinking and Acting," Journal of Curriculum Studies, 23 (6) pp.507-536.
5) 高見仁志（2014）『音楽科における教師の力量形成』ミネルヴァ書房，p.137.

2 幼保小・小中連携

（1）幼稚園・保育所との連携

1．はじめに

　幼児教育（幼稚園，幼保連携型認定こども園，保育所等で行われる教育）と小学校教育との連携について，その重要性が指摘されて久しい。平成29年告示の幼稚園教育要領等の総則には，「幼児期の終わりまでに育ってほしい姿」が記され，小学校学習指導要領の総則には「幼児期の終わりまでに育ってほしい姿を踏まえた指導を工夫すること」という一文が加えられた。「幼児期の終わりまでに育ってほしい姿」は，保育者と小学校の教諭等とが幼児教育修了時の子供の姿を共有できるように示されたものである。学校段階を超えた共通概念が導入され，それを踏まえた指導が念頭に置かれている。

　とはいえ，幼児教育では周到に整えられた環境の中で遊びを中心に教育が行われている。一方，小学校では，学習内容が教科等によって分けられ，生活の時間も区切られる。幼児教育と小学校以降の教育とは学びの方法や内容が大きく異なる。ここでは，幼児教育の特徴を踏まえ，小学校音楽科における連携の視点について考えていくことにしよう。

2．幼児教育の基本的な考え方

　保育所保育指針解説には「遊びを展開する過程において，子供は心身全体を働かせて活動するため，心身の様々な側面の発達にとって必要な経験が相互に関連し合い積み重ねられていく。つまり，乳幼児期は諸能力が個別に発達していくのではなく，相互に関連し合い，総合的に発達していくのである」[1]と記されている。このような幼児の特性を踏まえ，幼児教育では，保育者が立てた具体的なねらいに適切な環境を整えることで，幼児の主体的な遊びを促していく。遊びを中心とした教育，そして，環境を通した教育が行われているのである。さらに，幼稚園教育要領等には学習内容を区切る教科等のようなものがなく，領域という枠組みがある。これは，遊びを中心とした生活の中で成長する幼児の姿を「健康」「人間関係」「環境」「言葉」「表現」という5つの視点から捉えようとしたものである。

　さて，領域の中で小学校音楽科と最も関連の深いものは「表現」であろう。その内容には，「音楽に親しみ，歌を歌ったり，簡単なリズム楽器を使ったりなどする楽しさを味わう」[2]が含まれる。先の内容に照らしてみれば，幼児教育で行われる歌唱は，音楽活動に特化して高い技能を習得することや，知識を習得することを目指すというよりは，幼児の生活や遊びを充実させるための活動であることが分かる。

3．幼児教育における学び

　上記の内容を踏まえて，実際の子供たちの姿を想像し，幼児の学びについて考えてみよう。園庭で子供たちが遊んでいるときに雪が降ってきた。雪の舞う姿を見て，くるくると回って動き始める子供がいる。それにつられて，同じように回りだす子供がいる。降ってくる雪を手のひらで受け止めようと両手を空に向ける子供もいる。空を眺めながら，1人が〈雪〉（文部省唱歌）を歌い始めると，それにつられて〈雪〉の斉唱が始まる。

　これは，筆者が実際に見た幼稚園での子供たちの姿である。雪に触発されてくるくると動く姿は体を用いた表現であるし，人と共に動くということは他者との関わりの原型であろう。降ってくる雪を手のひらで受け止める姿は，自分のいる環

境を，自分の体で感じることである。さらに，雪に触発されて歌った歌は音楽表現であり，人と共に歌うという行為によって他者との関わりも生じる。雪という素材に関連する多様な表現，他者との関わり，自分の体への気付き，環境への気付きがある。これらが幼児教育で重要視される学びである。さらに，雪に触発されて生じた様々な体験と，それに密接に関係する音に関わる活動を，あるいは音楽活動を通して，子供たちは音楽をより身近なものとし，音や音楽に対する感性を高めていくのである。

4．連携に向けて

これまでもスタートカリキュラムやアプローチカリキュラムなど，幼保小の連携については様々な取り組みが行われてきた。その中でしばしば行われる幼保小の交流は，小学校の教師が幼児教育を知り，幼児の音楽経験を知ることのできる貴重な場である。幼児・児童の特質に合った学びを知り，子供たちの音楽経験を知ることが連携の第一歩であろう。

さらに，幼児教育の場と比較して小学校以降の音楽の授業では，音楽に特化した指導が可能となる。ここでは連携のポイントを2つに絞って挙げておこう。

①子供の姿をよく見ること

幼児教育の場で子供たちは様々な音楽活動を経験してきている。小学校の音楽の時間を音楽学習のスタートと考えず，たくさんの音楽経験を積んできた子供たちであることを踏まえ，音楽活動中の児童の姿を丁寧に見取る必要がある。その結果，目の前の児童が何を知っていて，何ができて，何が分かるのか，どんな活動を楽しむのかといったことが見えてくる。それを基に，指導の内容や方法を検討することが求められる。

特に，音楽の特徴に合致した，そして，学習内容にフィットした，児童の学びに最も合った指導方法を探す必要があるだろう。

②感覚的に捉えていたことを具体化する

児童は歌を歌ったり，楽器を演奏したりしているが，「何となく」できてしまうこと，「何となく」分かっていることが多分にある。例えば，テンポ，リズム，拍子といった概念はもっていないかもしれないが，彼らの動きをよく見ていれば，それらを敏感に感じ取っていることが分かる。児童が感覚的に捉えていたことを具体化したり言語化したりできるようにすることで，他者と音楽を共有したり，音楽について語ったりすることもできるようになる。さらに，こうした活動を繰り返すことにより，音や音楽に根ざした「音楽的な見方・考え方」ができるようになる。

5．まとめにかえて

小学校における音楽活動は，活動を楽しむだけにとどまらない。音楽活動を楽しみながらも，音楽科における「知識及び技能」，「思考力，判断力，表現力等」，「学びに向かう力，人間性等」が偏りなく育成されることが大切となる。しかしそれらはすべて，乳幼児期の経験の上に重ねられていくものである。

小学校の教員は，乳幼児期に培ってきた音や音楽に対する感性を基盤にしながら音楽の授業を行うという意識をもって，日々の授業を構築していくことが求められる。

(村上康子)

引用・参考文献
1) 厚生労働省（2018）『保育所保育指針解説』p.72
2) 文部科学省（2017）『幼稚園教育要領』p.9

（2）中学校との連携

1．問題の所在

　中学校に進学した際，小学校との間に大きな段差を感じ，学校生活にうまく溶け込めないという生徒の状況を，「中1ギャップ」という言葉で表すことがある。ギャップを感じる原因としては，学校生活や授業内容の変化が挙げられる。小学校は学級担任制を基本とするのに対して，中学校は教科担任制が原則となる。また，部活動を通して生まれる先輩・後輩という上下関係が，心の負担になることもある。その結果，不登校やいじめ，暴力などの問題行動が急増するとされている。

　しかし，国立教育政策研究所の「中1ギャップの真実」（生徒指導リーフ）は，この言葉を安易な表現であるとし，「多くの問題が顕在化するのは中学校段階からだとしても，実は小学校段階から問題が始まっている場合が少なくありません」[1]としている。小学校からの連続性に着目することで，中学校の問題を解消することが必要だというのである。

　では，これまで小中の連携として，どのような取組がなされてきたのであろうか。

2．小中一貫教育の取組

　平成26年5月，文部科学省は小中一貫教育等についての実態調査を行い，結果を報告している[2]。都道府県（47）を対象に，小中一貫教育の推進状況と取組内容について調査したほか，市区町村(1,743)には，推進状況やねらい，方針，教育課程の編成，推進体制と成果や課題等について，また学校(1,130)には，実施状況とねらい，方針，教育課程の編成，学年段階の区切り，成果と課題等について調査した（括弧内は調査対象の数）。

　その結果，「大きな成果が認められる」とされた項目としては，「中学校への進学に不安を覚える児童が減少した」「いわゆる『中1ギャップ』が緩和された」「小・中学校の教職員間で互いの良さを取り入れる意識が高まった」「小・中学校の教職員間で協力して指導にあたる意識が高まった」「小・中学校共通で実践する取組が増えた」などが挙がった。他方，「大きな課題が認められる」とされた項目には，「小中の教職員間での打ち合わせ時間の確保」「小中合同の研修時間の確保」「児童生徒間の交流を図る際の移動手段・移動時間の確保」「教職員の負担感・多忙感の解消」が挙がっている。

　教職員の負担感の増加という問題はあるものの，全体的に見て，児童生徒の不安解消という大きなねらいは達成されつつあることが分かる。

3．連携の観点と工夫

　新しい小学校学習指導要領（平成29年）の総則第2の4の(2)には，「中学校学習指導要領及び高等学校学習指導要領を踏まえ，中学校教育及びその後の教育との円滑な接続が図られるよう工夫すること」と，小学校と中学校との連携の重要性が示された。つまり，義務教育9年間を見通して児童生徒に必要な資質・能力を計画的かつ継続的に育成することが求められたのである。

　同解説には，同一中学校区内の小学校と中学校の間の連携を深めるための工夫について，4つの例が示されている（要約は筆者）。

・学校運営協議会や地域学校協働本部等の各種会議の合同開催により，育成を目指す資質・能力，教育目標，教育課程編成の基本方針等を学校，保護者，地域間で共有して改善を図ること。

・校長・副校長・教頭の管理職の間で，育成を目指す資質・能力，教育目標，教育課程編成の基本方針等を共有し，改善を図ること。
・教職員の合同研修会を開催し，指導の改善を図ること。
・保護者間の連携・交流を深め，取組の成果を共有していくこと。

これらは，「社会に開かれた教育課程」の理念に通ずるものであり，学校，家庭，地域の関係者の連携とも深く関わるものである。特に，同一中学校区内の複数の小学校が互いに交流を深めることには意義があると考えられる。

4. 音楽科における小中連携

音楽科においては，今後どのような小中連携が求められるのであろうか。学習指導要領をひもときながら考えてみよう（傍点は筆者）。

①目標と「音楽的な見方・考え方」

中学校音楽科の目標は，小学校と同じ枠組みで示されているが，その柱書（冒頭の文章）には「幅広い活動」「音楽文化と豊かに関わる」ことが，(1)「知識及び技能」については「曲想と音楽の構造や背景などとの関わり」や「音楽の多様性」が，そして(3)「学びに向かう力，人間性等」については「感性を豊かに」することが示されている。

また「音楽的な見方・考え方」にも「音や音楽を（中略）生活や社会，伝統や文化などと関連付けること」と示されている。これらのことから，学習を進める中で，教材や活動の多様化を図るようにするのはもちろんのこと，視野の広がりや理解の深まりを促すような豊かな感性の育成を目指すことが大切だといえる。

②内容

小学校第5学年及び第6学年と中学校第1学年の内容を比較すると，どちらも育成を目指す資質・能力の枠組みによって示されており，学習の系統性や連続性が意識されていることが分かる。その中で，A表現及びB鑑賞のイ「知識」に，共通して「曲想と音楽の構造との関わり」が示されているのは注目に値する。これは，〔共通事項〕を要として，適宜，領域や分野の関連を図りながら，音楽を形づくっている要素の働きについて児童生徒が繰り返し考える中で，知識が更新されていくように指導計画を立てるということを意味している。

また，A表現の「技能」については，各分野に固有の技能が示されているが，いずれも「思いや意図に合った表現」（小学校），「創意工夫を生かした表現」（中学校）に必要な技能とされていることから，児童が必要感を伴いながら技能を習得し，徐々に習熟，熟達するように，連続性を考慮することが重要となる。

特に和楽器については，口唱歌や体を動かす活動を取り入れたり，実演による鑑賞と関連付けたりするなど，中学校の学習の土台となるような学習方法を工夫したい。

③その他

同じ中学校区内の小学校と中学校，あるいは複数の小学校の教職員たちが活発に交流し，互いに学び合う。そうすることで，多様な指導法から最適なものを選択することが可能になるだけでなく，教材の重複を避けたり，あるいは同一の教材にあえて何度も取り組ませたりするなど，より柔軟にカリキュラム・マネジメントに取り組めるようになるのである。

（山下薫子）

引用・参考文献
1）「中1ギャップの真実」http://www.nier.go.jp/shido/leaf/leaf15.pdf（2018.7.30閲覧）p.3
2）http://www.mext.go.jp/a_menu/shotou/ikkan/1369584.htm（2018.7.30閲覧）

3 特別な配慮を必要とする児童への指導

（1）一般的背景

　文部科学省が2012年に公表した調査結果では，通常の学級に在籍していて，発達障害の可能性があり特別な支援を必要とする児童・生徒は6.5％に達すると推定されている。小学校，特に低学年のうちは，アセスメントを受けているケースはまだ少なく，教師一般のこの問題に関する知識・理解も不十分である。教師を目指すならば，発達障害に関する正しい知識や，学ぶための困難に直面している児童への適切な対応と配慮の実際は，非常に大切な必修事項である。

（2）音楽の授業での困り感を知る

　発達障害など実際目に見えにくい障害の実態は多様である。学習指導要領解説の第4章1「指導計画作成上の配慮事項」（7）では，「見えにくさ，聞こえにくさ，道具の操作の困難さ，移動上の制約，健康面や安全面での制約，発音のしにくさ，心理的な不安定，人間関係形成の困難さ，読み書きや計算等の困難さ，注意の集中を持続することが苦手であること」などを，学習活動を行う場合に生じる困難として挙げている。

　音楽の授業に限定した場合，一部の児童は具体的にどのような困難に直面しているのだろうか。すでに高校生以上になった当事者やその保護者からの聞き取り調査では，例えば［表1］のようなことが語られている。本人の努力で克服できない困難について，小学校在籍当時の音楽の先生の理解が得られず，音楽の授業がたいへんつらかったという声を多数聞いた。［表1］にはあえて一部の「生の声」を載せた。まずは音楽の授業にこのような困り事があるのを，知ることが重要である。

［表1］　音楽の授業における学習困難の例
（診断名の有無とは別）

概要	具体的にどのようなことが起こるか
感覚過敏（特に聴覚）	・少し大きい音（声）は，頭にキリを差し込まれたような苦痛として感じられる。 ・鍵盤ハーモニカの個人練習の音や，ソプラノリコーダーの音などは耐えがたい。 ・きれいにそろった歌声を聴くのはよいが，自分たちの歌声は（ふぞろいあるいは下手で）不快である。 補足：どのような音色が苦手なのかには著しく個人差がある。明るさの度合いや衣服の感触などにも過敏であることが多い。
協調運動が苦手	・指を別々に動かすことが困難で，鍵盤ハーモニカやリコーダーが著しく苦手。 ・ソプラノリコーダーでは，音孔の位置の感覚が分からない。 ・簡易な図形譜などでも，目で追いながら楽器を鳴らすことは難しすぎる。 補足：字を書く，字をマスに収める，折り目を合わせて紙を折るなどの作業も苦手なことが多い。指先の感覚に弱さがあることも多い。
「見る」ことに苦手がある	・本人は「指揮者を見て」と言われて見ているのだが，先生には分かってもらえず注意される。 ・五線譜は視覚情報として複雑すぎる。「バーコードみたい」「ミミズと髪の毛と分数みたいなものがある」というふうに感じられる。 ・「楽譜の●段目からやります」と言われても，目で追えないため，活動に参加できない。音で示せば分かることも。 補足：文字や行の読み飛ばし，数字の桁間違いが頻繁に生じる傾向もみられる。例えば，写真を撮ると中央に捉えたはずの被写体が端のほうに映っていることがある。
「聴く」ことに苦手がある	・全ての音が同等の情報として入ってくるので，「太鼓の音を聴いて合わせなさい」と言われても太鼓の音が分からない。太鼓の人の手を見ていたら「指揮者を見なさい」と叱られた。 ・「低音部の動きを聴きながら」などの指示は訳が分からない。 補足：必要な聴覚情報を選択して聴き取るのが苦手なため，音楽は言うまでもなく，人の話や説明を聞くことが難しい。したがって，全ての授業で困難に直面している。
比喩表現などの理解が苦手	・「言葉どおり」に受け止める傾向があるため，身体の使い方に関する指示などに対して，著しく混乱する。 例：「目と耳をこちらに向けて」→「目と耳は開いている方向が違うから無理」，「おでこの上あたりから声を出してごらん」→「声は口から出るのにありえない」，「手でマシュマロを持って（いるような形に）」→「なんで，おやつの話なの？」 補足：状況に応じた判断や行動をするのが難しいことが多い。

（3）通常学級における配慮とは

　学習指導要領に定められた音楽科の目標や内容の趣旨は，時代の要求等に即した熟議に基づいている。したがって，困難を抱える児童に配慮するということの原則は，その児童の目標を下げたり学習内容を変更したりすることではない。どのようにしたらその児童が，必要な学習内容を学べるかを考えて実行することである。

　ただし音楽科の技能に関する学習，例えば望ましい発声，鍵盤ハーモニカやリコーダーの演奏などには，高度な神経ネットワークの働きが要求される。努力しても，大多数の児童と同じ目標を達成できないことがある。原則にとらわれず，「どのような困難が生じているのか」「この時点で，なぜ・どこまで達成する必要があるのか」という視点に立ち，状況を見極めた配慮が必要である。加えて，児童や保護者の過度な負担，心理的なマイナス効果を避けることも大切である。関係する教師や保護者と連携して個別の指導計画を作成し引き継いでいくなど，丁寧かつ責任感のある体制を組まなければならない。

（4）配慮の実際

　［表1］の「『聴く』ことに苦手がある」の欄に，全ての音が同等の情報として入ってくる場合の困難を記した。大多数の人は，がやがやしていても特定の相手の声に注意を向けて会話することができるが，このタイプの困難がある人はそれができない。ましてや「低音部の動きを聴いてみましょう」「タンブリンが1拍目を打ったら，その裏から入りましょう」など，多くの聴覚情報から一部を選択して聴くことは至難の業である。音楽の得意な教師には想像しにくい状況かもしれない。このような場合は，聴くべきパートを視覚的に目立たせて提示し，一緒

にたどりながら聴く，音の動きを動作化して聴く，リズムをその予備運動の段階から体感できるよう一緒に体を動かしながら指導するなどの配慮が必要である。

　聴覚過敏への対応としてはイヤーマフなどが，指先の感覚が不十分な場合の対応としては，音孔シールなどの補助具がある。発達性読み書き障害などのため五線譜の読解が難しい場合，検定教科書の楽譜は，「フィギャーノート*」という色と形で表した楽譜でも入手できる。

（5）授業のユニバーサルデザイン

　学習や認識の仕方には人それぞれ特性がある。その多様性をあらかじめ想定し，障害の有無にかかわらず誰もが学びやすいように授業を準備することがユニバーサルデザインである。個別の障害への配慮とは異なる発想といえる。

　この領域はICTの開発も急速に進んでおり，数年間で様子が一変する可能性がある。現時点で音楽の授業を担当することを目指している人には，次の一点を強調しておきたい。音楽が得意な人は，聴覚からの情報処理にたけている。でも多くの人はそれほどではない。手間をかけ，あらゆる場面に取り入れてほしいのは，情報を視覚化して提示する工夫である。拡大したり色分けしたりして読みやすくした歌詞や楽譜，音楽を形づくっている要素に関わる部分を取り出して提示するカード，よい発声のイメージや楽器の使い方の図示，物の片付け場所の絵や写真，活動時間の見通しを示すタイマーの使用などは，視覚化を生かしたユニバーサルデザインの一環として欠くことのできないものである。

＊「フィギャーノート」の詳細は「フィギャーノート　はぴみゅーず」
　で検索してください。

（阪井　恵）

参考文献
阪井 恵・酒井美恵子（2018）『音楽授業のユニバーサルデザイン
　　はじめの一歩』明治図書

4 音楽科の学習指導案

（1）総論

本書p.61からの「(2)音楽科の学習指導計画作成における基本的な考え方」で述べたように，年間学習指導計画や題材の学習指導計画については，各教科書会社が公表している資料を参考にすることができる。

しかし，学習指導案は，授業を受ける児童の実態を踏まえて，授業者が作成するものである。したがって，同じ学習目標で同じ教材を用いても，全く同じ学習指導案はないといってよい。

学習指導案の様式は様々である。共通するのは，「いつ」「どこで」「誰が」「誰に」「何を」「どのように」学習し指導するかを明記することである。学習指導案の項目例を紹介する。

学習指導案　項目例1

```
        小学校○学年　音楽科学習指導案
                    実施日時      ○年○月○日
                      場所        第○音楽室
                    指導学級    ○年○組（○名）
                    指導教諭      ○○○○○
                     実習生       ○○○○○

 1．題材名「              」（○時間扱い）
 2．題材設定の趣旨
     ①教材と教材選択の理由
     ②児童の実態
     ③本題材で扱う学習指導要領の内容
 3．題材の目標
 4．題材の評価規準
 5．題材の学習指導計画
 6．本時の学習指導（第○時）
     (1)本時の目標
     (2)展開
```

学習指導案　項目例2

```
        小学校○学年　音楽科学習指導案
                    実施日時      ○年○月○日
                      場所        第○音楽室
                    指導学級    ○年○組（○名）
                    指導教諭      ○○○○○
                     実習生       ○○○○○

 1．題材名「              」（○時間扱い）
 2．教材名「          」
 3．題材の目標
 4．指導事項との関わり
 5．題材の評価規準
 6．指導観
     (1)題材観
     (2)児童観
     (3)教材観
 7．題材の指導計画と評価計画
 8．本時の学習指導
     (1)本時の目標
     (2)展開
```

本書では項目例1で例示するが，どのような様式を求められていても学習指導案を作成できる力を身に付けてほしい。そのためには，下記が重要である。

・その題材や本時の学習で，児童に何を身に付けさせたいかを明確にする。

・児童の実態をよく把握する。

・教材研究を十分に行う。

そして，児童の学習状況をイメージしながら作成することも大切である。教職課程における教科教育法の中で，作成した学習指導案に基づいて模擬授業を行ったり，教育実習の前に実習生同士でプレ授業を行ったりして，実践に適した学習指導案に手直ししてほしい。

チェックリスト　作成した学習指導案を見直そう（項目は前ページ例１を用いている）

☑	項　目	見直す視点
☐	校種・学年・教科名	・適切に記入しているか。
☐	「いつ」「どこで」「誰が」「誰に」	・適切に記入しているか。 ・児童の人数は，不必要に男女を区別して記入していないか。
☐	題材名・○時間扱い	・学ぶ内容や活動が分かりやすい題材名であるか。 ・題材を扱う時間数が書かれているか。
☐	題材設定の趣旨	①教材と教材選択の理由が適切に記入されているか。 ②児童の実態について，本題材に関わる学習経験や態度などが書かれているか。 ③本題材で扱う学習指導要領の内容（指導事項との関わり）が示されているか。その際，本書p.62の「6．題材の目標及び題材構成の際の留意点」を踏まえて， ・A表現ではア，イ，ウの指導事項，B鑑賞ではア，イの指導事項が含まれるとともに，〔共通事項〕(1)が含まれているか。 ・本題材の学習において，思考・判断のよりどころとなる主な音楽を形づくっている要素が明記されているか。
☐	題材の目標	・学習指導要領の目標及び内容に合わせて，資質・能力の三つの柱（「知識及び技能」「思考力，判断力，表現力等」「学びに向かう力，人間性等」）が盛り込まれているか。
☐	題材の評価規準	・表現領域では，「知識」「技能」「思考・判断・表現」「主体的に学習に取り組む態度」の観点が示されているか。鑑賞領域では，「知識」「思考・判断・表現」「主体的に学習に取り組む態度」の観点が示されているか。 ・本題材で扱う学習指導要領の内容と学習評価との整合性はあるか。
☐	題材の学習指導計画	・各次（時）の学習内容と評価規準との整合性はあるか。 ・何の教材を用いて，どのような内容を，どのような学習を通して身に付けるのかが分かりやすく書かれているか。 ・「主体的な学び」「対話的な学び」「深い学び」を意識して作成しているか。
☐	本時の学習指導	(1)本時の目標と，本時で重点を置いて育成する資質・能力，評価の観点との整合性はあるか。 (2)展開は，学習の過程や結果における児童の姿が具体的に分かるように書かれているか。

（酒井美恵子）

76　第一部　Ⅲ　学習指導計画の作成

（2）低学年における学習指導案の例

第1学年 音楽科学習指導案

実施日時：○○年○月○日　第○校時
指導学級：○○市立○○小学校
第1学年　○組（○名）
実 習 生：○○○○（印）（指導教諭：○○○○）

1．題材名「いろいろな音を見つけて　手拍子リレーを楽しもう」（2時間扱い）

2．題材設定の趣旨
　　①教材と教材選択の理由
　　　「しあわせなら ○○たたこう」は，〈幸せなら 手をたたこう〉（木村利人日本語詞／アメリカ民謡）を基に，○○に入る体の部分や打ち方を工夫する音楽づくりのための教材である。音楽づくりの条件を設定するに当たり，次の3点に留意した。
　　　(1)音素材を手の合わせ方や，手で体のいろいろな部分を打って出せる音に限定し，体を使って出せる音に興味・関心をもつようにしたこと。(2)1人1個の手拍子リレーにして，児童がリズムではなく，音色そのものに集中できるようにしたこと。(3)友達とつなげて表現する活動を通して，音によるコミュニケーションの場を設定したこと。
　　②児童の実態
　　　入学したばかりの1年生は，就学前の幼稚園，保育園，家庭における音楽経験が様々である。そこで，常時活動では，拍に合わせた手拍子リレーやなるべく速くつなげる手拍子リレーを取り入れ，拍感や聴く力を育んできた。歌唱の活動においても，〈ドレミの歌〉を歌いながら手合わせをしたり，〈幸せなら 手をたたこう〉を歌いながら歌詞の内容に合う動きを付けたりするなど，体を動かす活動を通して，拍感及び互いの音を聴く力の育成を目指してきた。
　　③本題材で扱う学習指導要領の内容
　　　「A表現」（3）音楽づくりの事項ア(ｱ)，イ(ｱ)，ウ(ｱ)，〔共通事項〕(1)ア
　　　　　　　　　　　　　※ 本題材では「音遊び」を中心に扱う。
　　　本題材において，思考・判断のよりどころとなる主な音楽を形づくっている要素：音色

　　　本題材における音色の学習では，手で体のいろいろな部分を打って出せる音の高低や長短，硬さ，柔らかさなどを中心として扱う。そして，手拍子リレーの活動を通して，友達の音色の特徴に気付き，友達と違う音色を選んで即興的につないでいく面白さ等を味わってほしいと願っている。

3．題材の目標
　　○手で体のいろいろな部分を打って出せる音の特徴について，それらが生み出す面白さなどと関わらせて気付くとともに，発想を生かした表現をするために必要な，設定した条件に基づいて，音色を生かしながら即興的に音を選んだりつなげたりして表現する技能を身に付ける。
　　○音色などを聴き取り，それらの働きが生み出すよさや面白さ，美しさを感じ取りながら，聴き取ったことと感じ取ったこととの関わりについて考え，音遊びを通して音楽づくりの発想を得る。
　　○手で体のいろいろな部分を打って出せる音の特徴や，即興的に表現することに興味・関心をもち，音楽活動を楽しみながら主体的・協働的に音楽づくりの学習活動に取り組む。

4．題材の評価規準

知識・技能	思考・判断・表現	主体的に学習に取り組む態度
知手で体のいろいろな部分を打って出せる音の特徴について，それらが生み出すよさや面白さ，美しさなどと関わらせて気付いている。 技発想を生かした表現をするために必要な，設定した条件に基づいて，音色を生かしながら即興的に音を選んだりつなげたりして表現する技能を身に付けて音楽をつくっている。	思音色などを聴き取り，それらの働きが生み出すよさや面白さ，美しさを感じ取りながら，聴き取ったことと感じ取ったこととの関わりについて考え，音遊びを通して音楽づくりの発想を得ている。	態手で体のいろいろな部位を打って出せる音の特徴や，即興的に表現することに興味・関心をもち，音楽活動を楽しみながら主体的・協働的に音楽づくりの学習活動に取り組もうとしている。

5．題材の学習指導計画（全2時間）

時	◎ねらい　○学習内容	評価の観点		
		知・技	思	態
第1時	◎いろいろな手拍子の音の特徴について，それらが生み出すよさや面白さなどと関わらせて気付く。			
	○右手と左手の合わせ方をいろいろと試して音を出し，面白い音を見つける。 ○1人1個の手打ちリレーをして，それらの働きが生み出すよさや面白さなどを感じ取りながら，様々な音色を聴き取る。 ○音の出し方について意見交換をしながら工夫する。 ○友達の打ち方をまねたり，友達と違う音色でつなげたりする。	↓知	↓	↓
第2時 （本時）	◎手で体のいろいろな部分を打ちながら，音楽づくりの発想を得て，即興的に表現する。			
	○既習曲〈幸せなら 手をたたこう〉を替え歌にし，「○○たたこう」をいろいろな部分に替えて，様々な音色を聴き取る。 ○本時の目標を共有し，条件に応じて，手で体のいろいろな部分を打って，音楽づくりの発想を得る。 ○友達と違う音色でつなげ，クラス全員で1人1個の手打ちリレーをする。 ○本題材の学習を振り返る。	↓技	↓思	↓態

6．本時の学習指導（第2時）

（1）本時の目標

　　　　手で体のいろいろな部分を打ちながら，音楽づくりの発想を得て，即興的に表現する。

（2）展開

○学習内容　・学習活動	◇教師の働きかけ　◆評価規準〔評価方法〕
○既習曲〈幸せなら 手をたたこう〉を替え歌にして，様々な音色を聴き取る。 ・1～4番を全員で歌う。 ・替え歌にして，様々な音色を楽しむ。	◇楽しい雰囲気をつくる。 ◇歌詞が伝わるように，明確に発音することを助言する。

【替え歌の条件】 ①順番に「手をたたこう」の「手」を「肩」や「お腹」など，体のいろいろな部分に替えて，「○○たたこう」と歌う。 ②聴き取った児童は，○○の部分を手で打つ。	◇クラス全員の音が集まると，音色の違いが明確になることを伝え，耳を澄まして聴くように助言する。

めあて：てで　からだのいろいろなところをうって　おもしろいおとを　みつけて　つなげよう

○本時の目標を共有し，手で体のいろいろな部分を打って，音楽づくりの発想を得る。 ・音遊びの条件を知る。 【音遊びの条件】 ①手で体の好きな部分を1回だけ打つ。 ②打つほうの手の形を変えてもよい。 ・一人一人が自分で面白い音を見つける。 ・グループに分かれて，1人1個の手打ちリレーをする。 ・いくつかのグループが中間発表する。 ・音の特徴や表現の仕方について，気付いたことや感じたことを発表し合う。 【予想される児童の発言】 「指先だけを使っておでこを打ったら，ポンッという短い音がした」 「手をパーにしておなかを打つと，バンという低い音がした」 ○友達と違う音色でつなげる。 ・中間発表を聴いて得た発想を生かして，グループごとに自分なりの表現をいろいろと試す。 ・クラス全員で1人1個の手打ちリレーをする。 ・友達の表現をよく聴き，なるべく友達と違う表現でつなげていく。	◇いくつかの事例を示し，音遊びの条件を理解できるようにする。 ◇一人一人が面白いと思う音を見つけるように，声掛けをする。 ◇打ち方を工夫して面白い音を見つけたグループを選んでみんなに紹介する。 ◇耳を澄ませ音色を聴き，打ち方をよく見るように助言する。 ◇体のどの部分をどのような手の形で打つと，どのような音がしたのか，オノマトペなどを使って具体的に伝えるように助言する。 ◆音色などを聴き取り，それらの働きが生み出すよさや面白さ，美しさを感じ取りながら，聴き取ったことと感じ取ったこととの関わりについて考え，音遊びを通して音楽づくりの発想を得ている。思〔行動の観察・発言内容〕 ◇「友達の打ち方をまねたり，少し変えたりしてもいいよ」のように，いろいろな表現を試すきっかけとなる言葉掛けをする。 ◇等間隔の拍で音をつなげる必要はないことを確認して，音色の面白さをよく聴き取り，友達がどのような打ち方をしているかをよく見るように助言する。 ◆発想を生かした表現をするために必要な，設定した条件に基づいて，音色を生かしながら即興的に音を選んだりつなげたりして表現する技能を身に付けている。技〔演奏の聴取〕
○本題材の学習を振り返る。 ・音遊びの活動を通して，楽しかったことや学んだことを発表し合う。	◇個々の学びを全体で共有，共感できるように価値付ける。 ◆手で体のいろいろな部位を打って出せる音の特徴や，即興的に表現することに興味・関心をもち，音楽活動を楽しみながら主体的・協働的に音楽づくりの学習活動に取り組もうとしている。態

（西沢久実）

第一部　Ⅲ　学習指導計画の作成　79

（3）中学年における学習指導案の例

第４学年 音楽科学習指導案

実施日時：○○年○月○日　第○校時
指導学級：○○市立○○小学校
　　　　　　第４学年　○組（○名）
実　習　生：○○○○（印）（指導教諭：○○○○）

1．題材名「せんりつのとくちょうを感じ取ろう」（６時間扱い）
　　教材名〈ゆかいに歩けば〉（保富康午 日本語詞／メラー 作曲／加賀清孝 編曲）
　　　　　〈陽気な船長〉（市川都志春 作曲）

2．題材設定の趣旨
　　　　拍の流れにのり，リズムを感じ取って歌ったり演奏したりすることを大切に指導してきたので，本題材でも拍の流れに気を配って歌ったり演奏したりしながら，さらに旋律の特徴に気付き，そのよさや面白さを味わい，自分の思いを膨らませて生き生きと表現してほしい。
　　　　歌唱で扱う〈ゆかいに歩けば〉は，スタッカートやレガートなどの特徴や旋律の音の上行に伴う強弱の変化など，多様な表現を味わうことが期待できる。器楽で扱う〈陽気な船長〉は，タンギングと息の使い方を変化させながら表現を楽しむことができる。
　　　　指導に当たっては，聴き取った旋律の特徴やそこから感じ取ったことを表にまとめたり，旋律を図で表すなど可視化して歌ったり演奏したりすることで，旋律の特徴に意識を向け，それらを生かした表現を目指す。さらに，自分の意図する表現が実現する喜びを感じ取りながら，多様な表現を味わうことをねらいとして，本題材を設定した。

3．題材の目標
　　○曲の特徴を捉えた表現をするために，曲想と音楽の構造などとの関わりについて気付くとともに，必要な技能を身に付ける。
　　○旋律，音楽の縦と横との関係を聴き取り，それらの働きが生み出すよさや面白さ，美しさを感じ取りながら，聴き取ったことと感じ取ったこととの関わりについて考え，曲の特徴を捉えた表現を工夫し，どのように表現するかについて思いや意図をもつ。
　　○曲の特徴を捉えた表現を工夫する学習に興味・関心をもち，音楽活動を楽しみながら主体的・協働的に歌唱や器楽の学習活動に取り組む。

4．本題材で扱う学習指導要領の内容
　　「A表現」（1）歌唱の事項ア，イ，ウ(イ)，（2）器楽の事項ア，イ(ア)，ウ(イ)
　　〔共通事項〕(1)思考・判断のよりどころとなる主な音楽を形づくっている要素：
　　　　　　　　旋律（スタッカート，レガート），音楽の縦と横との関係（２つの旋律の重なり方）

5．題材の評価規準

知識・技能	思考・判断・表現	主体的に学習に取り組む態度
知曲想と音楽の構造や歌詞の内容との関わりについて気付いている。（器楽，歌唱）	思①旋律，音楽の縦と横との関係を聴き取り，それらの働きが生み出すよさや面白さ，美しさを感じ取り	態曲の特徴を捉えた表現を工夫する学習に興味・関心をもち，

技①思いや意図に合った表現で演奏するために必要な、音色や響きに気を付けて、旋律の特徴に合ったタンギングの仕方でリコーダーを演奏する技能を身に付けて演奏している。(器楽) 技②思いや意図に合った表現で歌うために必要な、呼吸及び発音の仕方に気を付けて、自然で無理のない歌い方で歌う技能を身に付けて歌っている。(歌唱)	ながら、聴き取ったことと感じ取ったこととの関わりについて考え、曲の特徴を捉えた表現を工夫し、どのように演奏するかについて思いや意図をもっている。(器楽) 思②旋律、音楽の縦と横との関係を聴き取り、それらの働きが生み出すよさや面白さ、美しさを感じ取りながら、聴き取ったことと感じ取ったこととの関わりについて考え、曲の特徴を捉えた表現を工夫し、どのように歌うかについて思いや意図をもっている。(歌唱)	音楽活動を楽しみながら主体的・協働的に歌唱や器楽の学習活動に取り組もうとしている。(器楽,歌唱)

6．題材の学習指導計画（全6時間）

時	主な学習活動	主な教師の関わり	評価規準
第1次　旋律の特徴を感じ取って演奏する。〈陽気な船長〉			
1	①教師の範奏を聴き、音楽のまとまり（ア－イ－ア）をつかむ。 ②旋律の特徴を捉える。 ・スタッカート ・レガート	・旋律の特徴が感じ取れるように範奏する。 ・フレーズごとに模唱、階名唱をするよう促す。 ・聴き取ったこと、感じ取ったことについて意見交換したり学習カードにまとめたりする場をもつ。 ・音楽のまとまりや旋律の特徴などを視覚的にも理解できるように、図や表で示す。	知
2	③スタッカートを生かしたタンギングや息の使い方を身に付ける。	・タンギングや息の使い方、運指などについて個別指導をする。	
3	④旋律の特徴を生かし、スタッカートを意識した表現を工夫して演奏する。	・4人グループになり、表現を追求する場をもつ。	技①　思①
第2次　旋律の特徴を感じ取りながら、それを生かした表現を追求する。〈ゆかいに歩けば〉			
4	⑤教師の範唱を聴き、気付いたことや感じたことについて意見交換をしながら、旋律の特徴をまとめる。	・聴き取ったことや感じ取ったことを板書にまとめ、曲想と旋律の特徴との関わりに気付くようにする。 ・フレーズごとに階名唱をするよう促す。	知
5 （本時）	⑥4人グループになり、旋律の特徴を生かした表現を追求する。	・スタッカートとレガートを意識した表現を工夫できるように促す。 ・拡大楽譜を用意し、グループごとに表現の工夫を書き込めるようにする。	思②
6	⑦グループごとに工夫した表現を発表し合う。 ⑧曲のよさを味わいながら、全員で二部合唱し、題材の学習を振り返る。	・思いや意図に着目して聴き合うように促し、気付いたよさについて意見交流をする。 ・表現を追求できた学びのよさを認め、称賛する。 ・学んだことを生かして表現し合い、振り返りを学習カードにまとめる。	技②　態

7．本時の学習指導（第5時）

（1）本時の目標

 　ア と イ の旋律の特徴の違いが生み出すよさや面白さを感じ取りながら，曲の特徴を捉えた表現を工夫し，どのように歌うかについて思いや意図をもつ。

（2）展開

段階	学習活動	予想される児童の反応	時間	支援・援助と評価
導入	**学習課題：旋律の特徴を生かした歌い方を工夫しよう。** ①〈ゆかいに歩けば〉を歌う。 ②表現の工夫をするために，ア と イ の特徴の違いを確認する。	・ア と イ の部分に分かれていたな。 ・スタッカートなどを意識して歌おう。 ・ア は弾んだ感じになるようにしっかりと息を吸って歌おう。 ・イ は滑らかに歌うと違いがはっきりする。	10分	・前時に学習した旋律の特徴を思い浮かべて歌うよう促す。姿勢，呼吸，発音等に気を配りながら，のびのびと歌唱させる。 <table><tr><td></td><td>ア のせんりつ</td><td>イ のせんりつ</td></tr><tr><td>気付き</td><td>♩が多いスタッカート</td><td>♪♪のリズム長い音伸びる音音が高くなる</td></tr><tr><td>感じ</td><td>弾む感じ元気に歩く様子</td><td>気持ちよく背伸びしている</td></tr></table>
展開	**学習課題：スタッカートとレガートを意識して表現を工夫しよう。** ③グループで表現を工夫する。	・ア は，しっかりと息を吸って歌うと弾む感じになるね。 ・イ は弱く歌い始め，だんだん強くしていくと広がっていく感じがするよ。	10分	・拡大楽譜とマジックを用意し自由に書き込みながら工夫できるようにする。 ・オルガンや指導用CDを用意する。 ・旋律の特徴をイメージしやすいように，拡大楽譜を見ながら児童と一緒に歌う。
展開	④考えたアイディアを発表し合い，歌って試す。	・A班はスタッカートをしっかり跳ねて歌っていて元気が出るね。まねをしよう。 ・B班は上手にクレシェンドしていて，音楽が盛り上がるね。	10分	・グループで考えたアイディアを発表し合い，実際に歌って試す場をもつ。 ・表現の工夫が分かりやすいように，一緒に歌う。 ・互いの工夫のよさを認める。
展開	⑤ふさわしいと考える表現の工夫をカードにまとめる。	・ア はおなかを使って声を弾ませ，イ は滑らかに歌う。 ・だんだん強くして曲の山を盛り上げるように歌う。	10分	・学習カードに自分の考えを記入するよう促す。 思②…学習カード，発言内容，観察
まとめ	⑥各自の思いを込めて，まとめの歌唱をする。	・元気に歩いている様子や，高原でいい気分で歌う感じが表現できて楽しかった。	5分	・旋律の特徴にふさわしい表現を工夫しながら歌ったり，呼吸を意識して効果的な強弱表現をしながら歌ったりしている姿を捉え，称賛する。

（牛越雅紀）

82　第一部　Ⅲ　学習指導計画の作成

（4）高学年における学習指導案の例

第6学年 音楽科学習指導案

実施日時：○○年○月○日　第○校時
指導学級：○○市立○○小学校
　　　　　　　　　　　第6学年　○組（○名）
実　習　生：○○○○（印）（指導教諭：○○○○）

1．題材名「旋律の変化を味わおう」（5時間扱い）
　　教材名〈ハンガリー舞曲 第5番〉（ブラームス 作曲／シュメリング 編曲）
　　　　　　〈気球にのってどこまでも〉（東　龍男 作詞／平吉毅州 作曲）

2．題材設定の趣旨
　　　　本学級の児童は，これまでに〈ファランドール〉や〈威風堂々〉などの鑑賞を通して，曲想及びその変化と音楽の構造（旋律の反復，変化，音楽の縦と横との関係などの特徴）との関わりを理解するとともに，音楽の特徴についての知識を得たり生かしたりしながら，曲のよさなどを見いだし，曲全体を味わって聴く学習を経験してきている。また，〈いつでもあの海は〉などの歌唱を通して，旋律の特徴をよりどころに，「旋律の音の上がり下がりが印象的なので，それらに合わせた強弱を工夫し，フレーズを滑らかにつなげて歌おう」のように，音楽表現に対する思いや意図をもつ学習を進めてきた。そこで，6年生では，さらにいろいろな特徴をもつ曲と出会うことで，曲想（及びその変化）と音楽の構造などとの関わりを理解しながら，曲全体を見通して，曲のよさを見いだして聴いたり，曲の特徴にふさわしい表現を工夫して歌ったりしてほしいと考え，本題材を設定した。
　　　　鑑賞教材では，〈ハンガリー舞曲 第5番〉を扱う。この曲は，力強い旋律が何度も繰り返されたり，軽やかな旋律や滑らかな旋律が現れたりして，旋律の特徴の変化に伴って，次々と曲想も変化していく。そのため，曲全体を見通して，曲想及びその変化と音楽の構造との関わりを理解できるようにすることが大切である。また，歌唱教材では，〈気球にのってどこまでも〉を扱う。以前に集会で歌ったことがあるため，多くの児童は旋律を口ずさむことができる。軽やかな旋律，のびやかな旋律，弾んだ旋律など，旋律の特徴の移り変わりによって曲想が様々に変化する曲である。曲想の変化という点で〈ハンガリー舞曲 第5番〉と共通点があるため，鑑賞で学んだ曲の特徴の知識を生かしながら，曲の特徴にふさわしい表現を工夫し，どのように歌うかについて思いや意図をもつ学習の充実が期待される。
　　　　以上のことから，本題材においては，A表現の（1）歌唱のア，イ及びウ(イ)と，B鑑賞の(1)ア，イを，〔共通事項〕(1)アと関連付けながら扱う。なお，〔共通事項〕の「音楽を形づくっている要素」のうち，思考・判断のよりどころとなるものとして，特に「旋律」を核としながら，「反復」「変化」「音楽の縦と横との関係」を扱う。

3．題材の目標
　　○曲想及びその変化と，音楽の構造などとの関わりについて理解するとともに，思いや意図に合った表現をするために必要な，呼吸及び発音の仕方に気を付けて，自然で無理のない，響きのある歌い方で歌う技能を身に付ける。
　　○旋律の反復，変化，音楽の縦と横との関係を聴き取り，それらの働きが生み出すよさや面白さ，美しさを感じ取りながら，聴き取ったことと感じ取ったこととの関わりについて考え，曲の特徴にふさわしい表現を工夫し，どのように歌うかについて思いや意図をもったり，曲や演奏のよさなどを見いだし，曲全体を味わって聴いたりする。

○曲の特徴を図形楽譜に表して友達と交流したり，歌唱表現を工夫したりする学習に興味・関心をもち，音楽活動を楽しみながら主体的・協働的に歌唱や鑑賞の学習活動に取り組む。

4．題材の評価規準

知識・技能	思考・判断・表現	主体的に学習に取り組む態度
技思いや意図に合った音楽表現をするために必要な，呼吸及び発音の仕方に気を付けて，自然で無理のない，響きのある歌い方で歌う技能を身に付けて歌っている。（歌唱） 知曲想及びその変化と，音楽の構造などとの関わりについて理解している。（鑑賞，歌唱）	思①〈ハンガリー舞曲 第5番〉の旋律の反復，変化，音楽の縦と横との関係を聴き取り，それらの働きが生み出すよさや面白さ，美しさを感じ取りながら，聴き取ったことと感じ取ったこととの関わりについて考え，曲や演奏のよさなどを見いだし，曲全体を味わって聴いている。（鑑賞） 思②〈気球にのってどこまでも〉の旋律の反復，変化，音楽の縦と横との関係を聴き取り，それらの働きが生み出すよさや面白さ，美しさを感じ取りながら，聴き取ったことと感じ取ったこととの関わりについて考え，曲の特徴にふさわしい表現を工夫し，どのように歌うかについて思いや意図をもっている。（歌唱）	態曲の特徴を図形楽譜に表して友達と交流したり，歌唱表現を工夫したりする学習に興味をもち，音楽活動を楽しみながら主体的・協働的に鑑賞や歌唱の学習活動に取り組もうとしている。（鑑賞，歌唱）

5．題材の学習指導計画（全5時間）

次	時	主な学習内容・学習活動	評価規準
1	1	・〈ハンガリー舞曲 第5番〉の旋律の反復，変化，音楽の縦と横との関係を聴き取り，それらの働きが生み出すよさや面白さ，美しさなどを感じ取りながら，曲の特徴を自分なりに図形楽譜に表す。	
	2 （本時）	・図形楽譜を見比べながら，曲の各部分とその移り変わりの特徴を共有し，曲想及びその変化と音楽の構造との関わりについて理解する。 ・曲の特徴についての知識を得たり生かしたりしながら，友達と曲のよさについて話し合い，音楽的な根拠に基づいて，自分の考えを紹介文に表し，曲全体を聴き深める。	思①
2	3 4	・〈気球にのってどこまでも〉の曲想及びその変化と音楽の構造や歌詞の内容との関わりを理解する。 ・曲の特徴にふさわしい表現をするには，どのように工夫したらよいかについてグループで話し合い，思いや意図を膨らませる。	知　思②
	5	・グループの思いや意図をクラスで共有し，それにふさわしい表現になるよう，発音の仕方や響きのある歌い方などの技能を身に付け，音楽表現を高めていく。	技　態

6．本時の学習指導（第2時）

（1）本時の目標
〈ハンガリー舞曲 第5番〉を聴き，その特徴を表した図形楽譜を見比べながら，曲想及びその変化と，旋律の反復，変化，音楽の縦と横との関係との関わりについて理解するとともに，曲のよさを紹介文に表すなどして，曲全体を味わって聴く。

（2）展開

学習内容・学習活動	◇教師の働きかけ　◆評価規準
1．前時につくった〈ハンガリー舞曲 第5番〉の図形楽譜を見て，本時の課題を確認する。 〈児童の発言例〉 ・みんなはどんな図形で表しているんだろう。 ・違う図形楽譜になっていて，面白いね。 ・もっとみんなの図形楽譜を見比べたいな。 ・そうすると，曲の特徴が見えてきそうだよ。 【本時の課題】 　図形楽譜を見比べて，曲の特徴についての理解を深め，曲のよさを紹介文に表そう。	◇前時につくった図形楽譜を電子黒板に表示し，全体に紹介することで，友達のつくった図形楽譜も詳しく見てみたいという思いや，その図形にした理由を聞いてみたいという思いをもたせる。 ◇その図形にした理由を説明できるように，作成段階での考えやメモを振り返っておくよう助言する。
2．つくった図形楽譜をグループで見比べ，どうしてそのような図形にしたのかを説明しながら，曲想及びその変化と音楽の構造との関わりについて話し合う。 図形楽譜の例  〈児童の発言例〉 ・トゲトゲのところは跳びはねているような旋律で，丸いところは滑らかな旋律になっています。 ・はじめと終わりで同じ形を使ったのは，同じ旋律が出てきたから。 ・違う旋律が出てくるところで，図形の雰囲気も変わっている人が多い。 ・大きく分けると，3つの感じの違う図形が並んでいる人が多い。	◇音楽を基に思い浮かべたイメージには，正解も不正解もないことを伝え，受容的な雰囲気で交流できるようにする。 ◇どうしてそのような図形にしたのかについて考えを交流し，共通のものを見つけて，音楽の特徴を引き出していけるように声掛けをする。 ◇曲全体を見通しながら，図形楽譜全体を一列に並べて見比べるよう促す。 ◇タブレット端末を活用して，その場で実際に音楽を再生しながら話し合いができるようにする。

3．話し合ったことを全体で共有し，曲想及びその変化と音楽の構造との関わりを自ら見いだしていく。 〈児童の発言やワークシートの記述例〉 ・はじめと終わりのほうは角ばった形が多くて，真ん中は柔らかい形が多いのは，旋律の感じがそうなっているからだね。 ・途中で星を描いている人が多いのは，軽やかなリズムの旋律が出てきてキラキラした感じの曲想になっていたからだね。 ・「アーイーウーエーアーイ」という細かいまとまりに分けたけれど，それを大きく捉えると，前に学習した「A（アイ）−B（ウエ）−A（アイ）」の形になるんじゃないかな。	◇友達の意見が音楽のどの部分に関するものなのか，実際に音楽を聴いてその場面を確認しながら比較する。 ◇電子黒板を活用し，児童のつくった図形楽譜を大きく映し出すことで，実際に図形を見ながら，全体で話し合いができるようにする。 ◇作成した図形楽譜や，交流場面での発言などから，曲想及びその変化と音楽の構造との関わりを捉えている姿を価値付けていく。 ◆曲想及びその変化と，音楽の構造との関わりについて理解している。【知 発言，ワークシート】
4．再度，曲全体を聴き，これまでの学習を通して見いだした曲のよさなどを紹介文に表す。 〈紹介文の例〉 ・この曲の旋律は，追いかけられる感じがしたり，キラキラする感じがしたり，はじめの感じに戻ったりして，いろいろな雰囲気が楽しめます。このような特徴は，短調から長調に変わったり，リズムが細かくなったりしているからだと思います。 ・私は真ん中の，ゆっくりした感じからキラキラした感じに変わるところが好きです。楽しい気持ちになります。	◇紹介文には，次の３つを含めるように伝える。 ①どのような雰囲気の曲なのか。 ②それはどんな音楽の特徴によって生み出されているのか。 ③自分が見つけたすてきなところはどこか。その理由は何か。 ◆旋律の反復，変化，音楽の縦と横との関係を聴き取り，それらの働きが生み出すよさや面白さ，美しさを感じ取りながら，聴き取ったことと感じ取ったこととの関わりについて考え，曲や演奏のよさなどを見いだし，曲全体を味わって聴いている。【思 ワークシート（紹介文），発言】
5．最後にもう一度，曲全体を味わって聴く。	◇紹介文を発表し合い，曲のよさなどについて共有してから聴かせるようにする。

（清水　匠）

5 「主体的・対話的で深い学び」の視点からの授業改善

学習指導要領では，改訂の基本方針の一つとして「『主体的・対話的で深い学び』の実現に向けた授業改善の推進」が示された。この方針は，児童が学習内容を人生や社会の在り方と結び付けて深く理解し，これからの時代に求められる資質・能力を身に付け，生涯にわたって能動的に学び続けることができるようにするため盛り込まれたものである。ここでは，「主体的・対話的で深い学び」がどのようなものなのか，またこれらの学びを実現するための授業改善のポイントは何かについて解説する。

(1) 「主体的・対話的で深い学び」の視点とは

1. 小学校学習指導要領の総則において

小学校学習指導要領の総則においては，「主体的」「対話的」「深い」の3つの学びの視点を同時に実現するのではなく，単元や題材など内容や時間のまとまりを見通し，その中でどのような資質・能力の育成を目指すのかを踏まえて行われるもの，と示されている。そこでまず，3つの学びの視点が各々どのようなものであるのかを踏まえておこう。

① 「主体的な学び」の視点

学ぶことに興味や関心を持ち，自己のキャリア形成の方向性と関連付けながら，見通しをもって粘り強く取り組み，自己の学習活動を振り返って次につなげる学びの視点。

② 「対話的な学び」の視点

子供同士の協働，教職員や地域の人との対話，先哲の考え方を手掛かりに考えること等を通じ，自己の考えを広げ深める学びの視点。

③ 「深い学び」の視点

習得・活用・探究という学びの過程の中で，各教科等の特質に応じた「見方・考え方」を働かせながら，知識を相互に関連付けてより深く理解したり，思いや考えを基に創造したりすることに向かう学びの視点。

①の視点は主に，興味や関心，見通しをもつ等といった，児童の学びに取り組む姿勢に関わっている。また②の視点は主に，学びの過程で児童が様々な他者と対話し，そこから自らの考えを形づくっていくという方法に関わっている。最後に③は，視点のもち方，知識の活用，思考の深まりやアイディアの創造といった，学びの過程で一人一人の児童がなす様々な行為を通して，各教科の目標等を実現するための視点であるといえる。

2. 小学校学習指導要領の音楽科において

さらに音楽科の小学校学習指導要領では，「第3　指導計画の作成と内容の取扱い」1の(1)で次のように示されている。

---

(1)題材など内容や時間のまとまりを見通して，その中で育む資質・能力の育成に向けて，<u>児童の主体的・対話的で深い学びの実現を図るようにすること</u>。その際，音楽的な見方・考え方を働かせ，他者と協働しながら，音楽表現を生み出したり音楽を聴いてそのよさなどを見いだしたりするなど，思考，判断し，表現する一連の過程を大切にした学習の充実を図ること。　　　　（下線筆者）

音楽科における主体的・対話的で深い学びの実現は，資質・能力の育成に向けて行うものであるということにまず留意したい。「知識及び技能」「思考力，判断力，表現力等」「学びに向かう力，人間性等」に関する資質・能力の育成が実現されるよう配慮しながら，授業改善に取り組むことが重要なのである。

（2）音楽科における授業改善

1．「主体的な学び」の視点から

　児童が「主体的な学び」の姿勢をもつうえでまず大切なのは，どうしてかなという疑問をもつことや，不思議だな，やってみたいという興味・関心を喚起するような学習内容に出会うことである。例えば「楽器は大きくなればなるほど低音が，小さくなればなるほど高音が出る。○か×か？」といった問いを設定し，音楽室にある様々な楽器を鳴らしてサイズと音域の関係性について考えたり，例外となる楽器を探し出して，その構造について考えたりする活動が考えられる。

　またこの過程において，児童が学習の見通しをもてるようにしたり，学びを通じて変容した知識や音楽観を自覚して次の学びにつなげられるようにしたりすることが，教師の重要な役割である。

2．「対話的な学び」の視点から

　学びの過程を対話的なものにするには，対話を通じて自らの考えを広げたり深めたりすることが必要であり，そのためには次に述べる4つのポイントを押さえておくことが有効である。

　1つ目は児童一人一人が自分の考えをもつことである。対話の前に個人でしっかりと考える時間を保証したい。2つ目は自らの考えに根拠をもつことである。「ピアノが高い音で速い旋律を弾いているから，星がキラキラしている感じがする」といったように，児童が日頃から音楽を形づくっている要素の働き等に言及しながら根拠をもって自分の考えを伝えられるように指導を工夫したい。3つ目は共有・共感する過程を大切にすることである。音楽表現のアイディアを出し合いながら，それを皆で実際に音に

して試したり，改良を重ねたりするとよい。4つ目は対話の対象を広げることである。地域の方や，音楽作品等を通じたつくり手との対話も含めて学習活動を構想したい。例えば，地域のお囃子連の方を講師に招き，音楽の面白さや活動への思いを伺うことも対話である。人々や社会と音楽との関係性に触れることで，（2）1．に述べた「主体的な学び」につなげることもできるだろう。

3．「深い学び」の視点から

　「深い学び」の実現のためには，学習の過程で音楽的な「見方・考え方」を働かせることができるような指導の工夫が重要である。

　音楽的な「見方・考え方」を働かせるとは，児童が自ら音楽に対する感性を働かせ，音や音楽を，音楽を形づくっている要素とその働きの視点で捉え，捉えたことと自己のイメージや感情，捉えたことと生活や文化などとを関連付けて考えることである。ここで教師には，音楽的な「見方・考え方」を働かせた学習活動が，どのようにしてどこに向かうのか，いいかえれば，どのような「知識及び技能」「思考力，判断力，表現力等」「学びに向かう力，人間性等」の育成を図るのかというゴール設計が求められる。

（3）授業に関するこれまでの考え方の継承

　「主体的・対話的で深い学び」とは，従来とは全く異なる新しい教授方法や学習方法を取り入れることではない。あくまでも，これまでの日本の学校教育における考え方や優れた実践の延長線上にある学びの視点をもつことである。先達の実践事例からそのエッセンスを大いに取り入れながら授業改善に取り組むべきであることを，最後に押さえておきたい。

（森　薫）

コラム ICTの活用

　ICTとは「Information and Communication Technology」の略である。これは，従来用いられてきたIT (Information Technology)「情報技術」にコミュニケーション(Communication)が付加された言葉である。現在，音楽科のICT活用では，CD，DVD，音源や映像のデータ，デジタル教科書などのソフトウェア，そして，これらを再生するために，ステレオ，テレビ，プロジェクター，そしてパーソナルコンピュータ (PC) やタブレット，電子黒板などのハードウェアが用いられている。また，先に挙げた機器類の他に，電子ピアノやシンセサイザーなどの電子楽器類も活用されている。電子楽器は「音を加工する」「リズムを自動的に創生する」などの，音楽に関わる様々な活動に限定した「一つの目的が設定されたコンピュータ」である。このように音や音楽を教材・教具として取り扱う音楽科のICTの活用は，非常に多岐にわたっている。

　このように，音楽科におけるICTは，授業を効果的，効率的に進めるためになくてはならないツールであることが分かる。特に，鑑賞領域の学習指導において，音源や映像を活用することは必要不可欠である。また，表現領域においても，児童がPCやタブレットなどの創作用ソフトを活用する音楽づくりの学習指導が，多くみられるようになってきた。

　しかし，これらはあくまでも指導のツールであることを忘れてはならない。テクノロジーを扱うことそのものが，目的化してしまうことがないように留意することが大切である。

　ところで，この音楽科におけるICTの活用は，一般の人々が音楽を楽しむために開発されたソフトウェア及びハードウェアを，教員が学校現場に持ち込んだことから始まった。レコード，キーボードや電子ピアノ，楽譜作成ソフトなどは，もともと一般向けにつくられたものである。これらに音楽を担当する教員が，教育的価値を見いだし，さらには，教育現場に持ち込んだことを契機に，指導用CD，教育用オルガン，また教育用のソフトウェアなどが開発されたのである。YAMAHAの「ボーカロイド教育版」などはその典型であろう。音楽科で用いられるハードウェアやソフトウェアは，音楽を担当する教員のアイディアによって生まれ，発展してきたのである。その意味で，音楽を担当する教員は，世の中の音楽テクノロジーの動きに敏感であることが求められる。このことが，ICTを活用した学習指導を牽引する新たなソフトウェアやハードウェアの開発につながるのである。日頃から，身の回りにあるソフトウェアやハードウェアについて「授業に使えるのではないか」という観点から目を向け，積極的に活用を図っていきたい。

　また，令和元年12月に発表されたGIGAスクール構想，加えて新型コロナ禍におけるオンライン授業等の需要の高まりによって，教育におけるICTの活用は新たな局面を迎えた。

　GIGAスクール構想とは，「1人1台端末と，高速大容量の通信ネットワークを一体的に整備することで，特別な支援を必要とする子供を含め，多様な子供たちを誰一人取り残すことなく，公正に個別最適化され，資質・能力

が一層確実に育成できる教育ICT環境を実現する」構想を指す。「GIGA」は「Global and Innovation Gateway for All」の略である。文科省・経済産業省・総務省の連携により推進され，電子黒板，1人1台端末，ネットワークの整備が実質的に整えられた。音楽科においても，新たな活用が模索されている。以下，音楽科の特徴を生かしたICTの活用を紹介する。

①音楽の可視化

音楽は時間芸術である。それゆえに，目には見えず，一瞬にして消えてしまう。そこでICTを活用し，見えない音や音楽を可視化してみよう。例えば，歌唱の映像，楽器演奏の映像を見ると，どのように発音されているのか，どのような楽器で，どのように演奏されているのかが確認できる。すなわち，「音」や「音色」などについての原理を理解することができる。また，楽譜に沿って音が流れるノーテーションソフトを使えば，音高，リズムとその繰り返しや変化などの音楽を形づくっている要素を確認することができる。音楽編集ソフトと，ロイロノートなどの学習支援ソフトを組み合わせて使えば，音楽を分割したりつなげたりすることもできる。このような学習は，音楽の構造を理解することにつながる。

さらに，インターネットを活用することで，音楽と，その背景にある様々な文化とを関連付け，理解を促すこともできる。どのような風景の中で，どのような生活の中で，それぞれの音楽が生まれたのかを調べ，映像で確認してみよう。Google Earthなどの地図アプリを活用すれば，オペラ劇場までの道のりまでも体験することができる。

②インターネット上のコンテンツの活用

音楽科の学習では，様々なジャンルの音楽を取り扱う。しかし，これら全てを教員がマスターし，授業を行うことは現実的ではない。そこで，インターネット上の動画サイトを活用してみよう。動画サイトでは，楽器等の演奏のみならず，演奏方法についても詳細に解説されている。例えば，「カスタネットの奏法」と検索すると，様々な打ち方（演奏の仕方）が，音楽とともに紹介されている。打ち方の解説のみならず，「太鼓の達人」のようにテロップに合わせてカスタネットを打つことのできる動画なども簡単に見つけることができる。これらのコンテンツを電子黒板等に接続するだけで，児童と一緒に様々な楽器の演奏の練習ができる。著作権に留意しながら，授業のねらいに合った動画を探して活用してみよう。

③録音機能・録画機能の活用

タブレットには，録音機能，録画機能が付いている。これらの機能を活用してみよう。児童の奏でる音や音楽，音楽に合わせた体の動きなどを録音や録画すれば，簡単に再現することができる。また，デジタル録音されたものは，繰り返しやスロー再生なども容易にできる。これらを活用すれば，試行錯誤を繰り返しながら，よりよい音楽を追求する学習活動を仕組むことができる。

さらには，録音や録画のデータを蓄積すれば，デジタルポートフォリオとなり，評価に活用することもできる。

（城　佳世）

引用・参考文献
堀田龍也（2014）「学校教育における情報化の動向と課題」『音楽教育実践ジャーナルVol.11』pp.6-13
今井康人（2014）「デジタル教科書の現状と今後—音楽科のデジタル教材活用を中心に—」『音楽教育実践ジャーナルVol.11』pp.14-21
田中健次・城　佳世（2014）「音楽科におけるICTの活用」『音楽の授業をつくる』大学図書出版pp.33-40

6 音楽科の評価

(1)「価値付け」「戻り道」としての教育評価

「評価」という言葉は，一般に「価値を定める」という意味で用いられることが多い。しかし，テストの結果を基に，上手な子，下手な子，意欲のある子，ない子，のように児童にレッテルを貼ったり順位を付けたりすることは，学びを支えて成長を支援する評価になるだろうか。

教育における評価は，「判定」したり「値踏み」したりすることではない。そうではなく，児童にとっては，学びの過程にある自分自身を刻々に「価値付け」「認める」こと，すなわち，学びの方向への「指さし」である。教師にとっては，児童の姿，児童の学習の状況を的確に捉えて授業を見直し，次へとつなげていく自分自身の指導の「戻り道」である。授業評価，カリキュラム評価，学校評価など，教育活動を反省，改善する目的で多様な教育評価が行われている。

小学校学習指導要領　第1章　総則「第3　教育課程の実施と学習評価」(2017) の2には，学習の評価について次のように述べられている。

(1)　児童のよい点や進歩の状況などを積極的に評価し，学習したことの意義や価値を実感できるようにすること。また，各教科等の目標の実現に向けた学習状況を把握する観点から，単元や題材など内容や時間のまとまりを見通しながら評価の場面や方法を工夫して，学習の過程や成果を評価し，指導の改善や学習意欲の向上を図り，資質・能力の育成に生かすようにすること。

(2)　創意工夫の中で学習評価の妥当性や信頼性が高められるよう，組織的かつ計画的な取組を推進するとともに，学年や学校段階を越えて児童の学習の成果が円滑に接続されるように工夫すること。

音楽科の評価は，授業において児童の学習意欲の向上を図り，資質・能力の育成に生かす活動である。児童にとっての「価値付け」としての学習評価は，前の学びからどのように成長しているのか，どういった力が身に付いたのかなど，自らの学びを振り返って進歩した自分に気付き，次の学びに向かえるように，学習したことの意義や価値を児童自身が実感できるものである必要がある。学びの過程での肯定的な言葉掛けをはじめとして，教師からの評価や友達との相互評価等を通じて，学習の内容に即した評価が分かりやすくフィードバックされることにより，児童が自分で自己評価できるようになり，主体的に学習したことの意義や価値を感じ取り，これからの学びの見通しをもてるようになることが大切である。

また，教師の「戻り道」としての評価は，育成を目指す資質・能力を身に付けているか，一人一人の学習状況を的確に捉えるものであると同時に，それを踏まえて「主体的・対話的で深い学び」の視点に立った授業改善を進めるための重要な役割を果たす。目標として示されている資質・能力を育成するためには，指導の前に児童の学習状況を把握するために行う診断的な評価や，指導の最後に学習の成果を総合的・全体的に把握する総括的な評価も含め，何を，どのような場面で，どのような方法で指導をし，指導を通した児童の変容をどのように評価したらよいのかを考え，**指導と評価の一体化**を図ることが必要である。

（2）通知表と指導要録

　ところで，学校での評価，と言われてすぐに思い浮かぶのは通知表（通信簿）であろう。これは学校の責任において出すものであって，校長の判断で学校の教育活動にふさわしい形に工夫することができる。「通信」簿の字義どおり，学校と家庭とをつなぐ大切なコミュニケーション手段の一つであり，保護者に対して学校が説明責任を果たすという機能をもっている。

　それとは別に，学校では，児童の学習と行動の記録の原本である「指導要録」が作成される。「指導要録」の作成と保存は法的に義務付けられており，指導に関する記録は5年間，入学，卒業などの学籍に関する記録は20年間保存しなければならない。これらは内申書・調査書等，外部に示す証明の公的な原簿としての機能を備えている。また，継続的に発達の経過を記録して，一人一人の児童についての指導を接続していくカルテとしての指導機能も有する。各学校では，評価規準を作成して学習評価を実施し，指導要録に記録する。

（3）「目標に準拠した評価」の実施

　学習評価では妥当性や信頼性が非常に重要となるが，集団内での比率を決めて児童を序列化して評価を定める「集団に準拠した評価」（相対評価）では，その結果を見ても，これからどう指導していくのかという，教師にとっての「戻り道」は見えない。児童も，成績が上がった，下がった，友達よりもよかった，悪かった，という比較でしか自分の学習を確認することができないし，どんなに努力しても，他の児童と比較したときに到達度が低ければ成績は上がらない。点数順に児童の順位を付けて学級の中での位置で段階評価をすることは，一見客観的に見えるものの，何より，その集団の中には，できない児童が必ず存在する，という前提に立った評価であるというところに大きな問題性が存在する。したがって，「何が身に付いたか」という学習の成果を的確に捉えて指導と評価の一体化を実現していくために，各教科における学習評価は**「目標に準拠した評価」**（絶対評価）によっている。

　指導要録では，学習の状況を総括的に評価した「評定」（第3学年以上）が記入されるが，目標に準拠した評価を適切に行うために，各教科の学習を観点に分けて分析的に捉える**「観点別学習状況」**を把握し，「十分満足できる」状況と判断されるもの：A，「おおむね満足できる」状況と判断されるもの：B，「努力を要する」状況と判断されるもの：C，という3段階で評価する。しかし，感性や思いやりなどは観点別の評価や評定になじまないことから，児童一人一人のよい点や可能性，進歩の状況については**「個人内評価」**として日々の教育活動等の中で積極的に児童生徒に伝える［図1］。

［図1］各教科における評価の基本構造

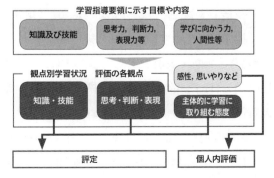

『「指導と評価の一体化」のための学習評価に関する参考資料【小学校　音楽】』（2020）p.8に基づく

（4）学習指導要領の目標と観点別評価

　平成29年3月に学習指導要領が改訂され，教科等の目標及び内容が，「知識及び技能」，「思考力，判断力，表現力等」，「学びに向かう力，人間性等」の育成を目指す資質・能力の三つの柱で再整理された。それに対応して，学習状況を捉える観点も［図2］のように整理された。すなわち，「何ができるようになるか」という育成を目指す資質・能力の三つの柱を踏まえ，「何が身に付いたか」という観点別の学習状況を捉えて，学習改善・指導改善に生かしていくのである。

［図2］資質・能力の三つの柱と評価の観点

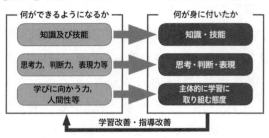

　それでは，音楽科における「**評価の観点及びその趣旨**」［表1］の概要を見てみよう。

　【知識・技能】については，「A表現」の題材では「知識」と「技能」の評価場面や評価方法が異なることが考えられ，「B鑑賞」の題材では「技能」を評価対象としないため，「知識」と「技能」は分けて示してある。

　【思考・判断・表現】では，一文の中に，①〔共通事項〕(1)ア，②表現領域に関すること，③鑑賞領域に関することが示されている。

　「学びに向かう力，人間性等」に示された資質・能力には，観点別学習状況の評価を通して見取ることができる部分と，観点別評価になじまない部分がある。観点別評価では**【主体的に学習に取り組む態度】**について，「知識及び技能」の習得や「思考力，判断力，表現力等」の育成に関わる学習活動全体に，よりよく学ぼうとする意欲をもって学習に取り組もうとしているかどうかという意思的な側面を評価する。

　具体的には，知識及び技能を習得したり，思考力，判断力，表現力等を身に付けたりすることに向けて粘り強い取組を行おうとする側面や，そうした取組を行う中で，自らの学習状況を把握し，学習の進め方について試行錯誤するなど学習を調整しようとする側面を評価することが求められている。音楽科において重要な資質・能力である感性や情操などについては，観点別評価ではなく，個人内評価を通して把握する。

［表1］評価の観点及びその趣旨

評価の観点	趣　旨
【知識・技能】　知識	・曲想と音楽の構造などとの関わりについて理解している。
技能	・表したい音楽表現をするために必要な技能を身に付け，歌ったり，演奏したり，音楽をつくったりしている。
【思考・判断・表現】　〔共通事項〕(1)ア　A表現のア　B鑑賞のア	①音楽を形づくっている要素を聴き取り，それらの働きが生み出すよさや面白さ，美しさを感じ取りながら，聴き取ったことと感じ取ったこととの関わりについて考え，②どのように表すかについて思いや意図をもったり，③曲や演奏のよさなどを見いだし，音楽を味わって聴いたりしている。
【主体的に学習に取り組む態度】	音や音楽に親しむことができるよう，音楽活動を楽しみながら主体的・協働的に表現及び鑑賞の学習活動に**取り組もうとしている。**

『「指導と評価の一体化」のための学習評価に関する参考資料【小学校　音楽】』(2020) に加筆

（5）評価規準と「内容のまとまり」

実際の評価に当たっては，音楽科及び**各学年の評価の観点及びその趣旨**（本資料20ページ参照）に照らし，目標の実現の状況を判断するよりどころとするために，児童が資質・能力を身に付けた状況を**評価規準**として設定する。評価規準は，「**内容のまとまり**」ごとに示された，育成を目指す資質・能力の記述（「すること」）に基づく。ここで言う「内容のまとまり」とは，小学校音楽科における低学年・中学年・高学年ごとに示された下記の事項である（本書210-213ページ参照）。

---

① 「A 表現」(1) 歌唱（ア，イ，ウ）及び
　　〔共通事項〕(1)

② 「A 表現」(2) 器楽（ア，イ，ウ）及び
　　〔共通事項〕(1)

③ 「A 表現」(3) 音楽づくり（ア，イ，ウ）及び
　　〔共通事項〕(1)

④ 「B 鑑賞」(1) 鑑賞（ア，イ）及び
　　〔共通事項〕(1)

いずれも，アは「思考力，判断力，表現力等」に関する内容，イは「知識」に関する内容，ウは「技能」に関する内容が示されている。〔共通事項〕(1)のうち事項アも，「思考力，判断力，表現力等」に関する内容を示しており，各領域や分野の事項アと一体的に捉える。

目標や評価規準の設定は，教育課程を編成する主体である各学校において，文部科学省『小学校学習指導要領解説音楽編』や，国立教育政策研究所『「指導と評価の一体化」のための学習評価に関する参考資料【小学校　音楽】』等を参考に，児童や学校，地域の実情に応じて行う。教師が実際の授業に向け題材を構想する際には，内容のまとまりごとの評価規準の考え方等を踏まえ，内容のどの事項を題材の学習とし

て位置付けるかを検討し焦点化すると同時に，児童の思考・判断のよりどころとなる主な「音楽を形づくっている要素」（本書215ページ(8)参照）を明確にして「思考・判断・表現」の評価規準に位置付けて，指導のねらいを明確にすることが重要である。

（6）題材の評価規準の作成方法

指導と評価の一体化を図って作成された題材の目標と評価規準は，学習指導要領で示された指導事項に基づいているため，ほぼ同じような表記になる。したがって，題材ごとの評価規準を作成する場合には，題材の目標を適切に設定し，その目標に即した評価規準を設定する。歌唱の「知識」と器楽の「知識」の評価を統合したり，器楽の事項イ(イ)の「知識」と事項ウ(イ)の「技能」の評価を統合したりして，一体的に学習状況を捉えることもできる。また，すでに多くの児童が習得している技能を生かして活動する場合には，その「技能」を評価の対象としないこともできる。いずれの場合も，題材の評価規準を作成する際には，題材の特徴に応じて，扱う領域や分野名，教材名，楽器名，音楽を形づくっている要素，活動の具体等を適宜含め，次の点に留意する。

【知識・技能】の評価規準

・【知識】の習得に関することと【技能】の習得に関することは，原則として分けて示す。

・鑑賞の題材には，【技能】に対応する評価規準は設定しない。

・学習指導要領の内容として示された事項イ・ウの「理解すること」「身に付けること」等の文末を，「理解している」「身に付けている」のように，児童が資質・能力を身に付けた状

態を表す文言に言い換えて作成する。

・【知識】については，次の例の下線部のように，具体的な曲名等を挿入することも考えられる。

例：「とんび」の曲想と音楽の構造との関わりなどについて気付くとともに〜

・【技能】については，身に付けて表現している状態を評価することになるため，［表１］の「評価の観点の趣旨」で「歌ったり，演奏したり，音楽をつくったりしている」と示されているように，扱う分野に応じて選択する。

・事項ウにある「次の(ア)から(ウ)までの技能を身に付けること」の部分は，学習活動において扱う技能を選択し，下線部のように表記する。

例：思いや意図に合った表現をするために必要な，音色や響きに気を付けて打楽器を演奏する技能を身に付けて演奏している。

・音楽づくりの場合の【技能】は，つくった音楽を演奏する技能を評価するものではない。音楽づくりの事項ウに示された「発想を生かした表現」に必要な技能として(ア)，「思いや意図に合った表現」をするために必要な技能として(イ)が位置付けられていることを確認し，下記のように(ア)(イ)の内容を記述する。

例：発想を生かした表現をするために必要な，設定した条件に基づいて，即興的に音を選んだりつなげたりして表現する技能を身に付けて音楽をつくっている。

例：思いに合った表現をするために必要な，音楽の仕組みを用いて，簡単な音楽をつくる技能を身に付けて音楽をつくっている。

【思考・判断・表現】の評価規準

・「評価の観点の趣旨」を参照し，表現領域では，当該学年の①〔共通事項〕(1)ア及び②表現領域の各分野の事項ア，鑑賞領域では，当該学年の①〔共通事項〕(1)ア及び③鑑賞領域の事項アに応じて，それぞれの具体的内容に置き換え，文末を「〜している」と変更する。

・①の〔共通事項〕(1)アに関する「音楽を形づくっている要素を聴き取り」の部分は，その題材の学習において児童の思考・判断のよりどころとなる主な音楽を形づくっている要素を適切に選択して置き換える。

例：音色やリズムを聴き取り〜

・学習指導要領の事項アでは，「知識や技能を得たり生かしたりしながら」となっているが，この部分は「知識及び技能」と「思考力，判断力，表現力等」との関係を示した文言なので，評価規準には含めない。

【主体的に学習に取り組む態度】の評価規準

・当該学年の「評価の観点の趣旨」の内容を踏まえて作成する。

・「評価の観点の趣旨」の「表現及び鑑賞」の部分は，題材で扱う「歌唱」「器楽」「音楽づくり」「鑑賞」から選択して記述する。

・「評価の観点の趣旨」の文頭にある「音や音楽に親しむことができるよう」は，音楽科の学習の目指す方向性を示した文言なので，評価規準には書かない。

・「評価の観点の趣旨」にある「楽しみながら」の部分は「主体的・協働的」に係る部分で，主体的・協働的に取り組む際の指導の工夫の必要性を示唆している。単に活動を楽しんでいるかどうかを評価するものではない。

・文頭部分には，その題材の学習に粘り強く取り組んだり，自らの学習を調整しようとする意思をもったりできるようにするために必要となる，教材曲の特徴や学習内容など，児童

に興味・関心をもたせたい事柄に関して記載することが考えられる。

例：友達と呼びかけ合う表現に興味をもち，音楽活動を楽しみながら主体的・協働的に歌唱の学習活動に取り組もうとしている。

（7）評価の方法と指導の改善

　評価規準は以上のように観点別に設定するが，相互に関連を図りながら指導と評価を行う必要がある。例えば，【思考・判断・表現】は【知識】や【技能】の習得と深く関わる。それらの観点で課題が見られた時には，【主体的に学習に取り組む態度】を見取ることで要因を探り，適切な働きかけを行う必要がある。具体的には，めあての確認を通して，児童が見通しをもって自分なりに様々な工夫をしながら学んでいけるよう配慮したり，前時までの学習を振り返って考えるなど既習の事項を活用するように促したり，他の児童との協働を通して自らの学習の調整に向かうことができるように働きかけたりするなどして，「努力を要する状況」と判断されそうな学習状況にある児童に対し，「おおむね満足できる」状況となるように支援をしていく。

　また，題材を通して継続的に「**指導に生かす評価**」を行って学習状況の改善を図り，それぞれの実現状況を把握できる段階を見極め，評価場面を精選して全員の観点別の学習状況について「**記録に残す評価**」を行う。

　学習指導案に記載する「題材の評価規準」には，観点別に「全員の学習状況を記録に残す場面」を見取る順に記載する。「指導と評価の計画」では，知識は知，技能は技，思考・判断・表現は思，主体的に学習に取り組む態度は態と略記する。

　「指導と評価の計画」には，評価方法を明記する。発達段階や学習活動の特質，評価の観点を考慮するとともに，児童にはそれぞれ得意な表現方法があることに留意して，多角的な評価方法を取り入れ，総合的に判断することが必要である。例えば，行動や表情の観察，発言内容，演奏の聴取，つくった作品，ワークシートや学習カードの記述など，振り返りにもつながり，児童が自分に合った学習の調整の仕方を見いだせるような方法を工夫することが望ましい。

　教科の特性を考えれば，言語表現では捉えられない内容も多いため，学習に応じた評価の方法をよく考えて計画する。学習者の作品や実演などを手掛かりとするパフォーマンス評価の考え方を取り入れたり，児童の学習の過程や成果などの学びの履歴を蓄積して，成長の過程，学習状況を振り返ることのできるポートフォリオ評価を活用し，児童が教師とともに自ら学びの過程に向き合えるようにしたりすることは，「主体的・対話的で深い学び」の視点による授業改善にも結び付く。

　「指導と評価の一体化」を意識しながら，教師が自ら児童に寄り添う「価値付け」，次の授業への「戻り道」となるような評価を計画し，実施できるようになることが重要である。

参考資料

国立教育政策研究所教育課程研究センター（2020）『「指導と評価の一体化」のための学習評価に関する参考資料【小学校　音楽】』（東洋館出版社）

志民一成（2020）「新学習指導要領に対応した学習評価（小学校　音楽科）」独立行政法人教職員支援機構オンライン講座：新学習指導要領編

（権藤敦子）

各学年の評価の観点及びその趣旨

第1学年及び第2学年

観点	知識・技能	思考・判断・表現	主体的に学習に取り組む態度
趣旨	・曲想と音楽の構造などとの関わりについて気付いている。 ・音楽表現を楽しむために必要な技能を身に付け，歌ったり，演奏したり，音楽をつくったりしている。	音楽を形づくっている要素を聴き取り，それらの働きが生み出すよさや面白さ，美しさを感じ取りながら，聴き取ったことと感じ取ったこととの関わりについて考え，どのように表すかについて思いをもったり，曲や演奏の楽しさを見いだし，音楽を味わって聴いたりしている。	音や音楽に親しむことができるよう，音楽活動を楽しみながら主体的・協働的に表現及び鑑賞の学習活動に取り組もうとしている。

(改善等通知　別紙4　P.14)

第3学年及び第4学年

観点	知識・技能	思考・判断・表現	主体的に学習に取り組む態度
趣旨	・曲想と音楽の構造などとの関わりについて気付いている。 ・表したい音楽表現をするために必要な技能を身に付け，歌ったり，演奏したり，音楽をつくったりしている。	音楽を形づくっている要素を聴き取り，それらの働きが生み出すよさや面白さ，美しさを感じ取りながら，聴き取ったことと感じ取ったこととの関わりについて考え，どのように表すかについて思いや意図をもったり，曲や演奏のよさなどを見いだし，音楽を味わって聴いたりしている。	音や音楽に親しむことができるよう，音楽活動を楽しみながら，主体的・協働的に表現及び鑑賞の学習活動に取り組もうとしている。

(改善等通知　別紙4　P.15)

第5学年及び第6学年

観点	知識・技能	思考・判断・表現	主体的に学習に取り組む態度
趣旨	・曲想と音楽の構造などとの関わりについて理解している。 ・表したい音楽表現をするために必要な技能を身に付け，歌ったり，演奏したり，音楽をつくったりしている。	音楽を形づくっている要素を聴き取り，それらの働きが生み出すよさや面白さ，美しさを感じ取りながら，聴き取ったことと感じ取ったこととの関わりについて考え，どのように表すかについて思いや意図をもったり，曲や演奏のよさなどを見いだし，音楽を味わって聴いたりしている。	音や音楽に親しむことができるよう，音楽活動を楽しみながら主体的・協働的に表現及び鑑賞の学習活動に取り組もうとしている。

(改善等通知　別紙4　P.15)

『「指導と評価の一体化」のための学習評価に関する参考資料【小学校　音楽】』(2020) 巻末資料 (pp.87-97) より

第二部

教材研究

Ⅰ 教材研究 98

Ⅱ 歌唱教材（小学校共通教材）

曲名	簡易伴奏	本格伴奏	縦書き歌詞
うみ	104	131	131
かたつむり	104	132	132
ひのまる	105	133	105
ひらいたひらいた	106	134	106
かくれんぼ	107	135	107
春がきた	108	136	108
虫のこえ	109	137	109
夕やけこやけ	110	138	110
うさぎ	111	139	111
茶つみ	112	140	113
春の小川	114	141	115
ふじ山	116	142	116
さくらさくら	117	143	117
とんび	118	144	115

曲名	簡易伴奏	本格伴奏	縦書き歌詞
まきばの朝	119	146	115
もみじ	120	148	121
こいのぼり	122	149	121
子もり歌（律音階）	123	150	121
子もり歌（都節音階）	123	151	121
スキーの歌	124	152	153
冬げしき	125	154	155
越天楽今様	126	156	121
おぼろ月夜	127	158	159
ふるさと	128	160	161
われは海の子	129	162	163
〔国歌〕君が代	130	164	130

Ⅲ 器楽教材

こいぬのマーチ ....165 / 茶色の小びん ....166 / 威風堂々 168

Ⅳ 鑑賞教材 170

I 教材研究

1 音楽科の「教材」

教育目標を実現するために選ばれ，編成された材料を「教材」と呼ぶが，音楽科の場合，それは単に学習者に取り組ませる材料ではなく，作曲者と作詞者による音楽作品であったり，伝統的な文化財であったりする。いずれも，長い年月をかけて人間が音と関わる中で生まれ，育まれ，伝えられてきたものである。音楽科の教材となる音楽は，人間が音と関わってきた経験の結晶であり，教師はその音楽のもつ魅力をくみ取り，歴史的，文化的側面に思いをめぐらすことが必要である。そうして初めて，人間が大切にしてきた音楽を，児童と共有し手渡していくことができる。その意味で教師は，世代から世代へ文化と児童とをつなぐ「メディア」としての機能をもっている。

世界はすばらしい音楽に満ちている。教科書や歌集に掲載されている曲だけが教材ではなく，音楽科の授業では地域に伝わる芸能やJ-POPも取り上げる。だが，どんなにすてきな音楽や教科書に掲載されている教材であっても，それを示しただけでは児童にとって意味のある音楽経験とはならない。児童が学習することの意義や価値を実感できるようにするためには，「メディア」としての教師による綿密な準備が不可欠である。限られた音楽科の授業の中で，どんな音楽を，どのように児童に出会わせることができるかは，全て教材選択と教材研究にかかっている。音楽を介して児童と関わり，児童と共に音楽を楽しむ教師となるために，ぜひ教材研究の力を身に付けよう。

2 音楽科の教材研究の困難

「教材研究が大切」とは，どの教科でも言われ，教師の誰もが何度も耳にし，口にしてきた言葉である。だが，音楽科の場合具体的にどのようにして教材研究を行ったらよいのか見当がつかないという学生や新任教師も少なくない。

音楽科は，教材研究にとって条件がよいとはいえない。国語科や算数科ならば，しっかり教材研究を積み重ねてきた先輩教師や，互いに相談できる同僚に出会えることも多いだろう。しかし，授業時数が週1〜2時間しかない音楽科では，身近に経験豊富な教師が少ない。音楽専科になった場合は，たとえ経験が浅くても全校でただ1人の専門家と見なされ，行事の音楽なども含めて多くの教材を用意しなくてはならない。研究会や研修の機会にも恵まれているとはいえない中，自立して教材研究を行う力や，教材研究を続けようとする高い意識や意志が要求される。

そのせいか，音楽科は他教科に比べて教科内容に関する知識・技能に自信のある教師が少ないように思われる。本書の読者の中にも，読譜や歌唱，器楽に苦手意識をもつ人，音楽づくりや鑑賞の指導のイメージが湧かない人がいるだろう。小学校全教科の中に得意不得意があるのは当然のことである。だが，もし教科への苦手意識があるとしても，教師を目指す学生の中に小学校1年生の国語や算数の教科書が読めない人はいないだろう。残念なことに，音楽では小学校1年生の教科書に書かれていることが読み

取れない学生も珍しくないのが現状である。そうした学生にとっては，教師用指導書や授業のアイディア集の記述を理解するのも難しい。そのため，学生が模擬授業で音を間違って教える場面や，指導書付属のCDやDVDを流して感想を話し合うのみといった活動に遭遇することがある。これは明らかに，教材研究を行う力が不足しているためである。

　小学校全科免許を取得する以上，読譜や音楽的知識・技能の向上を目指すべきだが，ピアノの初心者が伴奏を弾きこなすには相当な練習が必要であり，リコーダーや箏（そう），打楽器なども，範奏できるレベルに到達するには長い時間がかかる。だが，それらよりも先に確実に身に付けるべきなのは教材研究の力である。そこで，ここでは音楽が得意でない学生にも，最低限実行してほしい教材研究の具体例を示したい。

3　教材研究をするということ

　第1学年の鑑賞教材として教科書にも掲載されている〈ラデツキー行進曲〉（ヨハン・シュトラウス（父）作曲）を例に，教材研究について詳しく考えてみよう。以下は読むだけでなく，必ず音源を用意して実際に試してみることが肝要である。

　できれば教師用指導書付属のCD，あるいはネットの動画検索サイトで，敢えて静止画像の音源を探して聴いてほしい。演奏時間は標準的に3分弱だが，全曲を通して飽きることなく音楽の流れを追いながら聴くことができただろうか。意外に長く感じられ，途中で意識が他に向いてしまった人もいるだろう。

　そうした実感をもったところで，もう一度同じ演奏を聴いてみる。今度は，どの辺りで集中力

が弱まるのか，それが最後まで変化するかしないか，曲の流れに照らして自分を観察しながら聴いてみよう。おそらく，全体の3分の1を過ぎた辺りから曲の流れへの注意力がやや低下し，3分の2ほどのところでまた高まった人が多いだろう。では，そのように感じた部分には，どのような音楽的な特徴があるのだろう。再度聴きながら確認したい。

　この曲の構成は，「トリオ」という中間部（B）を挟んで最初（A）と最後に同じ部分が出てくる「A-B-A」の三部形式になっている。そのため，初めて聴く曲であっても，再びAが聴こえてくると「戻ってきた＝聴いたことがある」という感じをもつ。この感覚は，たとえ「最初と同じ旋律が出てきた」と言語化しなくても，小学校1年生の児童にも生じる。このように変化と反復を理解したところで，中間部の扱いを考えてみる。全曲を通して鑑賞するたびにAをBの2倍聴くことになるので，Bだけを取り出して聴き慣れるとよいのではないか，AとBの旋律の違いに注意して聴いてみよう──そのように思考すること自体が教材研究となり，指導にも生かせるのである。

　この曲は，ウィーン・フィルハーモニー管弦楽団のニューイヤーコンサートで毎年アンコールに演奏されるのが恒例となっており，観客が曲に合わせて手拍子を打つことでも知られている。教師用指導書などでこの知識を得られれば，ネットの動画サイトでもウィーン・フィルの演奏を視聴することができる。今度は，指揮者がオーケストラや客席に向かってどのような働きかけをしているか，演奏者や聴衆の様子を見ながら，自分も客席の一人になったつもりで手拍子を打ちながら視聴してみよう。

　動画が始まってまもなく，指揮者の合図とともにCDや静止画像の音源にはなかったスネアドラ

ム（小太鼓）の軽快なリズムが響き渡る。このスネアドラムの前奏が，ＣＤや静止画像の演奏にはなかったことに気付いただろうか。これは元の楽譜にはなく，ウィーン・フィルが独自に加えた部分である。では，この部分が付加されていることでどのような効果があるだろうか――このような気付きと思考もまた，教材研究の一環である。

　さらに視聴を進めると，聴衆の手拍子には強弱があり，指揮者が手拍子を促して盛り上げたりセーブしたりしていることに気付くだろう。それによって会場の一体感が生み出されていることが分かり，見ている自分も音楽のテンポ，強弱，曲想に合わせて手拍子していることが実感できる。耳で聴くだけのときとは全く異なり，演奏者に近い感覚で音楽に参加しているのである。この身体感覚とともに味わう音楽を，身近な人たちとも共有したいという気持ちが湧いてこないだろうか。また，実際に何人かで手拍子を合わせながら聴くと，もっと楽しいと感じられるのではないか。その感情こそが，授業をつくる最も重要な土台となる。

　さらに工夫するならば，両手を均等に打ち合わせるのではなく，たたく手と受ける手にして，たたくほうを指2本，4本，手のひら，のように変えてみよう。音楽に合わせて，ここは指何本で打つとちょうどよいかを考えて変化させる。指の本数という明確な指標ができるので，音楽の流れや変化を一層強く意識しながら楽しむことができるだろう。

　次に，映像の指揮者と同化するつもりで，指揮をしながら視聴したい。手拍子で参加するのとはまた異なり，音楽の変化をこんなふうに伝えているのかといった新たな気付きが得られるだろう。複数のニューイヤーコンサートを視聴してみると，同じウィーン・フィルのニューイヤーコンサートでも，指揮者によってユニークな動きが見られ，聴衆への働きかけも違うことが分かる。それぞれの指揮者の動きをまねるようにして視聴したい。注意深く比べれば，微妙なテンポの違いが分かるかもしれない。2～3人の指揮者の動きをまねたら，そこからよいと思う動きを採り入れたり，自分なりの指揮を加えたりして，「まるで私の体から〈ラデツキー行進曲〉が生まれてくるみたい」と思えるような感覚を味わってほしい。

　このようにして，〈ラデツキー行進曲〉がすっかり身に付いた後に教師用指導書や授業のアイディア集を読めば，その内容を音楽に即して理解することができるだろう。また，教科書に示されている「音楽の強さに合わせて手を打つ強さを変えながら聴く」活動を行う際に，児童は教師自身が楽しんで音楽に関わる姿から多くを学ぶことができる。ＣＤや映像を流して児童にだけ活動させるのではなく，一緒に音楽活動する中でメディアとして音楽を伝え，それを共有できる教師であるかどうかが，児童の学びを左右するのである。

4　教師としての学びを広げる

　鑑賞の1曲の事例を詳細に述べたのは，どのように聴くのかは個人の感性を尊重すべきだと思われている静的な鑑賞の活動であっても，身体を通した教材研究が不可欠であることを体感してほしかったからである。歌唱などの表現の活動ではなおさら，実際に声や音を出さなければ教材研究は成立しない。音源や動画の助けを借りながら，繰り返し演奏してみる。二部合唱の曲ならば，それぞれのパートをピアノなどで

音を確認しながら歌えるようにする。伝統的な音楽の発声をまねて歌いたいならば、自分の発声を録音して、元の音源と聴き比べて近づけていく。楽器の実物がないときは、机でリズムを打ってみる。友達と一緒に音楽づくりを試行錯誤する。言葉による説明が、音楽を理解し、教材へと仕立てていく際の助けになることは多々あるが、音楽それ自体を体で感得し、体を動かして音楽を生み出すことによって、素材は教材として磨かれていく。

　また、時間芸術である音楽に「あらすじ」はない。まさにその音楽が鳴り響く時間が必要であり、手っ取り早く教材研究できる方法など存在しない。ネットで様々な指導案を検索することができ、指導法についての知識を得ることは容易になったが、教材研究の時間を短縮することだけはできない。

　このように書くと、多忙な教師に対して過大な要求をしているように思うかもしれない。だが、ここで最も伝えたいのは「音楽科の教材研究は楽しい」ということである。

　実際の音楽科の授業では、年間を通して教科書の教材を順に全て学習することはほとんどない。教科書に掲載されている教材であっても扱われないものがあるうえ、教科書以外に歌集、鍵盤ハーモニカやリコーダー練習用教材集などの補助教材が使われることも多い。また、行事や学級経営に関わる教材を選んだり、その地域ならではの郷土芸能に取り組んだりすることもある。つまり、音楽科は教材選択の自由度が高い教科だといえる。だからこそ、その素材自体に音楽的な教育力が備わった音楽を選び、教材として磨きたい。それをどのような題材のまとまりへ、指導計画のどこへ組み込むかと考える

のは、たいへん創造的な仕事である。しかも、学校行事を中心とする特別活動、総合的な学習の時間、他教科との関連なども考慮に入れて音楽科の教材選択や教材研究ができることは、小学校全科教師だからこその醍醐味である。学習指導要領に沿いながら、学校の状況と児童の実態に合わせるべきなのは言うまでもないが、音楽科は工夫しがいのある教科なのである。

　ここで、学習指導要領に示された音楽科の目標を確認してみよう。「表現及び鑑賞の活動を通して、音楽的な見方・考え方を働かせ、生活や社会の中の音や音楽と豊かに関わる資質・能力」を育成することを目指して、3点が挙げられている。これは、児童のためだけに掲げられた目標なのではなく、そのまま教師自身が身に付けるべき目標でもあると捉えたい。

　例えば、読譜の苦手な人が教材曲の音源を何度も聴き、すっかり覚えて歌えるようになったとする。その後に楽譜を見ると、自分の身に付いた音楽はこのように書かれていたのかと認識でき、音と楽譜とが結び付き、だんだん音符が読めるようになる。あるいは、地域の方をゲストに招いて伝統芸能を教わる機会ができたならば、その人に内容や指導を一任してしまうのではなく、事前の打ち合わせ段階から教師自身が積極的に学びたい。そうして未知との出会いを学びの機会に変えることが、教師の仕事の面白さの一つである。

　ある学生が、「教材研究とは、教師として音楽を好きになる過程のことなのですね」と言った。そのようにして研究された教材は、きっと児童の心に響く音楽との出会いとなることだろう。

(有本真紀)

コラム　発達段階に合った教材選択

子供たちは乳幼児期から，身近な人や様々なモノとの関わりを通して，音や音楽の世界を楽しみ，表現する力の基盤を築いてきた。例えば，身の周りの様々な音に耳を傾けて音色の違いを感じ取ったり，様々なイメージの世界を広げたり，自分なりに音に意味付けをしたりしている。また，既存の歌唱曲のみならず，自分や人の声そのもの，つくり歌や替え歌などの多様な声の表現を楽しんだり，豊かなイメージをもとに自ら音や音楽を作り出したり，感じたことや考えたことを表現したりしている。私たちは，このように乳幼児期に育まれた豊かな表現や音・音楽と関わる力を踏まえ，それを土台として引き継いだ上で，児童期にふさわしい観点と質で学びを深めていく必要がある。(本書p. 68～69「幼稚園・保育所との連携」等も参照)

さて，以下は平成29年告示「小学校学習指導要領・音楽」及び「小学校学習指導要領解説音楽編」における各学年の「内容の取扱い」から，教材選択の観点を簡単にまとめたものである。

【歌唱】(※印部分は筆者加筆)

低学年	・共通教材を含めた斉唱及び輪唱（友達と一緒に歌う喜びを味わうことができるもの）。 ・曲の内容（歌詞，旋律，リズム）や音域が適しているもの。 ・無理なく楽しく表現できるもの。
中学年	・共通教材を含めた斉唱及び平易な合唱（二つの旋律を重ね合わせて楽しめるもの，響きの豊かさを感じ取ることができるもの）。 ・曲の内容（歌詞，旋律，リズム）や音域が適しているもの。 ・無理なく楽しく表現できるもの。
高学年	・共通教材を含めた斉唱及び合唱（豊かで美しい響きのハーモニーを十分に感じ取ることができるもの）。 ・曲の内容（歌詞，旋律，リズム）や音域が適しているもの。 ・無理なく楽しく表現できるもの。 ※変声期に対する配慮も必要。

【器楽】(※印部分は筆者加筆)

低学年	・歌唱で学習した教材，親しみのある器楽曲の旋律に，簡単なリズム伴奏（曲の雰囲気を感じ取りやすいもの）や平易な低音部（主音及び属音を中心とする）を加えたもの。 →リズム伴奏：平易，曲の雰囲気を感じ取りやすいもの。 →低音部：主音及び属音を中心とし，適宜他の音も加える。 ※子供の聴覚特性として，楽器編成があまり複雑ではない方が，負担が少ない。
中学年	・歌唱で学習した教材，器楽のためにつくられた重奏や合奏。 →音楽の構造や楽器の組合せなどが児童の実態に即したもの。 →和音の響きが聴き取りやすいもの：I，IV，Vなどを中心とし，低音の充実を考慮する。副次的な旋律は児童が無理なく演奏できるもの。 ・和楽器を用いた教材（特に斉奏）。
高学年	・歌唱で扱った教材にとらわれることなく，楽器の特徴や演奏効果を考慮して器楽のためにつくられた重奏や合奏などの曲。 →音楽の構造や楽器の組合せなどが児童の実態に即したもの。 →和音の響きが聴き取りやすいもの：I，IV，V，V7などを中心とし，低音の充実を考慮する。副次的な旋律は児童が無理なく演奏できるもの。 ・和楽器を用いた教材（特に斉奏）。

【鑑賞】

低学年	ア　いろいろな種類の曲：我が国及び諸外国のわらべうたや遊びうた，行進曲や踊りの音楽など体を動かすことの快さを感じ取りやすい音楽，日常の生活に関連して情景を思い浮かべやすい音楽など。

	イ　音楽を形づくっている要素の働きを感じ取りやすく，親しみやすい曲：親しみやすいリズムや旋律が表れている曲，リズムや旋律が反復する面白さを感じ取りやすい曲，速度や強弱の違いがはっきりしている曲など。 ウ　楽器の音色や人の声の特徴を捉えやすく親しみやすい，いろいろな演奏形態の曲。
中学年	ア　いろいろな種類の曲：和楽器の音楽を含めた我が国の音楽（箏や和太鼓の音楽など），郷土の音楽（わらべうた，民謡，祭り囃子など），諸外国に伝わる民謡など生活との関りを捉えやすい音楽，劇の音楽（オペラ，ミュージカルなど），人々に長く親しまれている音楽など。 イ　音楽を形づくっている要素の働きを感じ取りやすく，聴く楽しさを得やすい曲：反復と変化の働きが生み出すよさや美しさを感じ取りやすい曲（三部形式の曲など）など。 ウ　楽器の音色や人の声による演奏表現の違いを聴き取りやすい，いろいろな演奏形態による曲：管楽器，弦楽器，打楽器などによる独奏曲，重奏曲。いろいろな声域や歌い方による，独唱曲，重唱曲など。
高学年	ア　いろいろな種類の曲：和楽器の音楽を含めた我が国の音楽や諸外国の音楽など文化との関りを捉えやすい音楽（我が国の音楽の特徴を捉えやすい和楽器による音楽，雅楽，歌舞伎，狂言，文楽の私費場面などの我が国の音楽，民謡，祭り囃子など→我が国の伝統や文化への理解，諸外国への文化への興味・関心にもつなげる），人々に長く親しまれている音楽など。 イ　音楽を形づくっている要素の働きを感じ取りやすく，聴く喜びを深めやすい曲： 旋律の反復と変化，旋律と旋律との関わり合いや重なりによる響きを聴き取りやすい曲，呼びかけとこたえ，反復と変化がはっきり表れている曲，音楽を形づくっている要素と曲想との関りを捉えやすい曲など。 ウ　楽器の音や人の声が重なり合う響きを味わうことができる，いろいろな演奏形態による曲： 室内楽（楽器の音色や演奏の仕方の特徴を捉えやすく，アンサンブルの楽しさを味わうことができるもの），吹奏楽，協奏曲，管弦楽などの合奏曲（楽器の多様な組合せから生まれる響きの美し

さを感じ取りやすいもの），歌曲（ソプラノ，アルト，テノール，バスなどの声域による人の声の特徴と歌声の表情を味わいやすいもの），重唱曲，合唱曲（声の組合せから生まれる響きの美しさを感じ取りやすいもの）など。

　基本的には，各学年の児童の実態や学習経験に合わせて，興味・関心をもって取り組めるものであることが重視されている。興味・関心の深め方として，指導要領及び解説の例示では，身近なもの，生活経験に即したもの，具体的なもの，シンプルなものから，学年が進むにつれて，複雑なもの，抽象的なもの，自分を取り巻く社会や文化へと視野を広げていく筋道をとっている。表現領域と鑑賞領域の教材や，そこでの指導内容のつながりも意識したい。例えば，高学年の歌唱と鑑賞では共に重唱が教材例として示されている。一つの領域の学びを他の領域の興味・関心や学びにも生かし，それを低学年から積み重ねていくことが重要となる。また，器楽では，教材で使用されている各楽器の特性（材質，演奏方法，響きの特徴など）を教師自身がよく捉え，児童の実態に即して用いることや，鑑賞ではア，イ，ウの観点を相互に関連させることも必要となってくる。

　しかしながら，実はどの教材も教師が児童の興味・関心や実態をよく捉え，指導のポイントの置き方や授業の組み立て方を工夫することにより，どの発達段階においても学び豊かな教材となる可能性を秘めている。そのような意味で，児童の日頃の興味・関心や学習経験，学びの連続性などをよく捉えること，音楽そのものをよく研究することが「発達段階に合った教材選択」をする上で大切なことといえるだろう。　　　　　　（長井覚子）

Ⅱ 歌唱教材

うみ
文部省唱歌／林　柳波作詞／井上武士作曲　　縦書き歌詞：131 ページ　（小学校 1 年生共通教材）

かたつむり
文部省唱歌　　縦書き歌詞：132 ページ　　　　　　　　　　　　（小学校 1 年生共通教材）

ひのまる

文部省唱歌／高野辰之作詞／岡野貞一作曲　　（小学校1年生共通教材）

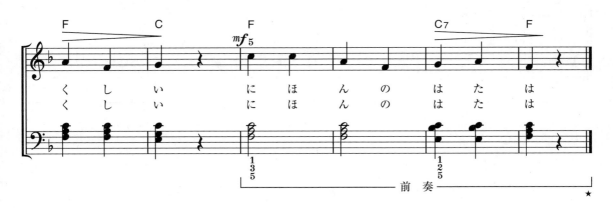

一、しろじに あかく
　ひのまる そめて
　ああ うつくしい
　にほんの はたは

二、あおぞら たかく
　ひのまる あげて
　ああ うつくしい
　にほんの はたは

ひらいたひらいた　わらべうた　（小学校1年生共通教材）

前奏

一、ひらいた ひらいた
　なんの はなが ひらいた
　れんげの はなが ひらいた
　ひらいたと おもったら
　いつのまにか つぼんだ

二、つぼんだ つぼんだ
　なんの はなが つぼんだ
　れんげの はなが つぼんだ
　つぼんだと おもったら
　いつのまにか ひらいた

かくれんぼ

文部省唱歌／林　柳波作詞／下総皖一作曲

（小学校2年生共通教材）

かくれんぼする　もの
よっといで
じゃんけんぽんよ
あいこでしょ
「もう　いいかい」
「まあだだよ」
「もう　いいかい」
「まあだだよ」
「もう　いいかい」
「もう　いいよ」

春がきた

文部省唱歌／高野辰之作詞／岡野貞一作曲

（小学校2年生共通教材）

一、
はるが きた はるが きた
どこに きた
山に きた さとに きた
のにも きた

二、
花が さく 花が さく
どこに さく
山に さく さとに さく
のにも さく

三、
鳥が なく 鳥が なく
どこで なく
山で なく さとで なく
のでも なく

110 第二部 Ⅱ 歌唱教材

夕やけこやけ

中村雨紅作詞／草川 信作曲

（小学校2年生共通教材）

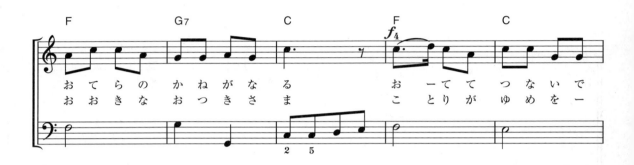

一、夕やけこやけで
　日が　くれて
　山の　おてらの
　かねが　なる
　おてて　つないで
　みな　かえろ
　からすと　いっしょに
　かえりましょう

二、子どもが　かえった
　あとからは
　まるい　大きな
　お月さま
　小鳥が　ゆめを
　見る　ころは
　空には　きらきら
　金の　ほし

うさぎ 日本古謡

(小学校3年生共通教材)

うさぎ　うさぎ
何見て　はねる
十五夜お月さま
見て　はねる

茶つみ　文部省唱歌　　（小学校3年生共通教材）

一、夏も近づく　八十八夜

野にも山にも　わかばがしげる

あれに見えるは　茶つみじゃないか

あかねだすきに　すげのかさ

二、ひよりつづきの　今日このごろを

心のどかに　つみつつ歌う

つめよつめつめ　つまねばならぬ

つまにゃ　日本の茶にならぬ

春の小川

文部省唱歌／高野辰之作詞／岡野貞一作曲

（小学校3年生共通教材）

第二部　Ⅱ　歌唱教材　115

春の小川　楽譜 114・141 ページ　　高野辰之 作詞

一、春の小川は　さらさら行くよ
　きしのすみれや　れんげの花に
　すがたやさしく　色うつくしく
　さけよさけよと　ささやきながら

二、春の小川は　さらさら行くよ
　えびやめだかや　小ぶなのむれに
　今日も一日　ひなたでおよぎ
　あそべあそべと　ささやきながら

とんび　楽譜 118・144 ページ　　葛原しげる 作詞

一、飛べ飛べとんび　空高く
　鳴け鳴けとんび　青空に
　ピンヨロー　ピンヨロー
　ピンヨロー　ピンヨロー
　楽しげに　輪をかいて

二、飛ぶ飛ぶとんび　空高く
　鳴く鳴くとんび　青空に
　ピンヨロー　ピンヨロー
　ピンヨロー　ピンヨロー
　楽しげに　輪をかいて

まきばの朝　楽譜 119・146 ページ　　文部省唱歌

一、ただ一面に　立ちこめた
　まきばの朝の　きりの海
　ポプラなみ木の　うっすりと
　黒いそこから　いさましく
　かねが鳴る鳴る　カンカンと

二、もう起き出した　小屋小屋の
　あたりに高い　人の声
　きりにつつまれ　あちこちに
　動く羊の　幾群の
　すずが鳴る鳴る　リンリンと

三、今さしのぼる　日のかげに
　ゆめからさめた　森や山
　あかい光に　そめられた
　遠い野末に　牧童の
　笛が鳴る鳴る　ピーピーと

ふじ山

文部省唱歌／巌谷小波（いわやさざなみ）作詞　　（小学校3年生共通教材）

一、頭を雲の　上に出し
　四方の山を　見下ろして
　かみなりさまを　下に聞く
　ふじは　日本一の山

二、青空高く　そびえ立ち
　体に雪の　きものきて
　かすみのすそを　遠くひく
　ふじは　日本一の山

さくらさくら 日本古謡 （小学校4年生共通教材）

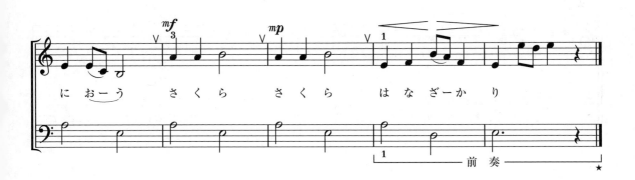

さくら さくら
野山も里も
見わたすかぎり
かすみか雲か
朝日ににおう
さくら さくら
花ざかり

118 第二部 Ⅱ 歌唱教材

とんび

葛原しげる作詞／梁田 貞作曲　縦書き歌詞：115ページ　　（小学校4年生共通教材）

＊原曲では，この段のリズムは ♩.. ♪ ♩ になっています。

もみじ

文部省唱歌／高野辰之作詞／岡野貞一作曲／中野義見編曲　　（小学校４年生共通教材）

第二部 Ⅱ 歌唱教材　121

もみじ　楽譜 120・148 ページ　　高野辰之 作詞

一、秋の夕日に　照る山もみじ
　こいもうすいも　数ある中に
　まつをいろどる　かえでやつたは
　山のふもとの　すそもよう

二、谷の流れに　散りうくもみじ
　波にゆられて　はなれてよって
　赤や黄色の　色さまざまに
　水の上にも　おるにしき

こいのぼり　楽譜 122・149 ページ　　文部省唱歌

一、いらかの波と　雲の波
　重なる波の　中空を
　たちばなかおる　朝風に
　高く泳ぐや　こいのぼり

二、開ける広き　その口に
　船をものまん　様見えて
　ゆたかにふるう　おひれには
　物に動ぜぬ　すがたあり

三、ももせのたきを　登りなば
　たちまちりゅうに　なりぬべき
　わが身にによや　おのこごと
　空におどるや　こいのぼり

子もり歌　楽譜 123・150 ページ　　日本古謡

一、ねんねんころりよ
　おころりよ
　ぼうやはよい子だ
　ねんねしな

二、ぼうやのおもりは
　どこへ行った
　あの山こえて
　里へ行った

三、里のみやげに
　何もらった
　でんでんだいこに
　しょうの笛

越天楽今様　楽譜 126・156 ページ　　慈鎮和尚 作歌

一、春のやよいの　あけぼのに
　よもの山辺を　見わたせば
　花ざかりかも　白雲の
　かからぬみねこそ　なかりけれ

二、花たちばなも　においなり
　のきのあやめも　かおるなり
　夕ぐれ様の　さみだれに
　山ほととぎす　名のるなり

こいのぼり

文部省唱歌　　縦書き歌詞：121ページ　　　　　　　　　　（小学校5年生共通教材）

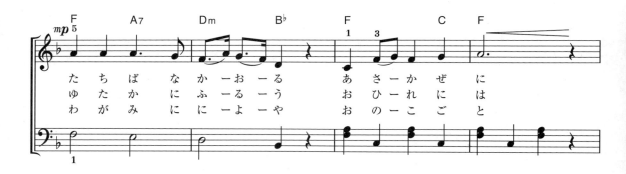

第二部 Ⅱ 歌唱教材　123

スキーの歌

文部省唱歌／林　柳波作詞／橋本国彦作曲　縦書き歌詞：153ページ　（小学校5年生共通教材）

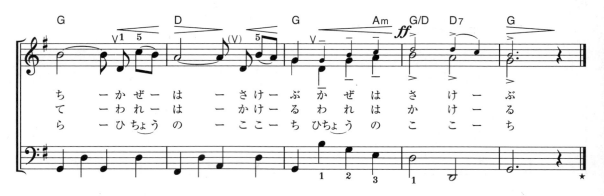

© ZEN-ON Music Publishers Co.,Ltd.

冬げしき

文部省唱歌／石桁冬樹編曲　縦書き歌詞：155ページ　　（小学校5年生共通教材）

越天楽今様

慈鎮和尚作歌／日本古謡　縦書き歌詞：121ページ　　（小学校6年生共通教材）

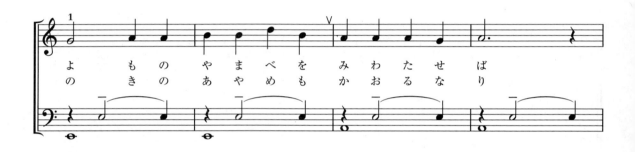

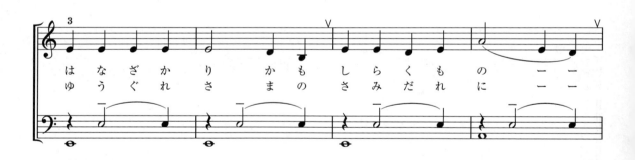

おぼろ月夜

文部省唱歌／高野辰之作詞／岡野貞一作曲　縦書き歌詞：159ページ　（小学校6年生共通教材）

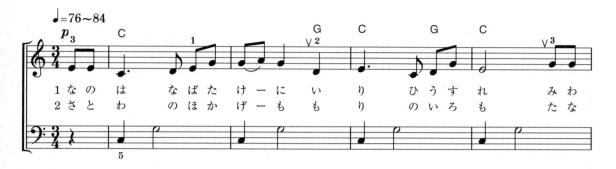

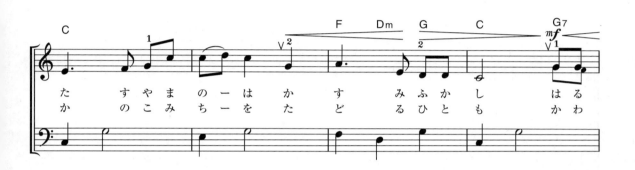

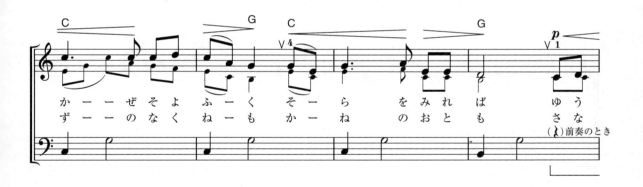

ふるさと

文部省唱歌／高野辰之(たかのたつゆき)作詞／岡野貞一(おかのていいち)作曲／浦田健次郎編曲　縦書き歌詞：161ページ　（小学校6年生共通教材）

われは海の子

文部省唱歌　　縦書き歌詞：163 ページ　　　　　　　（小学校 6 年生共通教材）

〔国歌〕君が代　　古歌／林　広守作曲

君が代は
千代に八千代に
さざれ石の
いわおとなりて
こけのむすまで

かたつむり 文部省唱歌 （小学校1年生共通教材）

一、でんでん むしむし
　かたつむり
　おまえの あたまは
　どこに ある
　つの だせ やり だせ
　あたま だせ

二、でんでん むしむし
　かたつむり
　おまえの めだまは
　どこに ある
　つの だせ やり だせ
　めだま だせ

かくれんぼ

文部省唱歌／林　柳波作詞／下総皖一作曲　縦書き歌詞：107ページ　（小学校2年生共通教材）

136　第二部　Ⅱ　歌唱教材

春がきた

文部省唱歌／高野辰之作詞／岡野貞一作曲　　縦書き歌詞：108ページ　　（小学校2年生共通教材）

うさぎ　日本古謡

（小学校3年生共通教材）

う　さぎ　うさぎ　なにみて　はねる　じゅうごや

お　つきさま　みては　——ね　る

〔伴奏編曲：川崎祥悦〕

うさぎ　うさぎ
何見て　はねる
十五夜お月さま
見て　はねる

140　第二部　Ⅱ　歌唱教材

茶つみ

文部省唱歌　　縦書き歌詞：113ページ　　　　　　　　　　　（小学校３年生共通教材）

ふじ山

文部省唱歌／巌谷小波(いわやさざなみ)作詞　縦書き歌詞：116 ページ　（小学校３年生共通教材）

♩=92〜100
poco rit.
mf a tempo
1 あ たま を
2 あ おぞ ら
mf
p
poco rit.
a tempo
mf
く もーの う えに だー し し ほう の や ーま を
た かーく そ びえ たー ち か らだ に ゆ ーき の
mf
み おろーしー て か みな り さーまーを し たに き
き もの－き－ て か すみ の すーそーを と おく ひ
mp
mp
mf
く ふ じ は に っ ぽ ん い ち の や ま
く ふ じ は に っ ぽ ん い ち の や ま
f
f

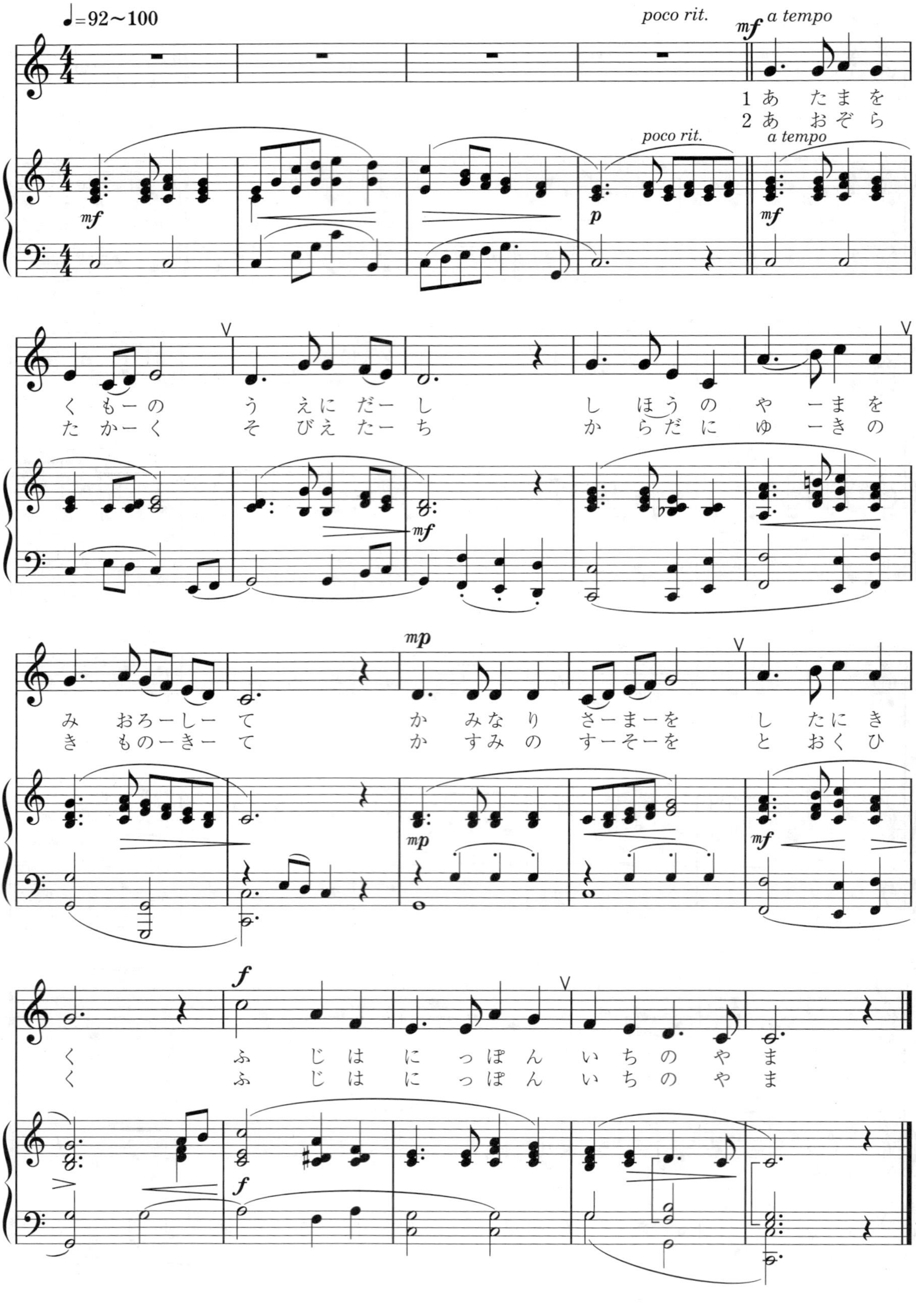

第二部 Ⅱ 歌唱教材　145

＊原曲では，この段のリズムは ♩.. ♪ ♩ になっています。

〔伴奏編曲：橋本祥路〕

一、かがやく日のかげ　はゆる野山
　　かがやく日のかげ　はゆる野山
　　ふもとを目がけて　スタートきれば
　　粉雪はまい立ち　風はさけぶ
　　風はさけぶ

二、飛ぶ飛ぶ大空　走る大地
　　飛ぶ飛ぶ大空　走る大地
　　一白かげなき　天地のうちを
　　ストックかざして　我はかける
　　我はかける

三、山こえ　おかこえ　下る斜面
　　山こえ　おかこえ　下る斜面
　　たちまちさえぎる　谷をば目がけ
　　おどればさながら　飛鳥の心地
　　飛鳥の心地

冬げしき

文部省唱歌／石桁冬樹編曲　　　　　　　　　　（小学校5年生共通教材）

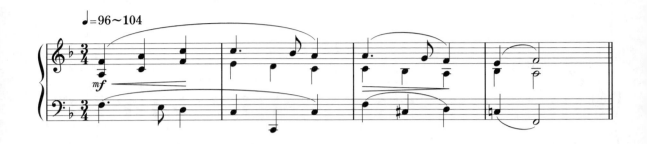

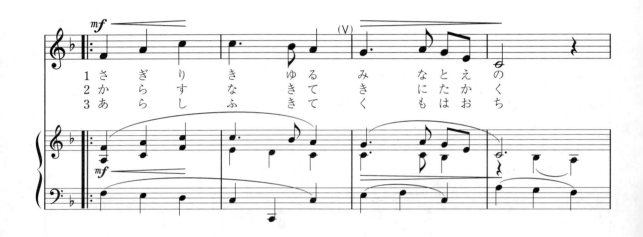

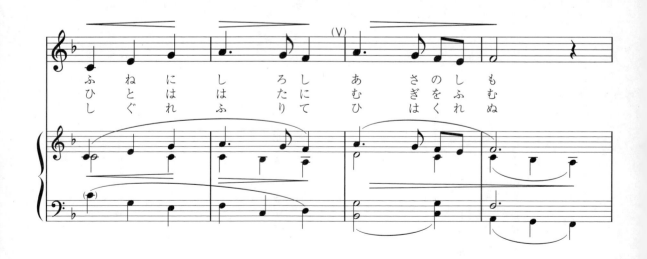

一、さぎり消ゆる　港江の
　　船に白し　朝のしも
　　ただ水鳥の　声はして
　　いまだ覚めず　岸の家

二、からす鳴きて　木に高く
　　人は畑に　麦をふむ
　　げに小春日の　のどけしや
　　返りざきの　花も見ゆ

三、あらし吹きて　雲は落ち
　　時雨ふりて　日はくれぬ
　　もしともしびの　もれこずば
　　それと分かじ　野辺の里

越天楽今様

慈鎮和尚作歌／日本古謡　縦書き歌詞：121ページ　　（小学校6年生共通教材）

＊参考として，鉄琴と鍵盤楽器のパートが加えられています。

〈リズム伴奏の例〉

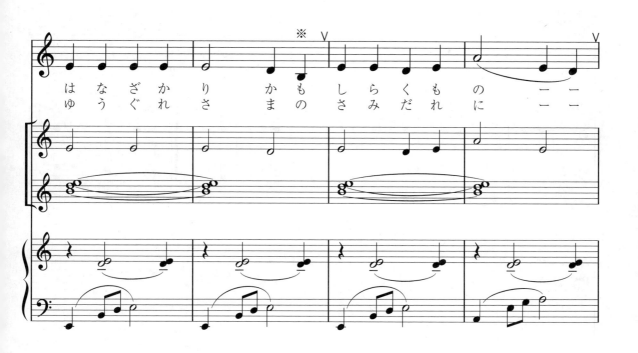

〔合奏編曲：浦田健次郎〕

＊リコーダーで演奏する場合，※の音は に変える。

一、菜の花畑に　入り日うすれ
　見わたす山の端　かすみ深し
　春風そよふく　空を見れば
　夕月かかりて　においあわし

二、里わのほかげも　森の色も
　田中の小道を　たどる人も
　かわずの鳴く音も　かねの音も
　さながらかすめる　おぼろ月夜

一、うさぎ追いし かの山
　　小ぶなつりし かの川
　　夢は今も めぐりて
　　忘れがたき ふるさと

二、いかにいます 父母
　　つつがなしや 友がき
　　雨に風に つけても
　　思いいずる ふるさと

三、志を 果たして
　　いつの日にか 帰らん
　　山は青き ふるさと
　　水は清き ふるさと

一、われは海の子　白波の
　さわぐいそべの　松原に
　けむりたなびく　とまやこそ
　わがなつかしき　住みかなれ

二、生まれてしおに　湯あみして
　波を　子もりの歌と聞き
　千里寄せくる　海の気を
　吸いて　わらべとなりにけり

三、高く鼻つく　いその香に
　不断の花の　かおりあり
　なぎさの松に　吹く風を
　いみじき楽と　われは聞く

〔国歌〕君が代

古歌／林　広守作曲

III 器楽教材

1 こいぬのマーチ

久野静夫作詞／作曲者不明／黒澤吉徳編曲

第二部 Ⅲ 器楽教材

威風堂々

エルガー作曲／長谷部匡俊編曲

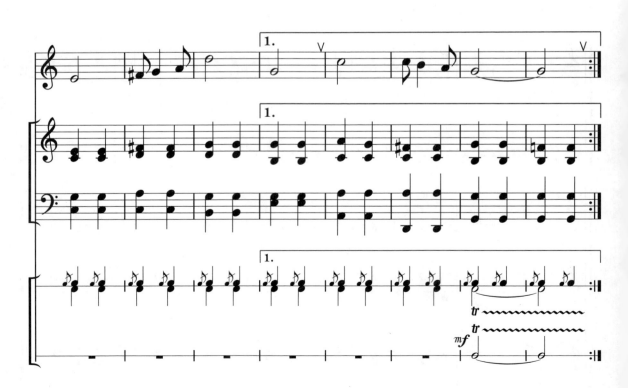

＊この合奏曲は，「威風堂々 第1番」の中間部を編曲したものです。

(𝄽)はここで終わるとき

Ⅳ 鑑賞教材

　p.175までに示した一覧表は，主に「西洋クラシック音楽」に括られる，鑑賞教材に適した楽曲群である。それぞれごく簡潔な情報にとどめ，なるべく多くの曲を挙げた。インターネット上にも多くの録音が公開されているので，一覧表の情報を手がかりに曲を聴き，児童の発達段階や題材にふさわしい楽曲を選択して教材研究を深めたい。

　曲は題名の五十音順に並んでいる（「組曲」や「歌劇」などの曲種が前についている場合は

1 鑑賞教材として考えられる曲一覧表

曲名		作曲者	生没年	国	①共	②民
アイネ クライネ ナハトムジーク		W.A.モーツァルト	1756〜1791	オーストリア		高
愛のあいさつ		エルガー	1857〜1934	イギリス		中高
赤ちゃん象（子象）の行進		マンシーニ	1924〜1994	アメリカ		低
アメリカン パトロール		ミーチャム	1856〜1909	アメリカ	1	低
〈アルルの女〉第1組曲から「鐘」		ビゼー	1838〜1875	フランス		中
〈アルルの女〉第2組曲から	ファランドール	ビゼー （死後，ギローが完成した）				
	メヌエット				3	
〈威風堂々〉第1番		エルガー	1857〜1934	イギリス		高
歌劇〈ウィリアム テル〉序曲		ロッシーニ	1792〜1868	イタリア	5	高
ウィーンの音楽時計		コダーイ	1882〜1967	ハンガリー		低
美しきロスマリン		クライスラー	1875〜1962	オーストリア →アメリカ		中
エンターテイナー		ジョプリン	1867?〜1917	アメリカ		低
おどる子ねこ		アンダソン	1908〜1975	アメリカ	1	低
おもちゃのシンフォニー		L.モーツァルト （W.A.モーツァルトの父）	1719〜1787	オーストリア	3	低
おもちゃの兵隊		イェッセル	1871〜1942	ドイツ	1	低
かじやのポルカ		ヨゼフ シュトラウス	1827〜1870	オーストリア	2	低
かっこうワルツ		ヨナッソン	1886〜1956	スウェーデン	2	低
3本のバイオリンと通奏低音のための〈カノンとジーグ〉ニ長調		パッヘルベル	1653〜1706	ドイツ		高

第二部　Ⅳ　鑑賞教材　171

主たる題名を基準とした）。次に，作曲者とその生没年，活躍した国を挙げた。「共」の欄にある数字は，かつて鑑賞共通教材に指定されていた際の配当学年であり，「段階」は鑑賞に適した学年段階の大まかなめやすである。「主な楽器」に楽器名が挙がっていれば，その楽器の音色を中心に，「管弦楽」のように編成を示したものは全体の響きを重視して聴きたい。また，たとえばワルツや行進曲などを探すときには「ジ

ャンル・形式」の情報が参考になる。

　p.176〜181には，我が国や郷土の音楽，諸外国の音楽を，鑑賞および表現の教材とする際に役立つ具体的なヒントが述べられている。

　どの曲を扱うにしても，まずは教師が繰り返し聴き深めることが，楽曲を教材として生かす出発点である。本書p.48〜55の「B鑑賞」，p.98〜101の「教材研究」の項目を合わせて参照し，鑑賞の教材選択と教材研究に役立ててほしい。

①…かつて鑑賞共通教材に指定されていた際の配当学年
②…鑑賞に適した学年段階の大まかなめやす（低：低学年　中：中学年　高：高学年）

主な楽器	ジャンル・形式	教材研究のヒント
楽器	弦楽合奏 セレナード・4楽章からなる	弦楽合奏と管弦楽との響きの違いを聴く。弦楽合奏では，ほかにホフシュテッター作曲（伝ハイドン）の〈セレナード〉，チャイコフスキー作曲〈弦楽合奏のためのセレナード〉も有名。
イオリン （原曲はピアノ）	ABAコーダ	原曲はピアノ独奏だが，バイオリンをはじめ様々な楽器で演奏される。柔らかなシンコペーションの伴奏と，滑らかで優美な旋律を味わう。
レート，チューバ，コンボーン	三部形式	8ビートのリズムに乗って，楽しい旋律を聴きながら，子象の歩く様子を想像する。チューバは象の鳴き声を模倣している。
弦楽 （または吹奏楽）	行進曲・複合三部形式	明るく親しみやすい旋律の行進曲。強弱の変化で，音楽隊が遠くからだんだん近づき，また遠ざかっていく様子を表している。拍の流れに乗って，体を動かしながら聴く。
弦楽	3つの部分からなる ABA'	4曲からなる第1組曲の終曲。「鐘」の名前はAの冒頭から主にホルンで模倣される鐘の音に由来。鐘の音はのどかな田園風景を表現した音楽に彩りを与えている。Bは変わって優しく静けさにあふれた曲想。
弦楽	3つの部分からなる	印象的な旋律で始まり，次いで踊りの様子を表した軽快な旋律とリズムが現れる。最後には，この2つのモチーフが重なり，華やかに展開される。管弦楽の変化に富んだ響きを味わう。
レート，ハープ	メヌエット・ 複合三部形式	フルートの主旋律とハープの伴奏の美しさを味わう。中間部の華やかな管弦楽，冒頭と同じ旋律に戻ったときのサクソフォーンの対旋律にも注意して聴く。
弦楽	行進曲・複合三部形式	中間部の旋律は有名で，CMやサッカーの応援，卒業式にも使われる。合奏用教材にもなっており，表現活動でも楽しめる。
弦楽	序曲・ 4つの部分からなる	夜明け，嵐，牧歌（静けさ），スイス独立軍の行進（行進曲）の4つの部分からなる。物語の情景を想像しながら聴く。
弦楽	小ロンド形式	組曲〈ハーリ ヤーノシュ〉の中の1曲。にぎやかな音楽時計が時を告げる様子が親しみやすい。
イオリン	ワルツ・三部形式	ロスマリンは，ローズマリーのこと。バイオリンの音色を味わう。また，バイオリンとチェロとの形や大きさ，音色の違いを理解する。
アノ	ラグタイム・ ABACD	ラグタイムは20世紀初頭のアメリカで流行した音楽ジャンル。シンコペーションのリズムと軽快な旋律を楽しんだり，動きを付けてみたりしてもよい。
弦楽	ワルツ・複合三部形式	バイオリンのグリッサンドが，猫の声を模倣している。親しみやすい旋律を聴きながら，ワルツのリズムに乗って体を動かしたり，回るように踊るのもよい。終わりには犬が登場する。
うちゃ，弦楽合奏	交響曲・3楽章からなる	1楽章アレグロ，2楽章メヌエット，3楽章は繰り返すごとにテンポが速くなり，にぎやかに終わる。弦楽合奏に，かっこうや鶯，うずらの笛，おもちゃのラッパや太鼓，ガラガラなどが加わる。
弦楽	複合三部形式	トランペットのファンファーレで，おもちゃの兵隊たちが行進を始める。拍の流れに乗りやすく，部分の移り変わりも明確で構成がとらえやすい。終わり方がおもしろい。
管弦楽	ポルカ・三部形式	作曲者は「ワルツの父」ヨハン シュトラウス1世の次男。鉄床を打つ槌の音が楽しい。
弦楽	ワルツ・複合三部形式	かっこうの鳴き声を模倣した音形や，鳥のさえずりを思わせるトリルが含まれる。
合奏，チェンバロ	カノン・シャコンヌ	3声部のバイオリンが，模倣しながらしだいに細かなリズムへ変化し，発展・高揚していく。一方，8つの和音からなる一連のパターンが全曲を通して繰り返され，安定感と統一感を与えている。

第二部　Ⅳ　鑑賞教材

歌劇〈カルメン〉から	前奏曲〜闘牛士の歌	ビゼー	1838〜1875	フランス		高
	第3幕への間奏曲					高
きらきら星の主題による変奏曲 ハ長調		W.A.モーツァルト	1756〜1791	オーストリア		高
口笛吹きと子犬		プライアー	1870〜1942	アメリカ		低
熊蜂の飛行（くまばちは飛ぶ）		リムスキー＝コルサコフ	1844〜1908	ロシア		低中
クラリネット ポルカ		ポーランド民謡				中
バレエ音楽〈くるみ割り人形〉から	行進曲	チャイコフスキー	1840〜1893		5	低
	アラビアの踊り					中高
	花のワルツ					
	こんぺい糖の精の踊り					
小犬のワルツ		ショパン	1810〜1849	ポーランド		中高
ミュージカル『サウンド オブ ミュージック』から	ドレミの歌 エーデルワイス	ロジャーズ	1902〜1979	アメリカ		低
	独りぼっちの羊飼い					
	私のお気に入り					
12の二重奏曲から 「アレグロ」		W.A.モーツァルト	1756〜1791	オーストリア		中
祝典序曲		ショスタコーヴィチ	1906〜1975	ロシア		高
シンコペーテッド クロック		アンダソン	1908〜1975	アメリカ		低
スケーターズ ワルツ		ワルトトイフェル	1837〜1915	フランス	4	低
双頭のわしの旗の下に		J.F.ワーグナー	1856〜1908	オーストリア		高
ソプラノリコーダー，弦楽合奏と通奏低音のための協奏曲 ヘ長調		G.サンマルティーニ	1695〜1750	イタリア →イギリス		中
滝 廉太郎の歌曲	荒城の月	滝 廉太郎／土井晩翠	1879〜1903	日本	5	高
	箱根八里	滝 廉太郎／鳥居 忱				
	花	滝 廉太郎／武島羽衣				
バレエ組曲〈ガイーヌ〉から 「剣の舞」		ハチャトゥリヤン	1903〜1978	ロシア		中
組曲〈展覧会の絵〉から	プロムナード	ムソルグスキー	1839〜1881	ロシア		中
	卵の殻を付けたひよこ（ひな）の踊り					低
組曲〈動物の謝肉祭〉から	白鳥	サン＝サーンス	1835〜1921	フランス	4	中
	めんどりとおんどり					低
	堂々たるライオンの行進					中

第二部　Ⅳ　鑑賞教材

ンバルなど打楽器	管弦楽用組曲（原曲は歌劇）	熱狂的なリズムと力強い響きで始まる。前奏曲は，打楽器が効果的に使われる行進曲。「闘牛士の歌」は，有名な旋律。
ルート，ハープ		フルートの情感豊かな旋律を木管楽器が受け継ぎ，管弦楽の響きが拡大したのち，しだいに消えていく。
アノ	変奏曲（主題と12の変奏）	主題と12の変奏曲からなり，終わりに向かうほど技巧的になる。主題は1770年ごろパリで流行した「ああ，お母さん聞いて」というシャンソンで，日本では〈きらきら星〉としてよく知られている。
弦楽	複合三部形式	オクターブの跳躍で始まる口笛の旋律から，自然に体が動き出すような感じを楽しむ。
弦楽（弦と木管が中心）	自由ロンド形式	歌劇〈サルタン皇帝の物語〉の中の1曲。白鳥の周りを飛ぶ熊蜂の「ブンブン」という羽音を模倣した音楽。
ラリネット	ポルカ・ロンド形式	ポルカはボヘミア地方の農民舞踊を起源にもつ2拍子の軽快な舞曲。クラリネットの広い音域を生かした旋律と，軽快なリズムを楽しむ。
弦楽	行進曲	金管楽器のファンファーレのあと，クリスマスツリーの周りを子供たちが踊る場面。
楽器，ホルン，ス クラリネット	三部形式	お菓子の国へやってきたクララとくるみ割り人形の王子をたくさんのお菓子の精が迎える。「アラビアの踊り」はコーヒーの精。東洋ふうの音楽は，元はジョージア地方の子守歌。
ープ，ホルン，ラリネット，ルート	ワルツ・ABCDA	こんぺい糖の精の侍女たちが，華やかに踊る。ディズニー映画『ファンタジア』（ストコフスキー編曲）を視聴して，音楽と映像の調和を味わうのもよい。
ェレスタ	三部形式	弦楽器のピチカートのあと，チェレスタの特徴的な音色と旋律を聴く。
アノ	ワルツ・複合三部形式	ショパンの恋人で女流作家のジョルジュ サンドが飼っていた，自分のしっぽを追ってぐるぐる回る癖のある犬の様子を表したといわれている。軽快に流れるように演奏される曲。
声，合唱，弦楽	ミュージカル	マリアとトラップ家の子供たちが歌う様子を映像付きで鑑賞したり，歌唱や器楽での表現活動も組み合わせたりしたい。エーデルワイスはオーストリア国花。
		ヨーデルはアルプス，チロル地方の民謡。子供たちもまねしてみたくなるだろう。
		短調ながら軽快な3拍子の曲。口ずさんだり，替え歌をつくったりしても楽しい。
ルン	ABAコーダ	簡素な構成をもった小品集の第8曲。楽譜に指定楽器がなかったことから，当初は2挺のヴァイオリンのための曲とされていたが，現在では管楽器（バセットホルン）用の作品との考えが主流。
弦楽（または吹奏楽）	序曲・ソナチネ形式	トランペットのファンファーレで始まり，次いでホルン，ヴァイオリン等の伴奏にのせてクラリネットによる軽快な旋律が始まる（第1主題）。この後，第2主題，展開部，冒頭のファンファーレを経て賑やかなコーダで締めくくられる。わかりやすい構成と明るい，賑やかな雰囲気をもつ。十月革命30周年を記念して作曲された。
ッドブロック，ベル，イオリン，オーボエ	AA'BA'	主題を口ずさんだり，時計の振り子やベルの音を身体表現する。同じ作曲家の〈タイプライター〉〈サンドペーパー バレエ〉も，楽器以外のものを使っていて楽しい。
弦楽	ワルツ（序奏ABCA）	19世紀後半，パリではスケートが大流行。そうしたスケートをする人々の様子を表したワルツ。ワルトトイフェルは，当時シュトラウス父子に並ぶ代表的なワルツ作曲家として有名。
奏楽	三部形式	「双頭のわしの旗」とはハプスブルク家の紋章を付けた軍旗のこと。作曲者はオーストリアの軍楽隊長を務めていた。序奏のファンファーレ，穏やかな第1マーチ，勇壮な第2マーチ等，それぞれの部分の曲想の変化や，どの楽器が主旋律を受け持っているのかに注目しながら聴いてもよい。
コーダー，管弦楽	協奏曲・3楽章からなる	バロック時代，特にイタリアにおいてリコーダーの技術が高度に発達した。G.サンマルティーニが活躍したイギリスでもリコーダーが流行し，この作品もそうした背景のもとに生まれた。リコーダー ソロは名人芸的で，旋律も明るく親しみやすいものになっている。芸術楽器としてのリコーダーのよさを味わいたい。
合唱，合唱，合唱など	二部形式	滝 廉太郎は，日本人として初めて本格的な西洋音楽のスタイルで作曲し，芸術的な歌曲を残した。「花」は組歌〈四季〉の1曲で，女声2部合唱。ほかの2曲は当初主旋律のみ発表されたが，現在は様々な合唱の形態とその響きを味わって鑑賞することが多い。〈荒城の月〉は山田耕筰の補作編曲が有名。
	通作形式	
	3部分からなる有節形式	
弦楽	三部形式	バレエ組曲〈ガイーヌ〉の1曲。クルド人が剣を持って踊る戦いの踊りの場面で，激しく躍動するリズムが特徴的。シロフォン（木琴），アルトサクソフォーンの響きにも注意したい。
弦楽（ヴェル編曲版）（曲はピアノ）	三部形式	トランペットの響きと管弦楽のコントラストが印象的。展覧会の会場を歩く，ムソルグスキー自身の姿を表しているといわれる。
	スケルツォ	描写性に富んでおり，鳴きながらせわしなく動くひなの様子が，速いテンポの旋律に表れている。題名を知らなくても，イメージが膨らむような曲。
ロ，ピアノ はハープ	小三部形式	14曲からなる組曲で，各曲に動物をイメージした標題が付けられている。ほかに「亀」「象」「カンガルー」「水族館」など。何の動物を表しているか考えたり，場面や情景を想像したり，演奏されている楽器の音色を味わったりするとよい。
ノ，クラリネット	二部形式	
ノ，コントラバス	序奏ABA'	

トランペット吹きの休日		アンダソン	1908～1975	アメリカ		中
トルコ行進曲		ベートーベン	1770～1827	ドイツ	2	低中
トルコ行進曲		W.A.モーツァルト	1756～1791	オーストリア		低中
人形の夢と目覚め		エステン	1813～1870	ドイツ		低
バレエ音楽〈白鳥の湖〉から第2幕	情景	チャイコフスキー	1840～1893	ロシア		中高
	四羽の白鳥（の踊り）					中高
ハンガリー舞曲	第5番	ブラームス	1833～1897	ドイツ		高
	第6番					
ピーターとおおかみ		プロコフィエフ	1891～1953	ロシア		中高
ピーナッツ　ベンダー		モイセス　シモン	1889～1945	キューバ		中
ブラジル		バホーゾ	1903～1964	ブラジル		中
〈ペールギュント〉第1組曲から	朝（の気分）	グリーグ	1843～1907	ノルウェー	6	中
	山の魔王の宮殿にて					中
組曲〈ホルベアの時代より〉から「プレリュード」		グリーグ	1843～1907	ノルウェー		高
ホルン協奏曲 第1番 ニ長調 第1楽章		W.A.モーツァルト	1756～1791	オーストリア	4	中
ピアノ五重奏曲〈ます〉第4楽章		シューベルト	1797～1828	オーストリア	5	高
交響詩〈魔法使いの弟子〉		デュカース	1865～1935	フランス		中
歌劇〈魔笛〉から「パパゲーノとパパゲーナの二重唱」		W.A.モーツァルト	1756～1791	オーストリア		中
メヌエット ト長調		ペツォルト	1677～1733	ドイツ		低
メヌエット ト長調		ベートーベン	1770～1827	ドイツ	3	中
山田耕筰の歌曲	赤とんぼ	山田耕筰／三木露風	1886～1965	日本	6	高
	この道	山田耕筰／北原白秋				
	待ちぼうけ					
ラデツキー行進曲		ヨハン シュトラウス 1世（父）	1804～1849	オーストリア		低
管弦楽組曲〈惑星〉から「木星」		ホルスト	1874～1934	イギリス		高

ランペット	複合三部形式	3本のトランペットが，運動会でおなじみの軽快な旋律を奏でる。楽器の音色に親しむ。〈トランペット吹きの子守歌〉もアンダソンの作曲。
弦楽 たはピアノ	行進曲・ＡＢＡＢＡコーダ	18世紀後半にヨーロッパで流行した，トルコの軍楽のリズムが取り入れられている。ベートーヴェンとW.A.モーツァルトを聴き比べたり，トルコの軍楽を聴いてみたりする。ベートーヴェンのほうは，トルコ軍がだんだん近づき，遠ざかっていく情景を強弱で表現している。
アノ	行進曲・ＡＢＡコーダ	
弦楽（原曲はピアノ）	ＡＢＣコーダ	「こもりうた」「人形のねむり」「人形のめざめ」「人形のおどり」等，各部分の音楽表現に合わせた標題がそれぞれに設けられているので，場面や状況を想像しながら聴くことができる。
ーボエ，管弦楽	3部分からなる	組曲の中でいちばん有名な曲。ハープの短い序奏に続いて，オーボエが主旋律を演奏する。オーボエにとって最も美しい音域が使われており，楽器の音色を生かしている。
ーボエ，ファゴット， 弦楽	小三部形式	小さい白鳥たちの踊り。ファゴットの低音の上に展開される，オーボエと弦楽器の旋律の展開に注目しながら聴く。
弦楽 曲はピアノ連弾）	複合三部形式	テンポの変化（ハンガリー音楽独特の，躍動的な部分「フリスカ」と，緩やかな部分「ラッサン」の対比）を感じて聴く。長調と短調の違い，強弱の変化と，ダイナミックな管弦楽の響きを味わう。
弦楽	交響的物語	プロコフィエフ自身の台本による，管弦楽と朗読による音楽童話。ピーター（弦楽合奏）が元気に牧場に出かけ，小鳥（フルート），あひる（オーボエ），猫（クラリネット）に出会い…。それぞれの登場キャラクターが何の楽器で表されているか，それぞれの動きや気持ち，場面の状況をどう表現しているかを聴く。
と伴奏	ルンバ キューバン・ソン	邦題は「南京豆売り」。1930年代初頭にヒットし，ルンバブームを生み出した作品。明るく軽快な曲調が親しまれている。「ブラジル」と併せてラテン音楽の一つとして聴いてもよい。
ター，フルートなど	サンバ	原題は「ブラジルの水彩画」，日本では「ブラジル」「サンバ・ブラジル」として親しまれているサンバの代表的な作品。ボサ・ノヴァや吹奏楽版でのアレンジなども有名。ブラジルの風景や歴史を軽快で華やかに表現した作品。情景を思い浮かべながら聴く他，世界の諸民族の音楽の視点から学ぶこともできる。
弦楽	前奏曲・3部分からなる	「朝の気分」では8分の6拍子の特徴的な旋律や，音の色彩の変化を味わう。モロッコの海岸において徐々に日が昇り，すがすがしい朝を迎える様子が描写されている。「山の魔王の宮殿にて」は同じ主題が様々な楽器で繰り返され，徐々に激しさを増していき，最後は緊張感を保ったまま曲が終わる。トロルが魔王の宮殿で踊る場面で演奏される。第1組曲にはほかに「オーゼの死」「アニトラの踊り」があり，第2組曲の4曲と合わせてペールの冒険物語が展開される。
弦楽	ＡＡＡ’コーダ	
楽（原曲はピアノ）	前奏曲・3部分からなる	バロック組曲の形式をとった，5曲からなる組曲の第1曲。八分音符＋十六分音符（♪♫）のリズムパターンはこの曲の骨格ともいえ，曲全体の躍動感，疾走感を演出している。
ン，管弦楽	協奏曲・ソナタ形式	独奏ホルンと管弦楽が，のびやかな旋律を交替で演奏する。ホルンの構造や成り立ちに興味をもち，丸みのある音色に親しむ。
アノ，バイオリン， ラ，チェロ， ントラバス	変奏曲（主題と5つの変奏，コーダ）	主題を繰り返し聴いてから，変奏を聴きたい。第1変奏はピアノ，第2変奏はビオラ，第3変奏はチェロとコントラバス，第5変奏はチェロが主題を担当している。それぞれの変奏の在り方や楽器の特徴に注意して聴く。歌曲〈ます〉の鑑賞，歌唱や器楽の表現活動も取り入れたい。
弦楽	交響詩・序奏とスケルツォ	お話（物語の原文はゲーテによる）を聞き，場面の様子を想像しながら聴く。ディズニー映画『ファンタジア』（ストコフスキー編曲）を視聴し，音楽と映像の調和を楽しむ。
アノ，バス 弦楽	二重唱	鳥刺しパパゲーノと恋人パパゲーナによる二重唱。パパゲーノによる「パ・パ・パ…」の歌い出しに対して，パパゲーナがそれに答えるように歌う。声の重なり，二人のかけ合いやリズムの変化等を楽しんで聴くことができる。ある国の王子タミーノとパパゲーノが，夜の女王の娘パミーナを救いに行く物語のクライマックスで演奏される。
ンバロ はピアノ	メヌエット・複合三部形式	従来，J.S.バッハの作曲とされてきた愛らしい小品。合奏教材としても用いられる〈ラバースコンチェルト〉の原典でもある。
オリン 曲は管弦楽）	メヌエット・複合三部形式	メヌエットは，フランスが起源の3拍子の舞曲。バイオリンの音色を味わう。付点のリズムが多用されるＡの部分と，レガートとスタッカートの変化に富んだＢの部分の対比を感じ取る。
	一部形式	情感豊かな歌詞と，日本語の歌詞を大切にした旋律を味わう。日本歌曲の美しさに触れるとともに，声の種類についても理解する。
	有節形式	韓非子の寓話が元になっている。ユーモラスな歌詞・旋律と軽快なテンポが特徴的な曲。
楽	行進曲・複合三部形式	作曲者は，〈美しく青きドナウ〉をつくったヨハン シュトラウス2世の父で，〈ワルツの父〉といわれる。手拍子などで拍の流れを感じながら，管弦楽を楽しむ。
楽	3部分からなる（ＡＢＣＡ）	大編成の管弦楽が，壮大な宇宙を想像させる。中間部は〈ジュピター〉として親しまれている旋律。

（有本真紀・長井覚子）

2 鑑賞教材の解説

（1）我が国や郷土の音楽，諸外国の音楽

「3　内容の取扱い」(3)アには，児童がいろいろな種類の音楽に親しむようにし，児童の発達の段階に応じて適切な教材を選択するための観点が位置付けられている。「我が国や郷土の音楽，諸外国の音楽」については次のように示されている。

・我が国及び諸外国のわらべうたや遊びうた（低学年）
・和楽器の音楽を含めた我が国の音楽，郷土の音楽，諸外国に伝わる民謡など生活との関わりを捉えやすい音楽（中学年）
・和楽器の音楽を含めた我が国の音楽や諸外国の音楽など文化との関わりを捉えやすい音楽（高学年）
※下線筆者

キーワードは，「生活との関わり」，「文化との関わり」である。いろいろな種類の音楽の中でも，我が国の音楽や諸外国の音楽は，それぞれの音や音楽と人々の生活や文化などとの関わりの中で意味あるものとして存在している。児童にとって興味・関心をもちやすく，人々の生活との関わりを捉えやすい音楽，我が国の伝統や文化への理解を深めやすく，諸外国の文化の興味・関心をもたせやすい曲を教材として選択することが大切となる。

ここでは，題材の具体的な授業展開を示しながら，我が国や郷土の音楽，諸外国の音楽からいくつかの鑑賞教材を取り上げ，具体的な指導法を含めて解説する。

（2）実践事例

1．子守歌を味わおう

日本の子守歌の多くは，もの悲しさを秘めているように感じられるのに対して，西洋の子守歌は穏やかさに満ちているように感じられる。

ここでは，〈江戸子守歌〉，〈竹田の子守歌〉，〈シューベルトの子守歌〉を取り上げる。

これらの教材を扱う際には，歌詞を味わいながら一緒に歌う活動を取り入れるとよい。それぞれの曲の比較を通して，音楽の特徴と人々の生活や文化との関わりについて考え，それぞれの曲の特徴を理解しながら，曲のよさなどを見いだしていけるようにすることが大切である。

①子もり歌（江戸子守歌）

この曲は，陰音階の穏やかな美しい子守歌で，伝承の過程において，陽音階で歌われたり両方が混ざり合って歌われたりすることもあった。江戸寿獅子の獅子が眠る場面では，陰音階の美しい〈子もり歌〉の旋律が篠笛のソロで奏でられている。教師が，実際に赤ん坊を寝かしつけるときのように無伴奏で歌って聴かせると，この歌のよさが児童に伝わるであろう。その際，楽譜に記された旋律の音高にとらわれる必要はなく，赤ん坊にそっと語りかけるように，無理なく自然に歌える音高で歌うようにしたい。

②竹田の子守歌

まず，歌詞を提示してみよう。

1）守もいやがる　盆からさきにゃ
　　雪もちらつくし　子も泣くし
2）盆が来たとて　何うれしかろ
　　かたびらはなし　帯はなし
3）この子よう泣く　守をばいじる
　　守も一日　やせるやら
4）はよも行きたや　この在所越えて
　　むこうに見えるは　親のうち
　　むこうに見えるは　親のうち

ここでは，歌詞から想像できる，当時の人々の生活や文化など曲の背景について考えさせる。子守をしているのは，まだ10歳になるかならないかの少女であると想像される。泣く子の子

守をしながら，自分の方こそ泣きたい気持ちで，親の家に早く帰りたいと願っていることが読み取れる。お盆が来ても，きれいな着物も帯もないし，お盆が過ぎれば寒くなるばかりという，子守をしている少女の生活や気持ちを読み取らせる。それが，どのような音楽の雰囲気や表情と結び付いているのかについて捉えさせたい。

また似たような子守歌に，〈五木の子守歌〉がある。この歌には，次のような歌詞がある。

> おどんがうっ死んだちゅうて
> 誰が泣いてくりょか
> うらの松山　蝉が鳴く

辛さ，寂しさに耐えながら，健気に子守をする娘の心の叫びを，悲しくも美しい子守唄の旋律にのって，現代を生きる児童に感じ取らせたい。日本の子守歌の多くが陰音階であることも，日本の子守の文化と関連付けて考えられるだろう。

③シューベルトの子守歌

子守歌には，作曲者名の明記された曲も存在する。ここでは〈シューベルトの子守歌〉（日本語詞：内藤濯）を取り上げてみよう。

> 1）眠れ眠れ　母の胸に
> 　　眠れ眠れ　母の手に
> 　　こころよき歌声に
> 　　結ばずや　たのし夢
> 2）眠れ眠れ　母の胸に
> 　　眠れ眠れ　母の手に
> 　　あたたかき　そのそでに
> 　　包まれて　眠れよや

寝かしつけているのは母であり，姐やではない。「赤とんぼ」の2番の歌詞に「十五で姐やは嫁に行き　お里のたよりも絶えはてた」とある。

このように子守歌は，児童が，我が国や諸外国の文化に興味・関心をもつきっかけになると考えられる。

2．郷土の音楽に親しもう

児童が生活を営むその土地に伝わる郷土芸能を教材化することは大切なことである。赴任した地域にどのような芸能があるのかをリサーチし，その地域に伝わる芸能があったら，教師自身が短期間であっても地域の教室に稽古に通ってみることを勧める。地域の方々は，児童のために惜しみなく力を貸して下さる。また，学校と地域が連携することで，学習に深まりと広がりが生まれる。伝承者の方々との信頼関係を築きつつ教材化を図ることが理想である。

〈神田囃子〉などの祭囃子，〈ねぶた祭〉〈祇園祭〉などの郷土の音楽には，大抵は締め太鼓・大胴・笛・当り鉦・摺り鉦等によるお囃子がある。ここではこのお囃子を切り口として郷土の音楽に親しむ授業を提案する。

①生活の中でのお囃子

夏祭りが近づいてくると，町の公民館で笛や太鼓の稽古が始まり，お祭りの当日は，山車の上で胸を張って，お囃子を演奏する子供たちの姿を見ることができる。

こうした祭囃子や郷土芸能と呼ばれる踊りや山車，太鼓，掛け声等による芸能は，人が生活する中で，超人的な存在を招き呼び，感謝や祈り，願いをささげる儀式として始まったものがほとんどである。

授業でお囃子や祭りを取り扱う場合，どのように取り組めばよいのだろうか。これまでも述べてきたように，鑑賞教材として扱う場合でも，その背景を理解したり，少しだけでも疑似体験をすることで，身近なものと感じ，親しむことができる。例えば〈神田囃子〉であれば，次のことは知識として理解させたい。

(1)正月や祭りの祝いや，悪霊払いで演奏され，

庶民の生活の中で受け継がれてきたもの
(2)文献によらず口伝されてきたもの
(3)戦争中は中断されたが、戦後、地元の人たちが復興し、昭和28年には東京都の無形文化財となったこと。さらに、都や区、地域によって大切に守り伝えられてきたこと。

　このようなことは、地域の保存会の方に語っていただけるとよい。例えば〈神田囃子〉の神田明神がある千代田区立お茶の水小学校では、3年生が放課後、神田囃子の稽古場を訪ね、地域の方と一緒に練習するという体験学習を行なっている。また、学区域に浅草寺がある浅草小学校では、地域行事参加、地域の教材化、人材活用等が学校の経営方針に掲げられていて、生活社会の中の音楽と、学校での学びとが一体となって実現されるようカリキュラム・マネジメントがなされている。学区域に「お囃子」があるなら、ぜひ前向きにチャレンジしてほしい。

② 「口唱歌(くちしょうが)」を切り口に

　江戸囃子を扱う際、限られた授業の中で最も大切にしたいことは、締め太鼓、大胴、笛、当り鉦等が絶妙に重なり合い、「間合い」でつくりあげていくお囃子特有の音楽の特徴を、児童が実感を伴って理解することである。その学びの鍵となるのが「口唱歌」である。

　お囃子を五線紙に書き取り、オーケストラのようなスコアをつくりあげても、それではお囃子を理解したことにはならない。

　　ドンドコドンといえば・・・
　　ドンドンカッカッといえば・・

　多くの日本人は、大太鼓を前にしたとき、この口唱歌を歌えることができれば、それに合わせて太鼓を打つことができるだろう。お囃子も同様である。小学校の段階では、締め太鼓の口唱歌を歌い、口唱歌を歌いながら締め太鼓を打つ経験をもつようにすることが、鑑賞の学びを深めていく上でも大切である。そのような学習を経験していれば、様々なお囃子を聴いたとき、締太鼓の音が、口唱歌で聴こえてくるようになる。

　では、授業展開場面を示してみよう。

口唱歌を手掛かりに、締太鼓を打ってみよう！
(1)黒板に下記の口唱歌を貼る。
　みんなで口唱歌を歌う。
(2)グループで試行錯誤しながら打ち方を考える。

第二部　Ⅳ　鑑賞教材

(3)発見⇒新たな課題

もう一度，締太鼓の演奏を聴いてみましょう。演奏を聴いて，気付いたことを発表してください。

鳴っていない音がある

「ツクツク」は言葉はあるけど音が鳴っていない！

「ス」も鳴っていない

「ヤ」って心の中で言っているのかな　なぜ音がないところも唱歌があるんだろう？

(4)全体で交流⇒新たな課題の追究

じゃあ，音がないところの唱歌は無しで打ってみよう！

音がないところの唱歌を抜くと分からなくなっちゃうね

だから音がないところも言葉を入れたんだね！すごい！日本人の知恵だね！

(5)深まり

「テテ」とか「ツクツク」とか「スケ天」とか，唱歌が弾んでいて，音も弾んでいるよね

お囃子を聴くと，心がウキウキしてくるのは，音が弾んでいるからかもしれないね

他に，笛や当たり鉦や大胴などが入って，みんなで息を合わせて演奏するから楽しいんだね

日本人は，こうやってみんなでお囃子を演奏しながら，仲良く明るく，助け合って生きてきたのかもしれませんね。

最後にもう一度お囃子を聴く。

　始め，「聴いたことはあるけれど，なんかよくわからないなあ～」「なんか懐かしい感じはするけれど，音楽の仕組みが分からないなあ」と感じたお囃子が，唱歌を学び，ほんの少し体験学習を取り入れるだけで，主体的に鑑賞ができるようになる。締太鼓の音が口唱歌で聞こえてきたり，実際に手を締太鼓の音に合わせて動かしながら鑑賞する子供の姿もみることができる。

　日本では，老若男女が何百年もの間，口伝の口唱歌で芸を守ってきた。その伝承の過程で少しずつ変化し，流派に分かれていった。ゆえに，全く同じ演奏をしているお囃子はないと考えてよいだろう。

　これからはカリキュラム・マネジメントの中で，地域とのつながりを生かした授業設計が重視される。その地域で伝承されてきた「芸」を尊重して地域とつながりながら，郷土の音楽に取り組みたい。

3．各地の郷土芸能を扱う

・教科横断的に扱う

　北海道の〈ソーラン節〉，徳島の〈阿波踊り〉，青森の〈荒馬踊り〉，山形の〈花笠踊り〉，沖縄の〈エイサー〉などは，日本各地の小学校で民舞として学びに取り入れられている。同じ大和言葉を話す日本の郷土芸能として，地域を越えて運動会や音楽会，地域の行事などと関わらせ，体育科や図工科などと連携しながら総合的に学びを深めるのに有効である。

・〈ソーラン節〉を歌詞譜で扱う

　〈南中ソーラン〉や〈よさこいソーラン〉を小学校・中学校の運動会で踊った経験をもつ人は多い。この元となっている〈ソーラン節〉（北海道民謡）には鑑賞からだけでなく，歌詞譜を用いた表現の活動も取り入れて，更に学びを深めたい。その際，右の歌詞譜の活用は，旋律や歌い方の特徴を理解し，表現を工夫する上で有効である。これは，「中学生の音楽1」（教育芸術社）に掲載されている伊藤多喜雄による〈ソーラン節〉の音源を基に筆者が作成したものである。口伝による民謡は様々な歌われ方をしているが，ここでは伊藤多喜雄が歌う〈ソーラン節〉の歌詞譜を頼りに一緒に歌って楽しむ展開を紹介する。この曲は，三味線伴奏も極めて平易である。

　実践のポイントの一つは，五線譜やピアノ伴奏に頼らず，歌詞譜と和楽器による伴奏で，民謡の楽しさを実感させることである。

○〈ソーラン節〉の歌詞譜を見ながら，音源と一緒に歌う。

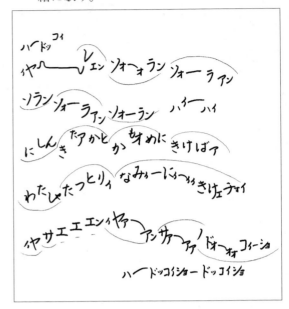

○手拍子と口三味線の伴奏にのって歌う。

〔調弦は本調子（レソレ）〕

　1拍目はどこも押さえず，3本の糸を同時に「シャン」と打つ。次の音は二の糸の4の勘所を押さえ，二の糸だけをねらってバチッと打つが，他の糸にバチがあたっても何ら問題はない。「シャーンシャ」のリズムを繰り返し打つだけで，元気な歌声を支える十分な伴奏となる。

　学校行事を生かし，体育科と音楽科の教科横断的な学習を実現したい。

4．諸外国の音楽に親しもう

　高学年の教科書には声や楽器による諸外国の音楽が紹介されている。これらの学習こそ，実際に鳴り響く歌声や楽器の音を聴き取るだけではなく，その音楽を生み出した背景にある人々の暮らしや文化を理解することが重要である。

①声の音楽のよさを味わう

次のような音楽を扱うことが考えられる。

○**ヨーデル**／ヨーロッパのアルプス山麓の牧童たちが仲間と呼び交わすのに使用した独特の裏声の表現が元になっている。

○**ホーミー**／アルタイ山脈周辺の地域の伝統芸能で，叙事詩や賛歌を装飾する目的で発達したと考えられている。倍音を口の中で響かせて1人の声でハーモニーをつくる。たいへん高度な技術を要する「驚異の唱法」と呼ばれている。

○**アフリカン アメリカン スピリチュアル**／アメリカ大陸に労働力として連行されたアフリカの人たちがもつ特有の跳躍するリズムや口承の伝統などと，ヨーロッパ讃美歌などの音楽的・詩的感性とが融合して，現在のゴスペルの基調となる，アフリカン アメリカン スピリチュアルが生まれたといわれている。

○**ケチャ**／インドネシアのバリ島で行われる男声合唱，または呪術的な踊りに伴う舞踏劇である。もともとはバリ島の伝統的な舞踊で，疫病がはやったときなどに祖先の霊を招き，加護を求めるものであったが，現在のケチャは，『ラーマー ヤナ』の物語を題材とする舞踏劇の様式で演じられている。

②〈ケチャ〉の音声表現活動を行う

　諸外国の音楽の中から，体験することにより仕組みが分かり，理解が容易に深まる〈ケチャ〉について事例を示す。

　〈ケチャ〉にはいくつかのパートの言葉を打楽器のように重ねて表現する面白さがある。

　下記は〈ケチャ〉の各パートの重ね方の一例を示したものである。

　次のように授業を展開することが考えられる。

(1)〈ケチャ〉が掲載されている教科書を見ながら，映像を視聴し，感想を共有し，地域の生活や文化との関わりを一緒に考える。

(2)ケチャを実演し，演奏の仕組みを理解する。

・全員で，プニャチャからプニャンロットまで「チャ」にアクセントを付けて表現する。

・クラス全体で，2 ➡ 3 ➡ 4 とパートを増やしながら，アンサンブルを楽しむ。

・グループでアンサンブルに取り組む。

・8回繰り返す。その際，強弱を工夫する。

・始め方：6拍の手拍子とともに，以下をリーダーが唱える。

シリ	リリ	ブーーン	ブーーン	ブーーン	●	チャ	チャ	チャ

(3)実演したのちに，もう一度ケチャを視聴し，そのよさをじっくりと味わって聴く。感想を共有し，時間があれば，感想の交流で気付いたことを視点に，再度鑑賞する。　　　　（山内雅子）

	1		2		3		4		5		6		7		8	
プニャチャ	チャ	ク	チャ	ク	チャ	ク	チャ	ク	チャ	ク	チャ	ク	チャ	ク	ク	ク
チャク・リマ	ク	ク	チャ	ク	ク	チャ	ク	ク	チャ	ク	チャ	ク	ク	ク	チャ	ク
チャク・ナム	チャ	ク	ク	チャ	ク	チャ	ク	ク	チャ	ク	ク	ク	チャ	ク	チャ	ク
プニャンロット	ク	チャ	ク	ク	チャ	ク	ク	チャ	ク	ク	チャ	ク	ク	チャ	ク	チャ

付　録

1　日本における音楽教育の歩み …………………… 184
2　楽典 ……………………………………………………… 188
　　(1) 譜表と音名 ………… 188
　　(2) 拍子とリズム ……… 188
　　(3) 音符と休符 ………… 189
　　(4) 音程 ………………… 190
　　(5) 音階 ………………… 190
　　(6) 調とその関係 ……… 191
　　(7) 和音と和声 ………… 192
　　(8) 音楽の形式 ………… 194
　　(9) 用語と記号 ………… 195
　　(10) 指揮法 …………… 198
3　音楽史年表 …………………………………………… 200
4　小学校学習指導要領　総則 ……………………… 204
5　小学校学習指導要領　音楽 ……………………… 210
6　中学校学習指導要領　音楽 ……………………… 216
7　幼稚園教育要領（抜粋）…………………………… 220

付録1 日本における音楽教育の歩み

（1）江戸時代の音楽と子供たち

　近代までの長い歴史のなかで，日本には豊かな音楽文化が育まれてきた。江戸時代に目を向ければ，武士たちは能楽を嗜み，貴族たちの集う宮廷では雅楽が演奏された。一般庶民が楽しむ芸能として歌舞伎があり，農漁村では仕事歌として発展した民謡が各地域に根付いていた。

　江戸時代の「学校」としては，武士の子供のための藩校や，庶民の子供のための寺子屋がよく知られている。寺子屋では，「読み書きそろばん」に次いで重要な教育内容として〈謡〉の伝授が行われた。冠婚葬祭の場で慶弔の気持ちを「謡う」ことができるのは当時の社会人としての心得とされ，祝言の歌謡を習うことは，極めて実用的な教育の一つであった。

　また，子供たちは子守唄やわらべうたを通して音楽と出会った。わらべうたは，子供たちの集団生活の中で自然発生的に生み出された歌である。年長者から年少の子供へと遊びを通して伝承されるため，同じ遊びのための歌でも，地域により様々なヴァリエーションが存在する。このように，近代教育制度が確立されるまでの日本の子供は，属する社会階層に応じて，また各地域の生活の中で音楽と出会い，それらに親しんできたのである。

（2）近代学校音楽教育の黎明

　1872（明治5）年，日本初の近代学校制度を定めた「学制」が頒布され，小学校には「唱歌」という教科目が置かれた。これが日本における近代学校音楽教育の始まりである。しかし，教科目「唱歌」には「当分之ヲ欠ク」という但し書きが付された。欧米の学校制度に倣ってとりあえず「唱歌」を置いたものの，江戸時代までは階層ごとに親しむ音楽が異なっていたこともあり，近代式の公教育でどのような教材を選択すればよいかという点で実施は困難を極めた。

　1879年（明治12）年，文部省内に音楽取調掛（のちの東京音楽学校）が設置され，米国で当地の教育事情を学んできた伊澤修二がその長に任命された。伊澤は，①東西二洋ノ音楽ヲ折衷シテ新曲ヲ作ル事，②将来国楽ヲ興スベキ人物ヲ養成スル事，③諸学校ニ音楽ヲ実施スル事，の3点の実施が必要であるとする「音楽取調ニ付見込書」を文部卿に提出した。西洋的であることが近代的であり文明的であるとされた当時にあって，西洋と東洋の音楽を折衷した新たな「国楽」を起こすべきとしたのである。

（3）唱歌教育の普及

　音楽取調掛では，L.W.メーソンを米国より招聘し，音楽教員の養成と唱歌教材の作成を進めた。1882年（明治15）年には，日本初の音楽教科書である音楽取調掛編『小学唱歌集』（全3編）が発行された。掲載された曲のほとんどは外国曲の旋律に日本語歌詞を付したものである。例えば今でもよく知られる《蛍の光》（当時の曲名《蛍》）はスコットランド民謡の旋律が採用された。また《むすんでひらいて》（当時の曲名《見わたせば》）は賛美歌の旋律が採用され，現在とは全く異なる歌詞が付された。

　音楽取調掛では，1884（明治17）年以降，全国の府県から音楽伝習生を募集する。伝習生

は唱歌やオルガン，音楽教授法などについて学び，各地方における唱歌教育の普及に活躍した。

　教材作成と唱歌教員の養成が進む一方で，社会全体の動向とも連動する形で唱歌教育は普及していく。1889年（明治22）年の「大日本帝国憲法」の発布に続いて1890（明治23）年に「教育勅語」が発布されると，その翌年の1891（明治24）年には「小学校祝日大祭日儀式規程」が発布された。これに伴い《君が代》《勅語奉答》等8曲が儀式用唱歌として指定され，祝日になると全国の小学校で歌うことが義務付けられた。この規定は太平洋戦争終結まで続いた。天皇制国家主義体制強化の手段として音楽が利用されたという側面がある一方，これによって唱歌教育が普及したのも事実である。その後，1907（明治40）年には「小学校令」が改正され，尋常小学校の「唱歌」は必修科目となる。以降，全国で「唱歌」の授業は一般的なものとなる。

（4）教材としての唱歌の発展

　唱歌教育の普及過程で，学校現場の教師たちから教材としての唱歌に対する疑問が提出され，言文一致唱歌運動が起こる。東京高等師範学校附属小学校の教師・田村虎蔵は，『小学唱歌集』掲載曲の歌詞が文語体で書かれていること，また教訓的な内容ばかりであることから，子供たちがその内容を理解できず，生き生きと歌えないことを指摘した。そして，子供に親しみやすい内容を口語体の歌詞で歌う，言文一致唱歌を提案し，納所弁次郎との共編で，『教科適用幼年唱歌』（全10冊，1900～1901年）を世に送り出した。掲載楽曲の例としては，今でも有名な《兎と亀》や《金太郎》が挙げられる。

　1910（明治43）年に発行された文部省『尋常小学読本唱歌』（全27曲）に続き，文部省『尋常小学唱歌』（全6巻120曲，1911～1914年）が発行される。言文一致唱歌運動の影響を受けたとも言われる『尋常小学唱歌』掲載の唱歌は，外国曲を含まず，わらべうたから採られた《かぞへ歌》を除き全曲が邦人の手による作曲となった。その中には，《春が来た》《虫のこえ》《富士山》《紅葉》《朧月夜》《故郷》《我は海の子》など，現在も「文部省唱歌」として歌唱共通教材に指定されている曲が多数含まれる。

（5）唱歌教育の改革と音楽教育への発展

　ここまでにみたように，近代学校教育の開始直後は文部省の音楽取調掛を中心とする行政が唱歌教育の整備と普及を推進した。しかし，20世紀に入るころから，現場の教師や，在野の芸術家が唱歌教育の改革と発展に参加するようになる。その最も初期の動向の一つが，先に見た言文一致唱歌運動といえよう。これに続く，既存の唱歌に対する疑問から起こった運動が，大正期の芸術家たちによる童謡運動である。童謡運動の興隆を促したのは，鈴木三重吉が1918（大正7）年に創刊した雑誌『赤い鳥』であった。『赤い鳥』には作曲家の成田為三，弘田龍太郎，山田耕筰らが，続いて創刊された雑誌『金の船』には中山晋平がこれに参加した。

　1910～20年代にかけては，一部の私立学校や師範学校附属校の教師たちが教育内容の拡充を試みた。東京高等師範学校附属小学校の田村虎蔵と青柳善吾や，広島高等師範学校附属小学校の山本壽は，唱歌の時間に鑑賞を取り入れた。奈良女子高等師範学校附属小学校の幾尾純は，児童作曲に取り組んだ。大正新教育を推進したことで知られる私立成城小学校では教科名を「唱歌」ではなく「音楽」とし，鑑賞や創作を教えた。さらに1930年代になると東京市の公立小学校を

中心に器楽教育が試行される。これら一連の動向は，大正期以降に日本に紹介された，欧米の芸術教育運動の影響を受けたものであり，唱歌教育を歌唱以外の領域に広げ，芸術教育としての音楽教育へと発展させる契機となった。

（6）戦中期の「芸能科音楽」

1941（昭和16）年4月，「国民学校令」が施行され明治以来の教科「唱歌」は「芸能科音楽」に名称が変わる。歌唱に加えて鑑賞指導も行うことが定められ，器楽の指導を許可する，という旨の文言も挿入された。歌唱では斉唱だけでなく合唱を，また音楽理論の初歩や聴音練習も指導することが定められた。先にみた1910～30年代の学校現場の教師による実践研究の蓄積が法令に反映されたとみることができ，教育内容が拡充されて現在の「音楽科」に近づいた。

一方で，国民学校の教育目標であるところの「皇国民の錬成」と連動し，芸能科音楽の教科目標は「国民的情操ヲ醇化スル」ものとされた。こうした目標のもと，「鋭敏ナル聴覚ノ育成」（国民学校令施行規則）を目的として行われた聴音練習は国防上意義あるものと解釈された。多くの国民学校では絶対音感の育成を目指す和音聴音の練習が行われ，中には戦闘機の爆音をレコードで再生して子供に敵機を当てさせる「訓練」を行う学校もあった。当時の音楽教育をリードする人々は，聴音練習の，ひいては音楽教育の国防的使命を強調したとされる。

（7）戦後の「音楽科」の成立

1945（昭和20）年8月，日本は敗戦し，戦後の教育改革は連合国軍最高司令官総司令部（GHQ）による占領下で進められた。戦後の音楽教育は「音楽科」となり，歌唱，器楽，創作，鑑賞の各活動を総合的に学習することになった。

敗戦直後は，戦中の教科書の軍国主義的な記述を墨で消した，いわゆる「墨塗り教科書」が使用された。これに続いて暫定教科書（1946年），最後の文部省著作教科書『一ねんせい～六年生の音楽』（1947年）が発行された。1949（昭和24）年以降は検定教科書の使用が開始される。教科書の編纂と並行して，文部省は最初の学習指導要領を作成し，1947（昭和22）年に「学習指導要領音楽編（試案）」を発表した。そこでは，音楽美の理解と感得が，直ちに美的情操の育成につながるとして目標に掲げられ，徳育の手段や「国民的情操の醇化」の手段であった戦前・戦中の音楽教育からの転換がはかられた。

教科書の発行や新時代の教育目標の整理が行われた一方，学校現場に目を向ければ困難な時代が続いた。全国的に物資不足という状況で，レコードや蓄音機が必要な鑑賞や，楽器が必要な器楽の指導を行うことは難しく，多くの教師が指導経験のない創作の活動をすぐに実践することはほとんど不可能であった。現場教師たちは日本教育音楽協会のような民間団体を様々に組織し，戦後の「音楽科」のあり方を模索した。文部省も実験学校における研究に取り組みながら実践的研究を進め，1951（昭和26）年には「学習指導要領音楽編（試案）」を改訂した。

1958（昭和33）年の改訂以降，「学習指導要領」は「告示」されるようになり，教育課程の基準として法的拘束力をもつものとされ，その後は概ね10年ごとに改訂されながら現在に至る。これ以降の「学習指導要領」では共通教材が指定されるようになった。

（8）音楽教育の実践研究の深化

1950年代後半以降は，教師たちの自主的な実践研究によって，教育方法の研究が深化して

いく。1957（昭和32）年，現場の教師たちが音楽家や教育学者の協力を得て「音楽教育の会」を結成した。同会は，戦後の「音楽科」について，技術主義・西洋音楽偏重で子供不在の教育であると批判し，全ての子供を歌えるようにする「生命力を育てる音楽教育」を目指して，長らく日本の子供たちが歌い継いできたわらべうたを出発点とする音楽教育の構想を掲げた。この構想の理論的根拠には，Z.コダーイの音楽教育論やC.オルフの理論があった。

1960～70年代の実践研究としてよく知られるものに，岐阜県古川小学校の「ふしづくりの教育」が挙げられる。同校は，10年に及ぶ研究を通して，小学校6年間で身に付けるべき音楽の基礎的な能力を整理，これを「ふしづくり一本道」と「教材指導カリキュラム」の二本立てで学習するカリキュラムを開発し，実践した。

（9）音楽教材と教育用楽器の多様化

1970年代以降はポピュラー音楽が，また1980年代以降は諸外国の音楽や日本の伝統音楽が，教材として扱われ始めた。日本の伝統音楽についていえば，現在ではわらべうたや民謡，歌舞伎，能楽，雅楽といった多様な音楽が子供の発達段階に合わせて扱われている。このように，1970年代以降は，西洋音楽を中心に据える音楽教育から脱却し，世界の音楽を相対的に捉えていく文化相対主義的な考え方のもと，教材が多様化していった。

一方，戦後は国内の楽器産業界が発展し，様々な教育用楽器が開発されて学校現場に導入された。例えば，樹脂製リコーダーや鍵盤ハーモニカは現在でも多くの小学校で個人が購入する楽器として普及している。伝統音楽の学習のための和楽器，世界の民族楽器，電子楽器の導入も近年進んでいる。これらの楽器の導入は先にみた教材の多様化と深く関係している。

（10）音楽の諸要素への着目

教材の多様化は，音楽学習観の変化をもたらした。1990年代を通して実践研究が蓄積された創造的音楽学習は，西洋音楽の語法に捉われない自由な発想に基づく創作活動によって子供の主体的な学びを保証しつつ，音楽の諸要素に着目した音楽学習の可能性を提示した。

現在の「音楽科」では，表現と鑑賞の活動が，音色，強弱，リズムなどの音楽を特徴付けている要素や，反復，呼びかけとこたえなどの音楽の仕組みに着目しながら行われている。こうした音楽を形づくっている要素は，西洋音楽や日本の音楽を含む世界中の音楽にみられる要素といえる。多様な音楽文化を等しく価値あるものと捉えようとする動向の中で，音楽の諸要素に着目した音楽学習観に焦点があてられるのは自然なことであった。

＊　　　＊　　　＊

以上みてきたように，固有の豊かな伝統音楽文化をもつ日本では，近代化以降，国楽創世が謳われながらも基本的には西洋音楽を中心とする学校音楽教育が長らく展開された。領域や分野としては，歌唱のみが扱われた時代を経て，鑑賞，器楽，創作の各活動が対象となっていった。戦後は，徐々にではあるが西洋音楽中心の教育からの脱却が図られ，世界の多様な音楽の中に西洋音楽や日本の音楽が位置付けられるようになり，現在に到った。

その道のりには，文部省（文部科学省）を中心とする行政の働きだけでなく，子供に最も近い存在である教師たちの地道な実践研究の積み上げが重要な役割を果たしてきたことを忘れてはならない。

(樫下達也)

付録2 楽典

(1) 譜表と音名

【五線と加線】

五線と加線の各部の名称は，次の通りである。

【音部記号と譜表】

五線における絶対的な音の高さを示すために，ト音記号，ハ音記号，ヘ音記号などの音部記号を用いる。五線に音部記号を付けたものを譜表と呼ぶ。

ト音譜表（高音部譜表）：ト音記号は高音部記号とも呼ばれ，第2線が「ト音」であることを示す。

ヘ音譜表（低音部譜表）：ヘ音記号は低音部記号とも呼ばれ，第4線が「ヘ音」であることを示す。

大譜表：ト音譜表とヘ音譜表を結んだもの。

【音名】

音の高さに対する固有の名称。日本では「ハニホヘトイロ」が用いられる。下に各国の幹音名を示す。

[各国の音名]

日本語	ハ	ニ	ホ	ヘ	ト	イ	ロ
ドイツ語	C	D	E	F	G	A	H
イタリア語	Do	Re	Mi	Fa	Sol	La	Si
英語，米語	C	D	E	F	G	A	B

日本音名の場合，オクターヴの区分を示すときは，次のような表記を用いる。

【幹音と派生音】

幹音…♯や♭などの変化記号が付かない音。
派生音…幹音に変化記号が付けられた音。

【変化記号】

- ♯（シャープ：嬰記号）…半音上げる。
- ♭（フラット：変記号）…半音下げる。
- ×（ダブルシャープ：重嬰記号）…全音上げる。
- ♭♭（ダブルフラット：重変記号）…全音下げる。
- ♮（ナチュラル：本位記号）…もとの高さに戻す。

これらの記号は，調号と臨時記号に用いられる。

(2) 拍子とリズム

【拍子】

連続する拍の流れに一定の周期が生じるとき，この周期を拍子という。

下の表に示した $\frac{3}{4}$ や $\frac{4}{4}$ を拍子記号と呼び，曲の始め，あるいは途中で示す。

拍子の分類	2拍子系		3拍子系
単純拍子	2拍子 $\frac{2}{2}, \frac{2}{4}$ など	4拍子 $\frac{4}{4}$ など	3拍子 $\frac{3}{4}, \frac{3}{8}$ など
複合拍子	6拍子 $\frac{6}{4}, \frac{6}{8}$ など	12拍子 $\frac{12}{8}$ など	9拍子 $\frac{9}{8}$ など
混合拍子	5拍子 $\frac{5}{4}\left(\frac{2}{4}+\frac{3}{4}\right)$ など	7拍子 $\frac{7}{4}\left(\frac{3}{4}+\frac{4}{4}\right)$ など	

付録2 楽典

【縦線と小節】
　楽譜における，一定の拍の区分，曲の段落，終止を示すために縦線を用い，縦線により区分された部分を小節という。

【強起と弱起】
　小節の第1拍から始まる曲を強起の曲といい，それ以外の拍から始まる曲を弱起（アウフタクト）の曲という。

　弱起の曲の場合，最初の小節と最後の小節は，1小節分の拍数を満たしておらず，不完全小節と呼ばれる。それに対して，拍数が完全にそろっている小節は完全小節と呼ばれる。

【リズム】
　音の長短や強弱などの組み合わせによって生じる一定のまとまりをリズムという。

【フレーズ】
　音楽の流れの中で自然に区切られるひとまとまりを示す（スラーなどで示すこともある）。

（3）音符と休符

【音符の各部の名称】

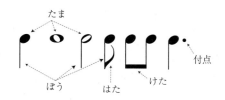

【音符と休符】

音符	名前	長さの割合（♩を1拍とした場合）	休符	名前
𝅝	全音符	4拍	𝄽	全休符*
♩.	付点2分音符	3拍		付点2分休符
♩	2分音符	2拍		2分休符
♩.	付点4分音符	1½拍		付点4分休符
♩	4分音符	1拍		4分休符
♪.	付点8分音符	¾拍		付点8分休符
♪	8分音符	½拍		8分休符
♬	16分音符	¼拍		16分休符

＊全休符は，$\frac{4}{4}$以外の拍子でも，1小節間休む場合に用いられる。

【けたのつなげ方】
　8分音符，16分音符は「けた」でつないで次のように書くことができる。けたは，拍のまとまりごとにつなぐ。

♪♪ → ♫
♪♬ → ♫♬
♪. ♪ → ♪.♪
♬♬ → ♬♬
♪♬ → ♫♬

【連符】

名称	形（相当する長さ）	名称	形（相当する長さ）
3連符	♪♪♪ (♩)	5連符	♬♬♬ (♩)
	♪♪♪ (♩)	7連符	♬♬♬♬ (♩)

【大休符】

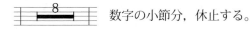
数字の小節分，休止する。

（4）音程

音程とは、2音間の高さの隔たりをいい、度数と種類で表される。

度数は次のように数える。

[例1]

[例2]

【音程の種類】

音程をさらに厳密に表すために、完全・長・短・増・減・重増・重減という言葉を度数の前に付ける。

さらに、これらは完全系（1・4・5・8度）と、長・短系（2・3・6・7度）の2系列に分けられる。

[例]

【単音程と複音程】

完全8度（1オクターブ）までを単音程といい、それを越える増8度以上を複音程という。

[例]

（5）音階

1オクターブの中に特定の秩序に従って並べられた音列を音階という。1オクターブ以内に含まれる音の数やその配列によって、様々な種類の音階が組み立てられる。ここでは、西洋音楽のしくみを理解するうえで最も重要となる長音階と短音階、および日本の音階について説明する。

【長音階, 短音階と階名】

（音高はハ長調とイ短調の場合）

＊特に主音（Tonic），下属音（Subdominant），属音（Dominant）と導音は重要な役割をもつ。

【長音階と短音階の種類】

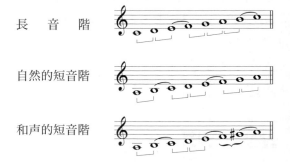

旋律的短音階

＊ ⌒ は全音，⌒ は半音，⌒ は増2度（全音＋半音）を示す。

上記のほかにも，西洋の音階には半音階，12音音階，全音音階，教会旋法など，様々な音階がある。

【日本の音階】

日本の音階の分類には諸説あるが，今日では以下の4つに分けて説明されることが多い。

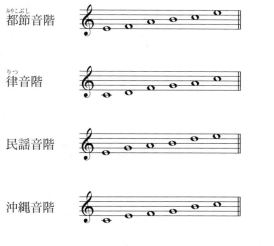

都節音階
律音階
民謡音階
沖縄音階

（譜例は相対音高）

(6) 調とその関係

【長調と短調】

長音階の調を長調と呼び，短音階の調を短調と呼ぶ。

次に各調の調号と主音を示す。

＊ ○ は長調の主音，● は短調の主音を示す。

ハ長調　ト長調　ニ長調　イ長調
イ短調　ホ短調　ロ短調　嬰ヘ短調

ホ長調　ロ長調　変ト長調　変ニ長調
嬰ハ短調　嬰ト短調　変ホ短調　変ロ短調

変イ長調　変ホ長調　変ロ長調　ヘ長調
ヘ短調　ハ短調　ト短調　ニ短調

【関係調】

同主調…同じ音を主音とする長調と短調。

平行調…共通の音階固有音をもつ長調と短調。

属　調…ある調（主調）の属音を主音とする，主調と同種の調を指す。

下属調…ある調（主調）の下属音を主音とする，主調と同種の調を指す。

これら4つの調を，主調に関する関係調と呼ぶ。一般にそれ以外の調を遠隔調と呼ぶ。

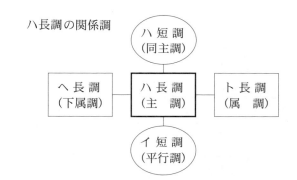

ハ長調の関係調

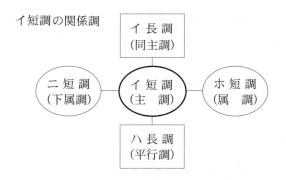

イ短調の関係調

【移調と転調】

移調…曲全体を，各音の相対的音程関係を変えずに，異なる高さに移すこと。

転調…曲の途中で他の調に移行すること。

[移調の例]

原調

完全4度高く

長2度高く

（7）和音と和声

【和音】
　高さの異なる2つ以上の音が同時に響くとき，その合成した音を和音と呼ぶ。

【三和音】
　ある音の上に3度ずつ2つの音を積み重ねたものを三和音と呼ぶ。

和音は構成音の配置を変えて用いることがある。

【三和音の種類】

1．長三和音

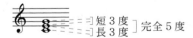

2．短三和音

3．減三和音

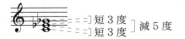

4．増三和音

【音階各音上の三和音】
　音階の第1音〜第7音の上にできる三和音を，Ⅰ度の和音〜Ⅶ度の和音と呼び，Ⅰ〜Ⅶと記す。

[ハ長調（C dur）]

[イ短調（a moll）]

短調の場合，和声的短音階を用いる。

【主要三和音】
　Ⅰ度の和音……主和音（Tonic triad）
　Ⅳ度の和音……下属和音（Subdominant triad）
　Ⅴ度の和音……属和音（Dominant triad）
　Ⅱ，Ⅲ，Ⅵ，Ⅶを副三和音と呼ぶ。

【和音の機能】
　音階の各音上につくられた和音は，それ自体固有の"響き"をもち，他の和音との関係における独自の"働き"をもつ。これらを総合して，その和音の機能という。
　主要三和音は，それぞれ次のような機能をもつ。

主和音（T）…その調を代表する三和音で，安定感がある。ⅥもⅠに準じた機能をもつ。

属和音（D）…属音と導音を含み，Tに進もうとする力が非常に強い。ⅦもVに準じた機能をもつ。

下属和音（S）…T・Dに彩りを添え補足する役割をもつ。ⅡもⅣに準じた機能をもつ。

【属七の和音】
　三和音にさらに3度上の音を積み重ねた和音を七の和音と呼ぶ。この中で最も多く使われるのが属七の和音（V₇）である。

【和音の転回】
　和音は，「基本形」のほかに，転回して用いることにより，「第一転回形」，「第二転回形」，「第三転回形」（七の和音のみ）を得ることができる。

［例：ハ長調］

【和声】
　和音が横に連結されたもの，すなわち和音の流れを和声という。

［和音の連結例：ハ長調］

【終止形】
　和声の中で，区切りを感じさせる和音の進行を終止形という。主な終止形は次の4つで，終わる感じのもの（ピリオド）と続く感じのもの（コンマ）がある。

1．全終止（V→ⅠまたはV₇→Ⅰ）…ピリオド

2．偽終止（V→ⅥまたはV₇→Ⅵ）…コンマ

3．半終止（〜→V）…コンマ

4．変格終止（Ⅳ→Ⅰ）…ピリオド

（ヴェルナー作曲〈野ばら〉より）

【コードネーム】
　コードは"和音"の意味。コードネームは，英語音名を用いた和音の表記法である。従来ジャズの分野で，特に即興演奏において育ってきた。今日ではそのほかにポピュラー音楽，またはメロディーに対する簡単な伴奏を付けるための目安として用いられ，広く普及している。

[コードネームの表記の例]

| major triad（長三和音）…C, G など根音名のみ |
| minor triad（短三和音）…Cm, Am など |
| augmented triad（増三和音）…Caug または C+5 など |
| diminished triad（減三和音）…Cdim など |
| dominant 7th chord（属七の和音）…G7, C7 など |
| major 7th chord（長七の和音）…CM7 または Cmaj7 など |
| minor 7th chord（短七の和音）…Cm7 など |
| diminished 7th chord（減七の和音）…Cdim7 など |

このほか，第5音を半音上げることを+5，半音下げることを-5，第3音が一時的に根音と4度の状態になっていることをsus4で表す。

1．コードネームと和音の関係

ここではCを根音とした例を記す。

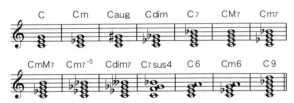

2．ギターの主なコードとダイヤグラム

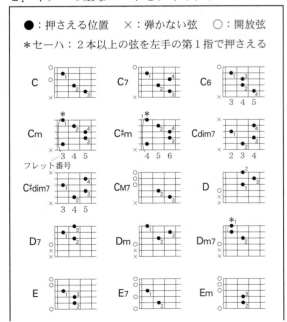

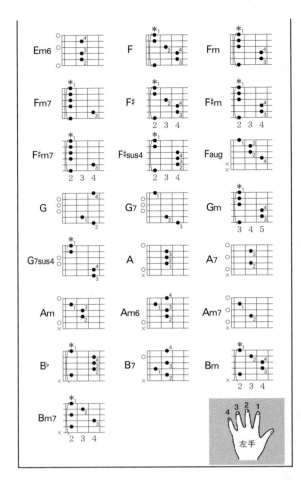

(8) 音楽の形式

【歌曲形式の構成要素】

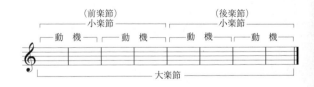

2つの小楽節は，前楽節・後楽節ともいわれる。形式の判断は，この小楽節にa・bなどの記号を付けて行う。

【歌曲形式】

1．一部形式

① a a'…〈メリーさんのひつじ〉

② a b …〈うみ〉〈春がきた〉

2．二部形式
　①「A（a a'）・B（b a'）」…〈春の小川〉
　②「A（a a'）・B（b b'）」…〈もみじ〉
　③「A（a a'）・B（b a"）」…〈とんび〉

3．三部形式（小三部形式）
　①「ＡＢＡ」…〈ぶん ぶん ぶん〉
　②「ＡＢＡ'」…〈かっこう〉
　③「ＡＢＣ」…〈かたつむり〉

【複合形式】
複合三部形式

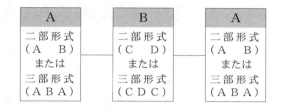

〔例：〈メヌエット ト長調〉（ベートーベン作曲）〕

【器楽曲の形式】
1．ロンド形式
　単純なロンド…ＡＢＡＣＡ
　〔例：〈エリーゼのために〉（ベートーベン作曲）〕
　大型のロンド…ＡＢＡＣＡＢＡ
　　　　　　　ソナチネやソナタの終楽章によ
　　　　　　　くみられる。

2．ソナタ形式
　独奏楽器のソナタ，室内楽曲，協奏曲，交響曲などの第１楽章，終楽章によく用いられる。

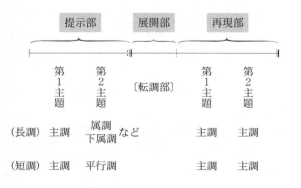

3．変奏曲形式
　Ａ―Ａ'―Ａ"―Ａ"'―Ａ""……………………
　〈きらきら星の主題による変奏曲〉（モーツァルト作曲），〈六つの変奏曲〉（ベートーベン作曲），〈即興曲 D．935 変ロ長調〉（シューベルト作曲）など，多数の名曲が残されている。

以上の他にも，さまざまな形式がある。

（9）用語と記号

【反復記号】

 …リピート（この部分を繰り返す。曲の最初の𝄆は省略される）

…１番かっこ，２番かっこ

D.C.（Da Capo）…ダ カーポ（始めに戻る）
Fine …フィーネ（終わり）
D.S.（Dal Segno）…ダル セーニョ（𝄋に戻る）
⊕…次の⊕までとばす
𝄋…セーニョ　　　Coda…コーダ（結び）

【省略記号】

【演奏記号】

スタッカート…その音を短く切って

アクセント…その音を目立たせて，強調して

タイ…隣り合った同じ高さの音符をつなぎ，1つの音に

スラー…高さの違う2つ以上の音符をなめらかに

テヌート…その音の長さをじゅうぶんに保って

フェルマータ…その音符（休符）をほどよく延ばして。また，複縦線の上に付けられた場合はフィーネ（終止）を示す。

ブレス記号…息継ぎをする

グリッサンド…高さの異なる2音間をなめらかに滑らせて

トレモロ…その音を急速に反復して

アルペッジョ…分散和音のように

【装飾音】

付録2　楽典　197

【音の強さを示す用語と記号】

用語と記号	読 み 方	原 語	意 味
pp	ピアニッシモ	pianissimo	とても弱く
p	ピアノ	piano	弱く
mp	メッゾ ピアノ	mezzo piano	少し弱く
mf	メッゾ フォルテ	mezzo forte	少し強く
f	フォルテ	forte	強く
ff	フォルティッシモ	fortissimo	とても強く
cresc.	クレシェンド	crescendo	だんだん強く
decresc.	デクレシェンド	decrescendo	だんだん弱く
dim.	ディミヌエンド	diminuendo	

【補助的な用語】

用 語	読 み 方	意 味
con	コン	～をもって
meno	メーノ	より少なく
molto	モルト	非常に
sempre	センプレ	つねに
più	ピウ	よりいっそう
poco	ポーコ	少し
poco a poco	ポーコ ア ポーコ	少しずつ
subito（sub.）	スービト	急に

【速度記号】

　曲の速度を指定する記号で，♩=120，あるいは M.M.♩=120 などと示す。曲の始め，あるいは途中で示す。♩=120 は，1 分間に ♩ を 120 打つ速さで，という意味。

【速さを示す用語，速さの変化などを示す用語】

用 語	読 み 方	意 味
adagio	アダージョ	ゆるやかに
largo	ラルゴ	幅広くゆるやかに
lento	レント	ゆるやかに
andante	アンダンテ	ゆっくり歩くような速さで
moderato	モデラート	中ぐらいの速さで
allegretto	アレグレット	やや速く
allegro	アレグロ	速く
presto	プレスト	急速に
a tempo	ア テンポ	もとの速さで
tempo primo（tempo I）	テンポ プリモ	最初の速さで
ritardando（ritard, rit.）	リタルダンド	だんだん遅く
accelerando（accel.）	アッチェレランド	だんだん速く

【発想を示す用語】

用 語	読 み 方	意 味	用 語	読 み 方	意 味
alla marcia	アッラ マルチャ	行進曲風に	lamentoso	ラメントーソ	悲しく
appassionato	アパッショナート	情熱的に	leggero（leggiero）	レッジェーロ	軽く
cantabile	カンタービレ	歌うように	maestoso	マエストーソ	荘厳に
capriccioso	カプリッチオーソ	気まぐれに	mosso	モッソ	躍動して
dolce	ドルチェ	甘くやわらかに	risoluto	リソルート	決然と，きっぱりと
espressivo	エスプレッシーボ	表情豊かに	scherzando	スケルツァンド	おどけて
grazioso	グラツィオーソ	優雅に，優美に	tranquillo	トランクィッロ	静かに

(10) 指揮法

指揮は，曲の速度を示したり，出だしや終わりのタイミングを合わせたりするなど，アンサンブルを整えるために必要なものである。さらに，音楽を豊かに表現できるよう，演奏する曲の雰囲気や表情を演奏者に伝えるという大切な役割も担っている。

指揮をするときのポイント

■速度やタイミングをそろえるために必要なこと

①演奏する人が次の拍のタイミングを予測できるようにする。
　ボールが弾むような感じで，同じ高さのところを一定の間隔でたたく。

線の太いところほど，動かすスピードが速いことを示す。

（自分から見た場合）

図のように，空中で円を描くように腕を動かす。そのとき，円の上側ではゆっくりと，下側では速くなるようにする。慣れてきたら，描く図形を円から楕円にしていき，最終的に上下の動きになるようにする。

②拍子を明確に示す。
　1拍目の位置をはっきりと分かるように示すことが大切である。各拍子とも1拍目は体の正面で上から振り下ろし，最後の拍を打ったら，体の正面に向かって振り上げるようにする。

　　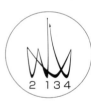　　

2拍子の例　　3拍子の例　　4拍子の例　　速い6拍子の例　　ゆっくりとした6拍子の例

③予備拍を振って，出だしのタイミングをはっきりと示す。
　曲が始まる直前の拍を予備拍といい，その振り上げによって出だしのタイミングを合わせる。予備拍の振り方によって，曲の速度が決まる（予備拍のさらに前から振る方法もある）。

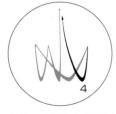　

4拍子の1拍目から入る場合　　4拍子の4拍目から入る場合

③曲の終わりで，しっかりと静止する。
　曲を終わらせるためには，振り下ろしてわずかに跳ね返ったところでしっかりと動きを止める。

 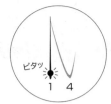  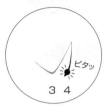

4拍子の4拍目まで音があるときは，次の1拍目で静止する。

4拍子の3拍目まで音があるときは，4拍目で静止する。

■音楽を豊かに表現するために必要なこと
①強弱の変化に合わせた振り方をする。
　強いところは大きく，弱いところは小さく振ることで，強弱の変化を伝える。だんだん強くなるときはしだいに大きくなるように，だんだん弱くなるときはしだいに小さくなるように振ると，強弱の変化を伝えることができる。

クレシェンドの場合

②音の表情に合わせた振り方を工夫する。
　はずんだ部分は切れ味よくきびきびと，滑らかな部分は柔らかく振るようにすると，音の表情を伝えることができる。

はずんだ部分　　滑らかな部分

③歌詞や曲の雰囲気を体全体で伝える。
　強弱の変化や音の表情だけでなく，歌詞や曲の雰囲気も顔の表情や体全体の動きで伝えるようにする。そのためには，指揮者がまず，歌詞や曲について自分のイメージをしっかりともつことが必要である。

④左手を有効に使う。
　左手は，右手と左右対称の動きにしてもよいが，できれば独立させて，パートの入るタイミングを指示したり，強弱の変化や音の表情を示したりするとよい。左手を有効に使うことで，演奏者にとってより分かりやすい指揮になる。

付録3 音楽史年表

西洋

西洋史

ホメロスの叙事詩　　●ゲルマン人の大移動（375〜）　　●カール大帝戴冠（800）

ギリシャ悲劇　　●西ローマ帝国の滅亡（476）

ギリシャ喜劇

音楽史

古代ギリシャの音楽　　**キリスト教の音楽**─

グレゴリオ聖歌（単声聖歌）　　多声音楽の発生

平行オルガヌム

ギリシャ旋法

ギリシャの文字譜　　　　教会旋法

ピタゴラス派の音楽理論　　ネウマ譜

ピタゴラス（B.C.582頃〜B.C.497頃）　　グレゴリウス1世（在位590〜604）

※ 生年の数の間の「/」は，
　その年の間に生まれたことを示しています。

時代区分	古　　　　代							中
	B.C.　　　　A.D.　300　400　500　600　700　800　900							
時代区分	縄　文　／　弥　生　／　古　墳　飛　鳥　奈　良							平

日本

音楽史

日本固有の歌舞，楽器　　大陸音楽の伝来　　**貴族中心の音楽**

●新羅の音楽家来日（453?）　　●雅楽寮の設置（701）───雅楽の楽制改革───楽の設（94

●百済の音楽家来日（554?）

●伎楽の伝来（612）　　散楽の伝来─

琵琶の伝来─

仏教音楽（声明）の伝来─

日本史

●大化の改新（645）　　●平安遷都（794）　　●遣唐使の廃止（894）

●邪馬台国　　●平城遷都（710）

●大和政権　　●仏教の伝来（538?）　　『古事記』『日本書紀』『万葉集』

縄文文化　　弥生文化　　古墳文化　　飛鳥文化　　天平文化　　国風文

付録3　音楽史年表　201

●第1回十字軍
(1096〜99)

●英仏百年戦争
(1339〜1453)

●ビザンツ帝国
の滅亡 (1453)

聖ローマ帝国成立
52)

●黒死病大流行
(1347〜48頃)

多声音楽の発達

自由オルガヌム

アルス アンティカ

ブルゴーニュ楽派

サン マルシャル楽派の
メリスマ的オルガヌム

アルス ノバ

ノートルダム楽派の
オルガヌム，モテット

フランドル楽派
の活躍

世 俗 音 楽 の 興 隆

[トルバドゥール，トルベール，
ミンネゼンガー，マイスタージンガー]

多声部の世俗歌曲の発生

[ポリフォニック シャンソン，
マドリガル]

グイードの階名唱法
(ut,re,mi,fa,sol,la)

近代五線譜への移行

グイード ダレッツォ
(991/2頃〜1033以降)

ペロティヌス
(1200頃活躍)

マショー
(1300頃〜77)

デュファイ
(1400頃〜1474)

ジョスカン デプレ
(1440頃〜1521)

世	ル ネ サ ン ス

1000	1100	1200	1300	1400	

安	鎌　倉	南北朝	室　町	戦　国

武 家 中 心 の 音 楽

猿楽(さるがく)の流行

能の大成
(観阿弥，世阿弥)(かんあみ ぜあみ)

四座の興隆

[観世(かんぜ)，宝生(ほうしょう)，
金春(こんぱる)，金剛(こんごう)]

平曲の成立

摂関政治

●院政
(1086〜)

●鎌倉幕府

●元寇
(1274・81)

●室町幕府
(1338〜)

●応仁の乱
(1467〜77)

●保元・平治の乱
(1156・59)

●建武の新政
(1334〜)

『枕草子』
『源氏物語』

『平家物語』

鎌倉文化

北山文化

東山文化

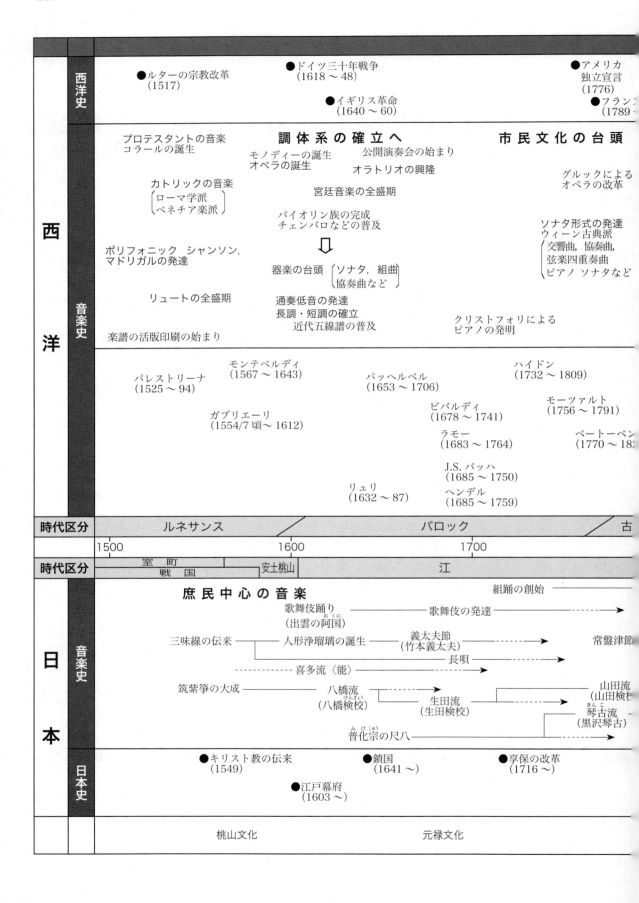

付録3 音楽史年表 203

●ナポレオン即位
(1804)

●アメリカ南北戦争
(1861 〜 65)

●第一次世界大戦
(1914 〜 18)

●アメリカ
同時多発テロ
(2001)

命
799)

●パリ万国博覧会
(1889)

●第二次世界大戦
(1939 〜 45)

音楽と文学・美術の融合

標題音楽の発達

キャラクターピースの流行

ドイツ歌曲の発展

名演奏家の活躍

民族主義の台頭

交響詩

楽劇

国民楽派

調体系の解体

象徴主義・印象主義

原始主義

新古典主義

表現主義

無調
12 音技法

音楽の領域の拡大

新しい音楽観と音素材の多様化

ミュジック セリエル

ミュジック コンクレート

電子音楽

偶然性・不確定性の音楽

トーン クラスター

ミニマル ミュージック

コンピュータ ミュージック

環境音楽

映画音楽, ミュージカル

ポピュラー音楽
(シャンソン, ジャズ, ロック, ボサノヴァ など)

ヨハンシュトラウス（父）
(1804 〜 49)

リムスキー＝コルサコフ
(1844 〜 1908)

コダーイ
(1882 〜 1967)

ブラームス

メンデルスゾーン(1833 〜 97)

(1809 〜 47)

エルガー
(1857 〜 1934)

ストラビンスキー
(1882 〜 1971)

サン＝サーンス
(1835 〜 1921)

ショパン
(1810 〜 49)

ビゼー
(1838 〜 75)

ドビュッシー
(1862 〜 1918)

プロコフィエフ
(1891 〜 1953)

シューマン
(1810 〜 56)

ムソルグスキー
(1839 〜 81)

シェーンベルク
(1874 〜 1951)

ショスタコービチ
(1906 〜 75)

ワーグナー
(1813 〜 83)

チャイコフスキー
(1840 〜 93)

ホルスト
(1874 〜 1934)

アンダソン
(1908 〜 75)

ッシーニ
792〜1868)

ベルディ
(1813 〜 1901)

ドボルザーク
(1841 〜 1904)

ラベル
(1875 〜 1937)

ケージ
(1912 〜 92)

シューベルト
(1797 〜 1828)

スメタナ
(1824 〜 84)

グリーグ
(1843 〜 1907)

クライスラー
(1875 〜 1962)

ロマン派 | 現代

1800 | 1900 | 2000

戸 | 明 治 | 大 正 | 昭 和 | 平 成

西 洋 音 楽 の 輸 入 と 発 展

長唄, 地歌, 箏曲
の全盛時代

●西洋音楽の導入

●音楽取調掛（とりしらべがかり）の設置

●新交響楽団 (現在の NHK 交響楽団) が発足する
(1926)

──→ 清元節 ───→

●雅楽局の設置
(1870)

●東京音楽学校創立 (1887)

滝 廉太郎 (1879 〜 1903)

武満 徹 (1930 〜 96)

山田耕筰 (1886 〜 1965)

都山流（とざん）〈尺八〉───────→
(中尾都山)

●新日本音楽起こる (宮城道雄) (1920)

宮城道雄 (1894 〜 1956)

●宮内庁式部職楽部の設置 (1949)

寛政の改革
(1787 〜)

●天保の改革
(1841 〜)

●明治維新
(1868)

●日清戦争 (1894 〜 95)

●日露戦争
(1904 〜 05)

●ペリー来航
(1853)

●第一次世界大戦
(1914 〜 18)

●日中戦争
(1937 〜 45)

●太平洋戦争
(1941 〜 45)

●東日本大震災
(2011)

化政文化 | 文明開化 | 高度経済成長

付録4 小学校学習指導要領 総則

平成29年3月告示

第1章 総則

第1 小学校教育の基本と教育課程の役割

1 各学校においては，教育基本法及び学校教育法その他の法令並びにこの章以下に示すところに従い，児童の人間として調和のとれた育成を目指し，児童の心身の発達の段階や特性及び学校や地域の実態を十分考慮して，適切な教育課程を編成するものとし，これらに掲げる目標を達成するよう教育を行うものとする。

2 学校の教育活動を進めるに当たっては，各学校において，第3の1に示す主体的・対話的で深い学びの実現に向けた授業改善を通して，創意工夫を生かした特色ある教育活動を展開する中で，次の(1)から(3)までに掲げる事項の実現を図り，児童に生きる力を育むことを目指すものとする。

(1) 基礎的・基本的な知識及び技能を確実に習得させ，これらを活用して課題を解決するために必要な思考力，判断力，表現力等を育むとともに，主体的に学習に取り組む態度を養い，個性を生かし多様な人々との協働を促す教育の充実に努めること。その際，児童の発達の段階を考慮して，児童の言語活動など，学習の基盤をつくる活動を充実するとともに，家庭との連携を図りながら，児童の学習習慣が確立するよう配慮すること。

(2) 道徳教育や体験活動，多様な表現や鑑賞の活動等を通して，豊かな心や創造性の涵養を目指した教育の充実に努めること。

　学校における道徳教育は，特別の教科である道徳(以下「道徳科」という。)を要として学校の教育活動全体を通じて行うものであり，道徳科はもとより，各教科，外国語活動，総合的な学習の時間及び特別活動のそれぞれの特質に応じて，児童の発達の段階を考慮して，適切な指導を行うこと。

　道徳教育は，教育基本法及び学校教育法に定められた教育の根本精神に基づき，自己の生き方を考え，主体的な判断の下に行動し，自立した人間として他者

と共によりよく生きるための基盤となる道徳性を養うことを目標とすること。

　道徳教育を進めるに当たっては，人間尊重の精神と生命に対する畏敬の念を家庭，学校，その他社会における具体的な生活の中に生かし，豊かな心をもち，伝統と文化を尊重し，それらを育んできた我が国と郷土を愛し，個性豊かな文化の創造を図るとともに，平和で民主的な国家及び社会の形成者として，公共の精神を尊び，社会及び国家の発展に努め，他国を尊重し，国際社会の平和と発展や環境の保全に貢献し未来を拓く主体性のある日本人の育成に資することとなるよう特に留意すること。

(3) 学校における体育・健康に関する指導を，児童の発達の段階を考慮して，学校の教育活動全体を通じて適切に行うことにより，健康で安全な生活と豊かなスポーツライフの実現を目指した教育の充実に努めること。特に，学校における食育の推進並びに体力の向上に関する指導，安全に関する指導及び心身の健康の保持増進に関する指導については，体育科，家庭科及び特別活動の時間はもとより，各教科，道徳科，外国語活動及び総合的な学習の時間などにおいてもそれぞれの特質に応じて適切に行うよう努めること。また，それらの指導を通して，家庭や地域社会との連携を図りながら，日常生活において適切な体育・健康に関する活動の実践を促し，生涯を通じて健康・安全で活力ある生活を送るための基礎が培われるよう配慮すること。

3 2の(1)から(3)までに掲げる事項の実現を図り，豊かな創造性を備え持続可能な社会の創り手となることが期待される児童に，生きる力を育むことを目指すに当たっては，学校教育全体並びに各教科，道徳科，外国語活動，総合的な学習の時間及び特別活動(以下「各教科等」という。ただし，第2の3の(2)のア及びウにおいて，特別活動については学級活動(学校給食に係るものを除く。)に限る。)の指導を通してど

のような資質・能力の育成を目指すのかを明確にしながら，教育活動の充実を図るものとする。その際，児童の発達の段階や特性等を踏まえつつ，次に掲げることが偏りなく実現できるようにするものとする。

(1) 知識及び技能が習得されるようにすること。

(2) 思考力，判断力，表現力等を育成すること。

(3) 学びに向かう力，人間性等を涵養すること。

4 各学校においては，児童や学校，地域の実態を適切に把握し，教育の目的や目標の実現に必要な教育の内容等を教科等横断的な視点で組み立てていくこと，教育課程の実施状況を評価してその改善を図っていくこと，教育課程の実施に必要な人的又は物的な体制を確保するとともにその改善を図っていくことなどを通して，教育課程に基づき組織的かつ計画的に各学校の教育活動の質の向上を図っていくこと (以下「カリキュラム・マネジメント」という。) に努めるものとする。

第2 教育課程の編成

1 各学校の教育目標と教育課程の編成

教育課程の編成に当たっては，学校教育全体や各教科等における指導を通して育成を目指す資質・能力を踏まえつつ，各学校の教育目標を明確にするとともに，教育課程の編成についての基本的な方針が家庭や地域とも共有されるよう努めるものとする。その際，第5章総合的な学習の時間の第2の1に基づき定められる目標との関連を図るものとする。

2 教科等横断的な視点に立った資質・能力の育成

(1) 各学校においては，児童の発達の段階を考慮し，言語能力，情報活用能力 (情報モラルを含む。)，問題発見・解決能力等の学習の基盤となる資質・能力を育成していくことができるよう，各教科等の特質を生かし，教科等横断的な視点から教育課程の編成を図るものとする。

(2) 各学校においては，児童や学校，地域の実態及び児童の発達の段階を考慮し，豊かな人生の実現や災害等を乗り越えて次代の社会を形成することに向けた現代的な諸課題に対応して求められる資質・能力を，教科等横断的な視点で育成していくことができるよう，各学校の特色を生かした教育課程の編成を図るものとする。

3 教育課程の編成における共通的事項

(1) 内容等の取扱い

ア 第2章以下に示す各教科，道徳科，外国語活動及び特別活動の内容に関する事項は，特に示す場合を除き，いずれの学校においても取り扱わなければならない。

イ 学校において特に必要がある場合には，第2章以下に示していない内容を加えて指導することができる。また，第2章以下に示す内容の取扱いのうち内容の範囲や程度等を示す事項は，全ての児童に対して指導するものとする内容の範囲や程度等を示したものであり，学校において特に必要がある場合には，この事項にかかわらず加えて指導することができる。ただし，これらの場合には，第2章以下に示す各教科，道徳科，外国語活動及び特別活動の目標や内容の趣旨を逸脱したり，児童の負担過重となったりすることのないようにしなければならない。

ウ 第2章以下に示す各教科，道徳科，外国語活動及び特別活動の内容に掲げる事項の順序は，特に示す場合を除き，指導の順序を示すものではないので，学校においては，その取扱いについて適切な工夫を加えるものとする。

エ 学年の内容を2学年まとめて示した教科及び外国語活動の内容は，2学年間かけて指導する事項を示したものである。各学校においては，これらの事項を児童や学校，地域の実態に応じ，2学年間を見通して計画的に指導することとし，特に示す場合を除き，いずれかの学年に分けて，又はいずれの学年においても指導するものとする。

オ 学校において2以上の学年の児童で編制する学級について特に必要がある場合には，各教科及び道徳科の目標の達成に支障のない範囲内で，各教科及び道徳科の目標及び内容について学年別の順序によらないことができる。

カ 道徳科を要として学校の教育活動全体を通じて行う道徳教育の内容は，第3章特別の教科道徳の第2に示す内容とし，その実施に当たっては，第6に示す道徳教育に関する配慮事項を踏まえるものとする。

(2) 授業時数等の取扱い

ア 各教科等の授業は，年間35週 (第1学年につ

いては34週）以上にわたって行うよう計画し，週当たりの授業時数が児童の負担過重にならないようにするものとする。ただし，各教科等や学習活動の特質に応じ効果的な場合には，夏季，冬季，学年末等の休業日の期間に授業日を設定する場合を含め，これらの授業を特定の期間に行うことができる。

イ　特別活動の授業のうち，児童会活動，クラブ活動及び学校行事については，それらの内容に応じ，年間，学期ごと，月ごとなどに適切な授業時数を充てるものとする。

ウ　各学校の時間割については，次の事項を踏まえ適切に編成するものとする。

(ア)　各教科等のそれぞれの授業の1単位時間は，各学校において，各教科等の年間授業時数を確保しつつ，児童の発達の段階及び各教科等や学習活動の特質を考慮して適切に定めること。

(イ)　各教科等の特質に応じ，10分から15分程度の短い時間を活用して特定の教科等の指導を行う場合において，教師が，単元や題材など内容や時間のまとまりを見通した中で，その指導内容の決定や指導の成果の把握と活用等を責任を持って行う体制が整備されているときは，その時間を当該教科等の年間授業時数に含めることができること。

(ウ)　給食，休憩などの時間については，各学校において工夫を加え，適切に定めること。

(エ)　各学校において，児童や学校，地域の実態，各教科等や学習活動の特質等に応じて，創意工夫を生かした時間割を弾力的に編成できること。

エ　総合的な学習の時間における学習活動により，特別活動の学校行事に掲げる各行事の実施と同様の成果が期待できる場合においては，総合的な学習の時間における学習活動をもって相当する特別活動の学校行事に掲げる各行事の実施に替えることができる。

(3) 指導計画の作成等に当たっての配慮事項

各学校においては，次の事項に配慮しながら，学校の創意工夫を生かし，全体として，調和のとれた具体的な指導計画を作成するものとする。

ア　各教科等の指導内容については，(1)のアを踏まえつつ，単元や題材など内容や時間のまとまりを見通しながら，そのまとめ方や重点の置き方に適切な工夫

を加え，第3の1に示す主体的・対話的で深い学びの実現に向けた授業改善を通して資質・能力を育む効果的な指導ができるようにすること。

イ　各教科等及び各学年相互間の関連を図り，系統的，発展的な指導ができるようにすること。

ウ　学年の内容を2学年まとめて示した教科及び外国語活動については，当該学年間を見通して，児童や学校，地域の実態に応じ，児童の発達の段階を考慮しつつ，効果的，段階的に指導するようにすること。

エ　児童の実態等を考慮し，指導の効果を高めるため，児童の発達の段階や指導内容の関連性等を踏まえつつ，合科的・関連的な指導を進めること。

4　学校段階等間の接続

教育課程の編成に当たっては，次の事項に配慮しながら，学校段階等間の接続を図るものとする。

(1) 幼児期の終わりまでに育ってほしい姿を踏まえた指導を工夫することにより，幼稚園教育要領等に基づく幼児期の教育を通して育まれた資質・能力を踏まえて教育活動を実施し，児童が主体的に自己を発揮しながら学びに向かうことが可能となるようにすること。

また，低学年における教育全体において，例えば生活科において育成する自立し生活を豊かにしていくための資質・能力が，他教科等の学習においても生かされるようにするなど，教科等間の関連を積極的に図り，幼児期の教育及び中学年以降の教育との円滑な接続が図られるよう工夫すること。特に，小学校入学当初においては，幼児期において自発的な活動としての遊びを通して育まれてきたことが，各教科等における学習に円滑に接続されるよう，生活科を中心に，合科的・関連的な指導や弾力的な時間割の設定など，指導の工夫や指導計画の作成を行うこと。

(2) 中学校学習指導要領及び高等学校学習指導要領を踏まえ，中学校教育及びその後の教育との円滑な接続が図られるよう工夫すること。特に，義務教育学校，中学校連携型小学校及び中学校併設型小学校においては，義務教育9年間を見通した計画的かつ継続的な教育課程を編成すること。

第3　教育課程の実施と学習評価

1　主体的・対話的で深い学びの実現に向けた授業改善

各教科等の指導に当たっては，次の事項に配慮するものとする。

(1) 第1の3の(1)から(3)までに示すことが偏りなく実現されるよう，単元や題材など内容や時間のまとまりを見通しながら，児童の主体的・対話的で深い学びの実現に向けた授業改善を行うこと。

　特に，各教科等において身に付けた知識及び技能を活用したり，思考力，判断力，表現力等や学びに向かう力，人間性等を発揮させたりして，学習の対象となる物事を捉え思考することにより，各教科等の特質に応じた物事を捉える視点や考え方(以下「見方・考え方」という。)が鍛えられていくことに留意し，児童が各教科等の特質に応じた見方・考え方を働かせながら，知識を相互に関連付けてより深く理解したり，情報を精査して考えを形成したり，問題を見いだして解決策を考えたり，思いや考えを基に創造したりすることに向かう過程を重視した学習の充実を図ること。

(2) 第2の2の(1)に示す言語能力の育成を図るため，各学校において必要な言語環境を整えるとともに，国語科を要としつつ各教科等の特質に応じて，児童の言語活動を充実すること。あわせて，(7)に示すとおり読書活動を充実すること。

(3) 第2の2の(1)に示す情報活用能力の育成を図るため，各学校において，コンピュータや情報通信ネットワークなどの情報手段を活用するために必要な環境を整え，これらを適切に活用した学習活動の充実を図ること。また，各種の統計資料や新聞，視聴覚教材や教育機器などの教材・教具の適切な活用を図ること。

　あわせて，各教科等の特質に応じて，次の学習活動を計画的に実施すること。

ア　児童がコンピュータで文字を入力するなどの学習の基盤として必要となる情報手段の基本的な操作を習得するための学習活動

イ　児童がプログラミングを体験しながら，コンピュータに意図した処理を行わせるために必要な論理的思考力を身に付けるための学習活動

(4) 児童が学習の見通しを立てたり学習したことを振り返ったりする活動を，計画的に取り入れるように工夫すること。

(5) 児童が生命の有限性や自然の大切さ，主体的に挑戦してみることや多様な他者と協働することの重要性などを実感しながら理解することができるよう，各教科等の特質に応じた体験活動を重視し，家庭や地域社会と連携しつつ体系的・継続的に実施できるよう工夫すること。

(6) 児童が自ら学習課題や学習活動を選択する機会を設けるなど，児童の興味・関心を生かした自主的，自発的な学習が促されるよう工夫すること。

(7) 学校図書館を計画的に利用しその機能の活用を図り，児童の主体的・対話的で深い学びの実現に向けた授業改善に生かすとともに，児童の自主的，自発的な学習活動や読書活動を充実すること。また，地域の図書館や博物館，美術館，劇場，音楽堂等の施設の活用を積極的に図り，資料を活用した情報の収集や鑑賞等の学習活動を充実すること。

2　学習評価の充実

　学習評価の実施に当たっては，次の事項に配慮するものとする。

(1) 児童のよい点や進歩の状況などを積極的に評価し，学習したことの意義や価値を実感できるようにすること。また，各教科等の目標の実現に向けた学習状況を把握する観点から，単元や題材など内容や時間のまとまりを見通しながら評価の場面や方法を工夫して，学習の過程や成果を評価し，指導の改善や学習意欲の向上を図り，資質・能力の育成に生かすようにすること。

(2) 創意工夫の中で学習評価の妥当性や信頼性が高められるよう，組織的かつ計画的な取組を推進するとともに，学年や学校段階を越えて児童の学習の成果が円滑に接続されるように工夫すること。

第4　児童の発達の支援

1　児童の発達を支える指導の充実

　教育課程の編成及び実施に当たっては，次の事項に配慮するものとする。

(1) 学習や生活の基盤として，教師と児童との信頼関係及び児童相互のよりよい人間関係を育てるため，日頃から学級経営の充実を図ること。また，主に集団の場面で必要な指導や援助を行うガイダンスと，個々の

児童の多様な実態を踏まえ，一人一人が抱える課題に個別に対応した指導を行うカウンセリングの双方により，児童の発達を支援すること。

あわせて，小学校の低学年，中学年，高学年の学年の時期の特長を生かした指導の工夫を行うこと。

(2) 児童が，自己の存在感を実感しながら，よりよい人間関係を形成し，有意義で充実した学校生活を送る中で，現在及び将来における自己実現を図っていくことができるよう，児童理解を深め，学習指導と関連付けながら，生徒指導の充実を図ること。

(3) 児童が，学ぶことと自己の将来とのつながりを見通しながら，社会的・職業的自立に向けて必要な基盤となる資質・能力を身に付けていくことができるよう，特別活動を要としつつ各教科等の特質に応じて，キャリア教育の充実を図ること。

(4) 児童が，基礎的・基本的な知識及び技能の習得も含め，学習内容を確実に身に付けることができるよう，児童や学校の実態に応じ，個別学習やグループ別学習，繰り返し学習，学習内容の習熟の程度に応じた学習，児童の興味・関心等に応じた課題学習，補充的な学習や発展的な学習などの学習活動を取り入れることや，教師間の協力による指導体制を確保することなど，指導方法や指導体制の工夫改善により，個に応じた指導の充実を図ること。その際，第3の1の(3)に示す情報手段や教材・教具の活用を図ること。

2 特別な配慮を必要とする児童への指導

(1) 障害のある児童などへの指導

ア 障害のある児童などについては，特別支援学校等の助言又は援助を活用しつつ，個々の児童の障害の状態等に応じた指導内容や指導方法の工夫を組織的かつ計画的に行うものとする。

イ 特別支援学級において実施する特別の教育課程については，次のとおり編成するものとする。

(ア) 障害による学習上又は生活上の困難を克服し自立を図るため，特別支援学校小学部・中学部学習指導要領第7章に示す自立活動を取り入れること。

(イ) 児童の障害の程度や学級の実態等を考慮の上，各教科の目標や内容を下学年の教科の目標や内容に替えたり，各教科を，知的障害者である児童に対する教育を行う特別支援学校の各教科に替えた

りするなどして，実態に応じた教育課程を編成すること。

ウ 障害のある児童に対して，通級による指導を行い，特別の教育課程を編成する場合には，特別支援学校小学部・中学部学習指導要領第7章に示す自立活動の内容を参考とし，具体的な目標や内容を定め，指導を行うものとする。その際，効果的な指導が行われるよう，各教科等と通級による指導との関連を図るなど，教師間の連携に努めるものとする。

エ 障害のある児童などについては，家庭，地域及び医療や福祉，保健，労働等の業務を行う関係機関との連携を図り，長期的な視点で児童への教育的支援を行うために，個別の教育支援計画を作成し活用することに努めるとともに，各教科等の指導に当たって，個々の児童の実態を的確に把握し，個別の指導計画を作成し活用することに努めるものとする。特に，特別支援学級に在籍する児童や通級による指導を受ける児童については，個々の児童の実態を的確に把握し，個別の教育支援計画や個別の指導計画を作成し，効果的に活用するものとする。

(2) 海外から帰国した児童などの学校生活への適応や，日本語の習得に困難のある児童に対する日本語指導

ア 海外から帰国した児童などについては，学校生活への適応を図るとともに，外国における生活経験を生かすなどの適切な指導を行うものとする。

イ 日本語の習得に困難のある児童については，個々の児童の実態に応じた指導内容や指導方法の工夫を組織的かつ計画的に行うものとする。特に，通級による日本語指導については，教師間の連携に努め，指導についての計画を個別に作成することなどにより，効果的な指導に努めるものとする。

(3) 不登校児童への配慮

ア 不登校児童については，保護者や関係機関と連携を図り，心理や福祉の専門家の助言又は援助を得ながら，社会的自立を目指す観点から，個々の児童の実態に応じた情報の提供その他の必要な支援を行うものとする。

イ 相当の期間小学校を欠席し引き続き欠席すると認められる児童を対象として，文部科学大臣が認める特

別の教育課程を編成する場合には，児童の実態に配慮した教育課程を編成するとともに，個別学習やグループ別学習など指導方法や指導体制の工夫改善に努めるものとする。

第5　学校運営上の留意事項

1　教育課程の改善と学校評価等

ア　各学校においては，校長の方針の下に，校務分掌に基づき教職員が適切に役割を分担しつつ，相互に連携しながら，各学校の特色を生かしたカリキュラム・マネジメントを行うよう努めるものとする。また，各学校が行う学校評価については，教育課程の編成，実施，改善が教育活動や学校運営の中核となることを踏まえ，カリキュラム・マネジメントと関連付けながら実施するよう留意するものとする。

イ　教育課程の編成及び実施に当たっては，学校保健計画，学校安全計画，食に関する指導の全体計画，いじめの防止等のための対策に関する基本的な方針など，各分野における学校の全体計画等と関連付けながら，効果的な指導が行われるように留意するものとする。

2　家庭や地域社会との連携及び協働と学校間の連携
教育課程の編成及び実施に当たっては，次の事項に配慮するものとする。

ア　学校がその目的を達成するため，学校や地域の実態等に応じ，教育活動の実施に必要な人的又は物的な体制を家庭や地域の人々の協力を得ながら整えるなど，家庭や地域社会との連携及び協働を深めること。また，高齢者や異年齢の子供など，地域における世代を越えた交流の機会を設けること。

イ　他の小学校や，幼稚園，認定こども園，保育所，中学校，高等学校，特別支援学校などとの間の連携や交流を図るとともに，障害のある幼児児童生徒との交流及び共同学習の機会を設け，共に尊重し合いながら協働して生活していく態度を育むようにすること。

第6　道徳教育に関する配慮事項

道徳教育を進めるに当たっては，道徳教育の特質を踏まえ，前項までに示す事項に加え，次の事項に配慮するものとする。

1　各学校においては，第1の2の(2)に示す道徳教育の目標を踏まえ，道徳教育の全体計画を作成し，校長の方針の下に，道徳教育の推進を主に担当する教師(以下「道徳教育推進教師」という。)を中心に，全教師が協力して道徳教育を展開すること。なお，道徳教育の全体計画の作成に当たっては，児童や学校，地域の実態を考慮して，学校の道徳教育の重点目標を設定するとともに，道徳科の指導方針，第3章特別の教科道徳の第2に示す内容との関連を踏まえた各教科，外国語活動，総合的な学習の時間及び特別活動における指導の内容及び時期並びに家庭や地域社会との連携の方法を示すこと。

2　各学校においては，児童の発達の段階や特性等を踏まえ，指導内容の重点化を図ること。その際，各学年を通じて，自立心や自律性，生命を尊重する心や他者を思いやる心を育てることに留意すること。また，各学年段階においては，次の事項に留意すること。

(1) 第1学年及び第2学年においては，挨拶などの基本的な生活習慣を身に付けること，善悪を判断し，してはならないことをしないこと，社会生活上のきまりを守ること。

(2) 第3学年及び第4学年においては，善悪を判断し，正しいと判断したことを行うこと，身近な人々と協力し助け合うこと，集団や社会のきまりを守ること。

(3) 第5学年及び第6学年においては，相手の考え方や立場を理解して支え合うこと，法やきまりの意義を理解して進んで守ること，集団生活の充実に努めること，伝統と文化を尊重し，それらを育んできた我が国と郷土を愛するとともに，他国を尊重すること。

3　学校や学級内の人間関係や環境を整えるとともに，集団宿泊活動やボランティア活動，自然体験活動，地域の行事への参加などの豊かな体験を充実すること。また，道徳教育の指導内容が，児童の日常生活に生かされるようにすること。その際，いじめの防止や安全の確保等にも資することとなるよう留意すること。

4　学校の道徳教育の全体計画や道徳教育に関する諸活動などの情報を積極的に公表したり，道徳教育の充実のために家庭や地域の人々の積極的な参加や協力を得たりするなど，家庭や地域社会との共通理解を深め，相互の連携を図ること。

210　付録5　小学校学習指導要領　音楽

付録5　小学校学習指導要領　音楽

平成29年3月告示

第1　目　標

　表現及び鑑賞の活動を通して，音楽的な見方・考え方を働かせ，生活や社会の中の音や音楽と豊かに関わる資質・能力を次のとおり育成することを目指す。

(1) 曲想と音楽の構造などとの関わりについて理解するとともに，表したい音楽表現をするために必要な技能を身に付けるようにする。

(2) 音楽表現を工夫することや，音楽を味わって聴くことができるようにする。

(3) 音楽活動の楽しさを体験することを通して，音楽を愛好する心情と音楽に対する感性を育むとともに，音楽に親しむ態度を養い，豊かな情操を培う。

第2　各学年の目標及び内容

	第1学年及び第2学年	第3学年及び
1 目 標	(1) 曲想と音楽の構造などとの関わりについて気付くとともに，音楽表現を楽しむために必要な歌唱，器楽，音楽づくりの技能を身に付けるようにする。 (2) 音楽表現を考えて表現に対する思いをもつことや，曲や演奏の楽しさを見いだしながら音楽を味わって聴くことができるようにする。 (3) 楽しく音楽に関わり，協働して音楽活動をする楽しさを感じながら，身の回りの様々な音楽に親しむとともに，音楽経験を生かして生活を明るく潤いのあるものにしようとする態度を養う。	(1) 曲想と音楽の構造などとの関わ現をするために必要な歌唱，器楽， (2) 音楽表現を考えて表現に対すよさなどを見いだしながら音楽を (3) 進んで音楽に関わり，協働してな音楽に親しむとともに，音楽経験しようとする態度を養う。
2 内 容 A 表 現	(1) 歌唱の活動を通して，次の事項を身に付けることができるよう指導する。 　ア　歌唱表現についての知識や技能を得たり生かしたりしながら，曲想を感じ取って表現を工夫し，どのように歌うかについて思いをもつこと。 　イ　曲想と音楽の構造との関わり，曲想と歌詞の表す情景や気持ちとの関わりについて気付くこと。 　ウ　思いに合った表現をするために必要な次の(ア)から(ウ)までの技能を身に付けること。 　　(ア) 範唱を聴いて歌ったり，階名で模唱したり暗唱したりする技能 　　(イ) 自分の歌声及び発音に気を付けて歌う技能 　　(ウ) 互いの歌声や伴奏を聴いて，声を合わせて歌う技能	(1) 歌唱の活動を通して，次の事項 　ア　歌唱表現についての知識や特徴を捉えた表現を工夫し，もつこと。 　イ　曲想と音楽の構造や歌詞の 　ウ　思いや意図に合った表現を技能を身に付けること。 　　(ア) 範唱を聴いたり，ハ長調の 　　(イ) 呼吸及び発音の仕方に気技能 　　(ウ) 互いの歌声や副次的な旋
	(2) 器楽の活動を通して，次の事項を身に付けることができるよう指導する。 　ア　器楽表現についての知識や技能を得たり生かしたりしながら，曲想を感じ取って表現を工夫し，どのように演奏するかについて思いをもつこと。 　イ　次の(ア)及び(イ)について気付くこと。 　　(ア) 曲想と音楽の構造との関わり 　　(イ) 楽器の音色と演奏の仕方との関わり 　ウ　思いに合った表現をするために必要な次の(ア)から(ウ)までの技能を身に付けること。 　　(ア) 範奏を聴いたり，リズム譜などを見たりして演奏する技能 　　(イ) 音色に気を付けて，旋律楽器及び打楽器を演奏する技能 　　(ウ) 互いの楽器の音や伴奏を聴いて，音を合わせて演奏する技能	(2) 器楽の活動を通して，次の事項 　ア　器楽表現についての知識や を捉えた表現を工夫し，どのように 　イ　次の(ア)及び(イ)について 　　(ア) 曲想と音楽の構造との関わ 　　(イ) 楽器の音色や響きと演奏 　ウ　思いや意図に合った表現を技能を身に付けること。 　　(ア) 範奏を聴いたり，ハ長調の 　　(イ) 音色や響きに気を付けて， 　　(ウ) 互いの楽器の副次的な旋

第４学年	第５学年及び第６学年
りについて気付くとともに，表したい音楽表 音楽づくりの技能を身に付けるようにする。 る思いや意図をもつことや，曲や演奏の 味わって聴くことができるようにする。 音楽活動をする楽しさを感じながら，様々 を生かして生活を明るく潤いのあるものに	(1) 曲想と音楽の構造などとの関わりについて理解するとともに，表したい 　音楽表現をするために必要な歌唱，器楽，音楽づくりの技能を身に付け 　るようにする。 (2) 音楽表現を考えて表現に対する思いや意図をもつことや，曲や演奏の 　よさなどを見いだしながら音楽を味わって聴くことができるようにする。 (3) 主体的に音楽に関わり，協働して音楽活動をする楽しさを味わいながら， 　様々な音楽に親しむとともに，音楽経験を生かして生活を明るく潤いのあ 　るものにしようとする態度を養う。
を身に付けることができるよう指導する。 技能を得たり生かしたりしながら，曲の どのように歌うかについて思いや意図を 内容との関わりについて気付くこと。 するために必要な次の (ｱ) から (ｳ) までの 楽譜を見たりして歌う技能 を付けて，自然で無理のない歌い方で歌う 律，伴奏を聴いて，声を合わせて歌う技能	(1) 歌唱の活動を通して，次の事項を身に付けることができるよう指導する。 　ア　歌唱表現についての知識や技能を得たり生かしたりしながら，曲の 　　特徴にふさわしい表現を工夫し，どのように歌うかについて思いや意図 　　をもつこと。 　イ　曲想と音楽の構造や歌詞の内容との関わりについて理解すること。 　ウ　思いや意図に合った表現をするために必要な次の (ｱ) から (ｳ) 　　までの技能を身に付けること。 　　(ｱ) 範唱を聴いたり，ハ長調及びイ短調の楽譜を見たりして歌う技能 　　(ｲ) 呼吸及び発音の仕方に気を付けて，自然で無理のない，響きのある歌 　　　い方で歌う技能 　　(ｳ) 各声部の歌声や全体の響き，伴奏を聴いて，声を合わせて歌う技能
を身に付けることができるよう指導する。 技能を得たり生かしたりしながら，曲の特徴 演奏するかについて思いや意図をもつこと。 気付くこと。 り の仕方との関わり するために必要な次の (ｱ) から (ｳ) までの 楽譜を見たりして演奏する技能 旋律楽器及び打楽器を演奏する技能 律，伴奏を聴いて，音を合わせて演奏する技能	(2) 器楽の活動を通して，次の事項を身に付けることができるよう指導する。 　ア　器楽表現についての知識や技能を得たり生かしたりしながら，曲の特 　　徴にふさわしい表現を工夫し，どのように演奏するかについて思いや意 　　図をもつこと。 　イ　次の (ｱ) 及び (ｲ) について理解すること。 　　(ｱ) 曲想と音楽の構造との関わり 　　(ｲ) 多様な楽器の音色や響きと演奏の仕方との関わり 　ウ　思いや意図に合った表現をするために必要な次の (ｱ) から (ｳ) 　　までの技能を身に付けること。 　　(ｱ) 範奏を聴いたり，ハ長調及びイ短調の楽譜を見たりして演奏する技能 　　(ｲ) 音色や響きに気を付けて，旋律楽器及び打楽器を演奏する技能 　　(ｳ) 各声部の楽器の音や全体の響き，伴奏を聴いて，音を合わせて 　　　演奏する技能

	第1学年及び第2学年	第3学年及び
	(3) 音楽づくりの活動を通して，次の事項を身に付けることができるよう指導する。 　ア　音楽づくりについての知識や技能を得たり生かしたりしながら，次の（ア）及び（イ）をできるようにすること。 　　（ア）音遊びを通して，音楽づくりの発想を得ること。 　　（イ）どのように音を音楽にしていくかについて思いをもつこと。 　イ　次の（ア）及び（イ）について，それらが生み出す面白さなどと関わらせて気付くこと。 　　（ア）声や身の回りの様々な音の特徴 　　（イ）音やフレーズのつなげ方の特徴 　ウ　発想を生かした表現や，思いに合った表現をするために必要な次の（ア）及び（イ）の技能を身に付けること。 　　（ア）設定した条件に基づいて，即興的に音を選んだりつなげたりして表現する技能 　　（イ）音楽の仕組みを用いて，簡単な音楽をつくる技能	(3) 音楽づくりの活動を通して，次指導する。 　ア　音楽づくりについての知識及び（イ）をできるようにすること。 　　（ア）　即興的に表現することを 　　（イ）　音を音楽へと構成するこ楽をつくるかについて思い 　イ　次の（ア）及び（イ）について，らせて気付くこと。 　　（ア）　いろいろな音の響きやそ 　　（イ）　音やフレーズのつなげ方 　ウ　発想を生かした表現や，思い次の（ア）及び（イ）の技能を 　　（ア）　設定した条件に基づいりして表現する技能 　　（イ）　音楽の仕組みを用いて，
B鑑賞	(1) 鑑賞の活動を通して，次の事項を身に付けることができるよう指導する。 　ア　鑑賞についての知識を得たり生かしたりしながら，曲や演奏の楽しさを見いだし，曲全体を味わって聴くこと。 　イ　曲想と音楽の構造との関わりについて気付くこと。	(1) 鑑賞の活動を通して，次の事項 　ア　鑑賞についての知識を得たり見いだし，曲全体を味わって聴く 　イ　曲想及びその変化と，音楽の
〔共通事項〕	(1) 「A表現」及び「B鑑賞」の指導を通して，次の事項を身に付けることができるよう指導する。 　ア　音楽を形づくっている要素を聴き取り，それらの働きが生み出すよさや面白さ，美しさを感じ取りながら，聴き取ったことと感じ取ったこととの関わりについて考えること。 　イ　音楽を形づくっている要素及びそれらに関わる身近な音符，休符，記号や用語について，音楽における働きと関わらせて理解すること。	(1) 「A表現」及び「B鑑賞」のができるよう指導する。 　ア　音楽を形づくっている要素を面白さ，美しさを感じ取りながら，について考えること。 　イ　音楽を形づくっている要素及について，音楽における働きと関
3　内容の取扱い	(1) 歌唱教材は次に示すものを取り扱う。 　ア　主となる歌唱教材については，各学年ともイの共通教材を含めて，斉唱及び輪唱で歌う曲 　イ　共通教材 　〔第1学年〕 　　「うみ」　（文部省唱歌）　林　柳波 作詞　井上武士 作曲 　　「かたつむり」（文部省唱歌） 　　「日のまる」（文部省唱歌）　高野辰之 作詞　岡野貞一 作曲 　　「ひらいたひらいた」（わらべうた） 　〔第2学年〕 　　「かくれんぼ」（文部省唱歌）　林　柳波 作詞　下総皖一 作曲 　　「春がきた」（文部省唱歌）　高野辰之 作詞　岡野貞一 作曲 　　「虫のこえ」（文部省唱歌） 　　「夕やけこやけ」　中村雨紅 作詞　草川　信 作曲	(1)歌唱教材は次に示すものを取 　ア　主となる歌唱教材についっ，斉唱及び簡単な合唱で歌 　イ　共通教材 　〔第3学年〕 　　「うさぎ」　（日本古謡） 　　「茶つみ」　（文部省唱歌） 　　「春の小川」（文部省唱歌） 　　「ふじ山」　（文部省唱歌） 　〔第4学年〕 　　「さくらさくら」（日本古謡） 　　「とんび」 　　「まきばの朝」（文部省唱歌） 　　「もみじ」　（文部省唱歌）
	(2) 主となる器楽教材については，既習の歌唱教材を含め，主旋律に簡単なリズム伴奏や低声部などを加えた曲を取り扱う。	(2)主となる器楽教材については，合奏などの曲を取り扱う。

付録5　小学校学習指導要領　音楽　213

第４学年	第５学年及び第６学年
の事項を身に付けることができるよう や技能を得たり生かしたりしながら，次の（ア） 通して，音楽づくりの発想を得ること。 とを通して，どのようにまとまりを意識した音 や意図をもつこと。 それらが生み出すよさや面白さなどと関わ れらの組合せの特徴 や重ね方の特徴 や意図に合った表現をするために必要な 身に付けること。 て，即興的に音を選択したり組み合わせた 音楽をつくる技能	(3)　音楽づくりの活動を通して，次の事項を身に付けることができるよう指 　　導する。 　ア　音楽づくりについての知識や技能を得たり生かしたりしながら，次の 　　　（ア）及び（イ）をできるようにすること。 　　　（ア）即興的に表現することを通して，音楽づくりの様々な発想を得ること。 　　　（イ）音を音楽へと構成することを通して，どのように全体のまとまりを意 　　　　識した音楽をつくるかについて思いや意図をもつこと。 　イ　次の（ア）及び（イ）について，それらが生み出すよさや面白さなど 　　　と関わらせて理解すること。 　　　（ア）いろいろな音の響きやそれらの組合せの特徴 　　　（イ）音やフレーズのつなげ方や重ね方の特徴 　ウ　発想を生かした表現や，思いや意図に合った表現をするために必要 　　　な次の（ア）及び（イ）の技能を身に付けること。 　　　（ア）設定した条件に基づいて，即興的に音を選択したり組み合わせた 　　　　りして表現する技能 　　　（イ）音楽の仕組みを用いて，音楽をつくる技能
を身に付けることができるよう指導する。 生かしたりしながら，曲や演奏のよさなどを こと。 構造との関わりについて気付くこと。	(1)　鑑賞の活動を通して，次の事項を身に付けることができるよう指導する。 　ア　鑑賞についての知識を得たり生かしたりしながら，曲や演奏のよさな 　　　どを見いだし，曲全体を味わって聴くこと。 　イ　曲想及びその変化と，音楽の構造との関わりについて理解すること。
指導を通して，次の事項を身に付けること 聴き取り，それらの働きが生み出すよさや 聴き取ったことと感じ取ったこととの関わり びそれらに関わる音符，休符，記号や用語 わらせて理解すること。	(1)　「A表現」及び「B鑑賞」の指導を通して，次の事項を身に付けるこ 　　とができるよう指導する。 　ア　音楽を形づくっている要素を聴き取り，それらの働きが生み出すよさ 　　　や面白さ，美しさを感じ取りながら，聴き取ったことと感じ取ったこととの 　　　関わりについて考えること。 　イ　音楽を形づくっている要素及びそれらに関わる音符，休符，記号や 　　　用語について，音楽における働きと関わらせて理解すること。
り扱う。 ては，各学年ともイの共通教材を含め う曲 高野辰之 作詞　岡野貞一 作曲 巌谷小波 作詞 葛原しげる 作詞　梁田　貞 作曲 船橋栄吉 作曲 高野辰之 作詞　岡野貞一 作曲	(1)　歌唱教材は次に示すものを取り扱う。 　ア　主となる歌唱教材については，各学年ともイの共通教材の中の3曲 　　　を含めて，斉唱及び合唱で歌う曲 　イ　共通教材 　　　〔第5学年〕 　　　　「こいのぼり」　（文部省唱歌） 　　　　「子もり歌」　　（日本古謡） 　　　　「スキーの歌」　（文部省唱歌）　林　柳波 作詞　橋本国彦 作曲 　　　　「冬げしき」　　（文部省唱歌） 　　　〔第6学年〕 　　　　「越天楽今様（歌詞は第2節まで）」（日本古謡）　慈鎮和尚 作歌 　　　　「おぼろ月夜」（文部省唱歌）　高野辰之 作詞　岡野貞一 作曲 　　　　「ふるさと」　（文部省唱歌）　高野辰之 作詞　岡野貞一 作曲 　　　　「われは海の子（歌詞は第3節まで）」（文部省唱歌）
既習の歌唱教材を含め，簡単な重奏や	(2)　主となる器楽教材については，楽器の演奏効果を考慮し，簡単な重 　　奏や合奏などの曲を取り扱う。

第1学年及び第2学年	第3学年及び
(3) 鑑賞教材は次に示すものを取り扱う。 　ア　我が国及び諸外国のわらべうたや遊びうた，行進曲や踊りの音楽など体を動かすことの快さを感じ取りやすい音楽，日常の生活に関連して情景を思い浮かべやすい音楽など，いろいろな種類の曲 　イ　音楽を形づくっている要素の働きを感じ取りやすく，親しみやすい曲 　ウ　楽器の音色や人の声の特徴を捉えやすく親しみやすい，いろいろな演奏形態による曲	(3) 鑑賞教材は次に示すものを取 　ア　和楽器の音楽を含めた我が 　　る民謡など生活との関わりを捉 　　親しまれている音楽など，いろい 　イ　音楽を形づくっている要素の 　　得やすい曲 　ウ　楽器や人の声による演奏表 　　重奏，独唱，重唱を含めたいろ

第3　指導計画の作成と内容の取扱い

1　指導計画の作成に当たっては，次の事項に配慮するものとする。

(1)　題材など内容や時間のまとまりを見通して，その中で育む資質・能力の育成に向けて，児童の主体的・対話的で深い学びの実現を図るようにすること。その際，音楽的な見方・考え方を働かせ，他者と協働しながら，音楽表現を生み出したり音楽を聴いてそのよさなどを見いだしたりするなど，思考，判断し，表現する一連の過程を大切にした学習の充実を図ること。

(2)　第2の各学年の内容の「A表現」の(1),(2)及び(3)の指導については，ア，イ及びウの各事項を，「B鑑賞」の(1)の指導については，ア及びイの各事項を適切に関連させて指導すること。

(3)　第2の各学年の内容の〔共通事項〕は，表現及び鑑賞の学習において共通に必要となる資質・能力であり，「A表現」及び「B鑑賞」の指導と併せて，十分な指導が行われるよう工夫すること。

(4)　第2の各学年の内容の「A表現」の(1)，(2)及び(3)並びに「B鑑賞」の(1)の指導については，適宜，〔共通事項〕を要として各領域や分野の関連を図るようにすること。

(5)　国歌「君が代」は，いずれの学年においても歌えるよう指導すること。

(6)　低学年においては，第1章総則の第2の4の(1)を踏まえ，他教科等との関連を積極的に図り，指導の効果を高めるようにするとともに，幼稚園教育要領等に示す幼児期の終わりまでに育ってほしい姿との関連を考慮すること。特に，小学校入学当初においては，生活科を中心とした合科的・関連的な指導や，弾力的な時間割の設定を行うなどの工夫をすること。

(7)　障害のある児童などについては，学習活動を行う場合に生じる困難さに応じた指導内容や指導方法の工夫を計画的，組織的に行うこと。

(8)　第1章総則の第1の2の(2)に示す道徳教育の目標に基づき，道徳科などとの関連を考慮しながら，第3章特別の教科道徳の第2に示す内容について，音楽科の特質に応じて適切な指導をすること。

2　第2の内容の取扱いについては，次の事項に配慮するものとする。

(1)　各学年の「A表現」及び「B鑑賞」の指導に当たっては，次のとおり取り扱うこと。

　ア　音楽によって喚起されたイメージや感情，音楽表現に対する思いや意図，音楽を聴いて感じ取ったことや想像したことなどを伝え合い共感するなど，音や音楽及び言葉によるコミュニケーションを図り，音楽科の特質に応じた言語活動を適切に位置付けられるよう指導を工夫すること。

　イ　音楽との一体感を味わい，想像力を働かせて音楽と関わることができるよう，指導のねらいに即して体を動かす活動を取り入れること。

　ウ　児童が様々な感覚を働かせて音楽への理解を深めたり，主体的に学習に取り組んだりすることができるようにするため，コンピュータや教育機器を効果的に活用できるよう指導を工夫すること。

　エ　児童が学校内及び公共施設などの学校外における音楽活動とのつながりを意識できるようにするなど，児童や学校，地域の実態に応じ，生活や社会の中の音や音楽と主体的に関わっていくことができるよう配慮すること。

　オ　表現したり鑑賞したりする多くの曲について，それらを創作した著作者がいることに気付き，学習した曲や自分たちのつくった曲を大切にする態度を養うようにするとともに，それらの著作者の創造性を尊重する意識をもてるようにすること。また，このことが，音楽文化の継承，発展，創造を支えていることについて理解する素地となるよう配慮すること。

(2)　和音の指導に当たっては，合唱や合奏などの活動を通して和音のもつ表情を感じ取ることができるようにすること。また，長調及び短調の曲においては，I，IV，V及びV7などの和音を中心に指導すること。

(3)　我が国や郷土の音楽の指導に当たっては，そのよさなどを感じ取って表現したり鑑賞したりできるよう，音源や楽譜等の示し方，伴奏の仕方，曲に合った歌い方や楽器の演奏の仕方などの指導方法を工夫すること。

第4学年	第5学年及び第6学年
り扱う。 国の音楽，郷土の音楽，諸外国に伝わえやすい音楽，劇の音楽，人々に長くろな種類の曲 働きを感じ取りやすく，聴く楽しさを 現の違いを聴き取りやすい，独奏，重な演奏形態による曲	(3) 鑑賞教材は次に示すものを取り扱う。 ア　和楽器の音楽を含めた我が国の音楽や諸外国の音楽など文化との関わりを捉えやすい音楽，人々に長く親しまれている音楽など，いろいろな種類の曲 イ　音楽を形づくっている要素の働きを感じ取りやすく，聴く喜びを深めやすい曲 ウ　楽器の音や人の声が重なり合う響きを味わうことができる，合奏，合唱を含めたいろいろな演奏形態による曲

(4)　各学年の「A表現」の(1)の歌唱の指導に当たっては，次のとおり取り扱うこと。
　ア　歌唱教材については，我が国や郷土の音楽に愛着がもてるよう，共通教材のほか，長い間親しまれてきた唱歌，それぞれの地方に伝承されているわらべうたや民謡など日本のうたを含めて取り上げるようにすること。
　イ　相対的な音程感覚を育てるために，適宜，移動ド唱法を用いること。
　ウ　変声以前から自分の声の特徴に関心をもたせるとともに，変声期の児童に対して適切に配慮すること。
(5)　各学年の「A表現」の(2)の楽器については，次のとおり取り扱うこと。
　ア　各学年で取り上げる打楽器は，木琴，鉄琴，和楽器，諸外国に伝わる様々な楽器を含めて，演奏の効果，児童や学校の実態を考慮して選択すること。
　イ　第1学年及び第2学年で取り上げる旋律楽器は，オルガン，鍵盤ハーモニカなどの中から児童や学校の実態を考慮して選択すること。
　ウ　第3学年及び第4学年で取り上げる旋律楽器は，既習の楽器を含めて，リコーダーや鍵盤楽器，和楽器などの中から児童や学校の実態を考慮して選択すること。
　エ　第5学年及び第6学年で取り上げる旋律楽器は，既習の楽器を含めて，電子楽器，和楽器，諸外国に伝わる楽器などの中から児童や学校の実態を考慮して選択すること。
　オ　合奏で扱う楽器については，各声部の役割を生かした演奏ができるよう，楽器の特性を生かして選択すること。
(6)　各学年の「A表現」の(3)の音楽づくりの指導に当たっては，次のとおり取り扱うこと。
　ア　音遊びや即興的な表現では，身近なものから多様な音を探したり，リズムや旋律を模倣したりして，音楽づくりのための発想を得ることができるよう指導すること。その際，適切な条件を設定するなど，児童が無理なく音を選択したり組み合わせたりすることができるよう指導を工夫すること。
　イ　どのような音楽を，どのようにしてつくるかなどについて，児童の実態に応じて具体的な例を示しながら指導するなど，見通しをもって音楽づくりの活動ができるよう指導を工夫すること。
　ウ　つくった音楽については，指導のねらいに即し，必要に応じて作品を記録させること。作品を記録する方法については，図や絵によるもの，五線譜など柔軟に指導すること。
　エ　拍のないリズム，我が国の音楽に使われている音階や調性にとらわれない音階などを児童の実態に応じて取り上げるようにすること。
(7)　各学年の「B鑑賞」の指導に当たっては，言葉などで表す活動を取り入れ，曲想と音楽の構造との関わりについて気付いたり理解したり，曲や演奏の楽しさやよさなどを見いだしたりすることができるよう指導を工夫すること。
(8)　各学年の〔共通事項〕に示す「音楽を形づくっている要素」については，児童の発達の段階や指導のねらいに応じて，次のア及びイから適切に選択したり関連付けたりして指導すること。
　ア　音楽を特徴付けている要素
　　　音色，リズム，速度，旋律，強弱，音の重なり，和音の響き，音階，調，拍，フレーズなど
　イ　音楽の仕組み
　　　反復，呼びかけとこたえ，変化，音楽の縦と横との関係など
(9)　各学年の〔共通事項〕の(1)のイに示す「音符，休符，記号や用語」については，児童の学習状況を考慮して，次に示すものを音楽における働きと関わらせて理解し，活用できるよう取り扱うこと。

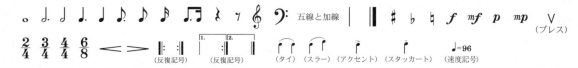

付録6 中学校学習指導要領　音楽
平成29年3月告示

第1　目　標
　表現及び鑑賞の幅広い活動を通して，音楽的な見方・考え方を働かせ，生活や社会の中の音や音楽，音楽文化と豊かに関わる資質・能力を次のとおり育成することを目指す。
(1)　曲想と音楽の構造や背景などとの関わり及び音楽の多様性について理解するとともに，創意工夫を生かした音楽表現をするために必要な技能を身に付けるようにする。
(2)　音楽表現を創意工夫することや，音楽のよさや美しさを味わって聴くことができるようにする。
(3)　音楽活動の楽しさを体験することを通して，音楽を愛好する心情を育むとともに，音楽に対する感性を豊かにし，音楽に親しんでいく態度を養い，豊かな情操を培う。

第2　各学年の目標及び内容

	第1学年
1 目 標	(1)　曲想と音楽の構造などとの関わり及び音楽の多様性について理解するとともに，創意工夫を生かした音楽表現をするために必要な歌唱，器楽，創作の技能を身に付けるようにする。 (2)　音楽表現を創意工夫することや，音楽を自分なりに評価しながらよさや美しさを味わって聴くことができるようにする。 (3)　主体的・協働的に表現及び鑑賞の学習に取り組み，音楽活動の楽しさを体験することを通して，音楽文化に親しむとともに，音楽によって生活を明るく豊かなものにしていく態度を養う。
2 内 容 A 表 現	(1)　歌唱の活動を通して，次の事項を身に付けることができるよう指導する。 　ア　歌唱表現に関わる知識や技能を得たり生かしたりしながら，歌唱表現を創意工夫すること。 　イ　次の (ア) 及び (イ) について理解すること。 　　(ア)　曲想と音楽の構造や歌詞の内容との関わり 　　(イ)　声の音色や響き及び言葉の特性と曲種に応じた発声との関わり 　ウ　次の (ア) 及び (イ) の技能を身に付けること。 　　(ア)　創意工夫を生かした表現で歌うために必要な発声，言葉の発音，身体の使い方などの技能 　　(イ)　創意工夫を生かし，全体の響きや各声部の声などを聴きながら他者と合わせて歌う技能<hr>(2)　器楽の活動を通して，次の事項を身に付けることができるよう指導する。 　ア　器楽表現に関わる知識や技能を得たり生かしたりしながら，器楽表現を創意工夫すること。 　イ　次の (ア) 及び (イ) について理解すること。 　　(ア)　曲想と音楽の構造との関わり 　　(イ)　楽器の音色や響きと奏法との関わり 　ウ　次の (ア) 及び (イ) の技能を身に付けること。 　　(ア)　創意工夫を生かした表現で演奏するために必要な奏法，身体の使い方などの技能 　　(イ)　創意工夫を生かし，全体の響きや各声部の音などを聴きながら他者と合わせて演奏する技能<hr>(3)　創作の活動を通して，次の事項を身に付けることができるよう指導する。 　ア　創作表現に関わる知識や技能を得たり生かしたりしながら，創作表現を創意工夫すること。 　イ　次の (ア) 及び (イ) について，表したいイメージと関わらせて理解すること。 　　(ア)　音のつながり方の特徴 　　(イ)　音素材の特徴及び音の重なり方や反復，変化，対照などの構成上の特徴 　ウ　創意工夫を生かした表現で旋律や音楽をつくるために必要な，課題や条件に沿った音の選択や組合せなどの技能を身に付けること。
B 鑑 賞	(1)　鑑賞の活動を通して，次の事項を身に付けることができるよう指導する。 　ア　鑑賞に関わる知識を得たり生かしたりしながら，次の (ア) から (ウ) までについて自分なりに考え，音楽のよさや美しさを味わって聴くこと。 　　(ア)　曲や演奏に対する評価とその根拠 　　(イ)　生活や社会における音楽の意味や役割 　　(ウ)　音楽表現の共通性や固有性 　イ　次の (ア) から (ウ) までについて理解すること。 　　(ア)　曲想と音楽の構造との関わり 　　(イ)　音楽の特徴とその背景となる文化や歴史，他の芸術との関わり 　　(ウ)　我が国や郷土の伝統音楽及びアジア地域の諸民族の音楽の特徴と，その特徴から生まれる音楽の多様性

第２学年及び第３学年
(1) 曲想と音楽の構造や背景などとの関わり及び音楽の多様性について理解するとともに，創意工夫を生かした音楽表現をするために必要な歌唱，器楽，創作の技能を身に付けるようにする。 (2) 曲にふさわしい音楽表現を創意工夫することや，音楽を評価しながらよさや美しさを味わって聴くことができるようにする。 (3) 主体的・協働的に表現及び鑑賞の学習に取り組み，音楽活動の楽しさを体験することを通して，音楽文化に親しむとともに，音楽によって生活を明るく豊かなものにし，音楽に親しんでいく態度を養う。
(1) 歌唱の活動を通して，次の事項を身に付けることができるよう指導する。 　ア　歌唱表現に関わる知識や技能を得たり生かしたりしながら，曲にふさわしい歌唱表現を創意工夫すること。 　イ　次の（ア）及び（イ）について理解すること。 　　（ア）　曲想と音楽の構造や歌詞の内容及び曲の背景との関わり 　　（イ）　声の音色や響き及び言葉の特性と曲種に応じた発声との関わり 　ウ　次の（ア）及び（イ）の技能を身に付けること。 　　（ア）　創意工夫を生かした表現で歌うために必要な発声，言葉の発音，身体の使い方などの技能 　　（イ）　創意工夫を生かし，全体の響きや各声部の声などを聴きながら他者と合わせて歌う技能
(2) 器楽の活動を通して，次の事項を身に付けることができるよう指導する。 　ア　器楽表現に関わる知識や技能を得たり生かしたりしながら，曲にふさわしい器楽表現を創意工夫すること。 　イ　次の（ア）及び（イ）について理解すること。 　　（ア）　曲想と音楽の構造や曲の背景との関わり 　　（イ）　楽器の音色や響きと奏法との関わり 　ウ　次の（ア）及び（イ）の技能を身に付けること。 　　（ア）　創意工夫を生かした表現で演奏するために必要な奏法，身体の使い方などの技能 　　（イ）　創意工夫を生かし，全体の響きや各声部の音などを聴きながら他者と合わせて演奏する技能
(3) 創作の活動を通して，次の事項を身に付けることができるよう指導する。 　ア　創作表現に関わる知識や技能を得たり生かしたりしながら，まとまりのある創作表現を創意工夫すること。 　イ　次の（ア）及び（イ）について，表したいイメージと関わらせて理解すること。 　　（ア）　音階や言葉などの特徴及び音のつながり方の特徴 　　（イ）　音素材の特徴及び音の重なり方や反復，変化，対照などの構成上の特徴 　ウ　創意工夫を生かした表現で旋律や音楽をつくるために必要な，課題や条件に沿った音の選択や組合せなどの技能を身に付けること。
(1) 鑑賞の活動を通して，次の事項を身に付けることができるよう指導する。 　ア　鑑賞に関わる知識を得たり生かしたりしながら，次の（ア）から（ウ）までについて考え，音楽のよさや美しさを味わって聴くこと。 　　（ア）　曲や演奏に対する評価とその根拠 　　（イ）　生活や社会における音楽の意味や役割 　　（ウ）　音楽表現の共通性や固有性 　イ　次の（ア）から（ウ）までについて理解すること。 　　（ア）　曲想と音楽の構造との関わり 　　（イ）　音楽の特徴とその背景となる文化や歴史，他の芸術との関わり 　　（ウ）　我が国や郷土の伝統音楽及び諸外国の様々な音楽の特徴と，その特徴から生まれる音楽の多様性

	第1学年
[共通事項]	(1) 「A表現」及び「B鑑賞」の指導を通して，次の事項を身に付けることができるよう指導する。 　ア　音楽を形づくっている要素や要素同士の関連を知覚し，それらの働きが生み出す特質や雰囲気を感受しながら，知覚したことと感受したこととの関わりについて考えること。 　イ　音楽を形づくっている要素及びそれらに関わる用語や記号などについて，音楽における働きと関わらせて理解すること。

第3　指導計画の作成と内容の取扱い

1　指導計画の作成に当たっては，次の事項に配慮するものとする。
(1)　題材など内容や時間のまとまりを見通して，その中で育む資質・能力の育成に向けて，生徒の主体的・対話的で深い学びの実現を図るようにすること。その際，音楽的な見方・考え方を働かせ，他者と協働しながら，音楽表現を生み出したり音楽を聴いてそのよさや美しさなどを見いだしたりするなど，思考，判断し，表現する一連の過程を大切にした学習の充実を図ること。
(2)　第2の各学年の内容の「A表現」の (1)，(2) 及び (3) の指導については，ア，イ及びウの各事項を，「B鑑賞」の (1) の指導については，ア及びイの各事項を適切に関連させて指導すること。
(3)　第2の各学年の内容の〔共通事項〕は，表現及び鑑賞の学習において共通に必要となる資質・能力であり，「A表現」及び「B鑑賞」の指導と併せて，十分な指導が行われるよう工夫すること。
(4)　第2の各学年の内容の「A表現」の (1)，(2) 及び (3) 並びに「B鑑賞」の (1) の指導については，それぞれ特定の活動のみに偏らないようにするとともに，必要に応じて，〔共通事項〕を要として各領域や分野の関連を図るようにすること。
(5)　障害のある生徒などについては，学習活動を行う場合に生じる困難さに応じた指導内容や指導方法の工夫を計画的，組織的に行うこと。
(6)　第1章総則の第1の2の (2) に示す道徳教育の目標に基づき，道徳科などとの関連を考慮しながら，第3章特別の教科道徳の第2に示す内容について，音楽科の特質に応じて適切な指導をすること。
2　第2の内容の取扱いについては，次の事項に配慮するものとする。
(1)　各学年の「A表現」及び「B鑑賞」の指導に当たっては，次のとおり取り扱うこと。
　ア　音楽活動を通して，それぞれの教材等に応じ，音や音楽が生活に果たす役割を考えさせるなどして，生徒が音や音楽と生活や社会との関わりを実感できるよう指導を工夫すること。なお，適宜，自然音や環境音などについても取り扱い，音環境への関心を高めることができるよう指導を工夫すること。
　イ　音楽によって喚起された自己のイメージや感情，音楽表現に対する思いや意図，音楽に対する評価などを伝え合い共感するなど，音や音楽及び言葉によるコミュニケーションを図り，音楽科の特質に応じた言語活動を適切に位置付けられるよう指導を工夫すること。
　ウ　知覚したことと感受したこととの関わりを基に音楽の特徴を捉えたり，思考，判断の過程や結果を表したり，それらについて他者と共有，共感したりする際には，適宜，体を動かす活動も取り入れるようにすること。
　エ　生徒が様々な感覚を関連付けて音楽への理解を深めたり，主体的に学習に取り組んだりすることができるようにするため，コンピュータや教育機器を効果的に活用できるよう指導を工夫すること。
　オ　生徒が学校内及び公共施設などの学校外における音楽活動とのつながりを意識できるようにするなど，生徒や学校，地域の実態に応じ，生活や社会の中の音や音楽，音楽文化と主体的に関わっていくことができるよう配慮すること。
　カ　自己や他者の著作物及びそれらの著作者の創造性を尊重する態度の形成を図るとともに，必要に応じて，音楽に関する知的財産権について触れるようにすること。また，こうした態度の形成が，音楽文化の継承，発展，創造を支えていることへの理解につながるよう配慮すること。
(2)　各学年の「A表現」の (1) の歌唱の指導に当たっては，次のとおり取り扱うこと。
　ア　歌唱教材は，次に示すものを取り扱うこと。
　　(ア)　我が国及び諸外国の様々な音楽のうち，指導のねらいに照らして適切で，生徒にとって親しみがもてたり意欲が高められたり，生活や社会において音楽が果たしている役割が感じ取れたりできるもの。
　　(イ)　民謡，長唄などの我が国の伝統的な歌唱のうち，生徒や学校，地域の実態を考慮して，伝統的な声や歌い方の特徴を感じ取れるもの。なお，これらを取り扱う際は，その表現活動を通して，生徒が我が国や郷土の伝統音楽のよさを味わい，愛着をもつことができるよう工夫すること。
　　(ウ)　我が国で長く歌われ親しまれている歌曲のうち，我が国の自然や四季の美しさを感じ取れるもの又は我が国の文化や日本語のもつ美しさを味わえるもの。なお，各学年において，以下の共通教材の中から1曲以上を含めること。

「赤とんぼ」三木露風 作詞　山田耕筰 作曲		「花」　武島羽衣 作詞　滝廉太郎 作曲
「荒城の月」土井晩翠 作詞　滝廉太郎 作曲		「花の街」江間章子 作詞　團伊玖磨 作曲
「早春賦」吉丸一昌 作詞　中田 章 作曲		「浜辺の歌」林 古渓 作詞　成田為三 作曲
「夏の思い出」江間章子 作詞　中田喜直 作曲		

第2学年及び第3学年

(1) 「A表現」及び「B鑑賞」の指導を通して,次の事項を身に付けることができるよう指導する。
　ア　音楽を形づくっている要素や要素同士の関連を知覚し,それらの働きが生み出す特質や雰囲気を感受しながら,知覚したことと感受したこととの関わりについて考えること。
　イ　音楽を形づくっている要素及びそれらに関わる用語や記号などについて,音楽における働きと関わらせて理解すること。

　　イ　変声期及び変声前後の声の変化について気付かせ,変声期の生徒を含む全ての生徒の心理的な面についても配慮するとともに,変声期の生徒については適切な声域と声量によって歌わせるようにすること。
　　ウ　相対的な音程感覚などを育てるために,適宜,移動ド唱法を用いること。
(3) 各学年の「A表現」の(2)の器楽の指導に当たっては,次のとおり取り扱うこと。
　ア　器楽教材は,次に示すものを取り扱うこと。
　　(ｱ)　我が国及び諸外国の様々な音楽のうち,指導のねらいに照らして適切で,生徒にとって親しみがもてたり意欲が高められたり,生活や社会において音楽が果たしている役割が感じ取れたりできるもの。
　イ　生徒や学校,地域の実態などを考慮した上で,指導上の必要に応じて和楽器,弦楽器,管楽器,打楽器,鍵盤楽器,電子楽器及び世界の諸民族の楽器を適宜用いること。なお,3学年間を通じて1種類以上の和楽器を取り扱い,その表現活動を通して,生徒が我が国や郷土の伝統音楽のよさを味わい,愛着をもつことができるよう工夫すること。
(4) 歌唱及び器楽の指導における合わせて歌ったり演奏したりする表現形態では,他者と共に一つの音楽表現をつくる過程を大切にするとともに,生徒一人一人が,担当する声部の役割と全体の響きについて考え,主体的に創意工夫できるよう指導を工夫すること。
(5) 読譜の指導に当たっては,小学校における学習を踏まえ,♯や♭の調号としての意味を理解させるとともに,3学年間を通じて,1♯,1♭程度をもった調号の楽譜の視唱や視奏に慣れさせるようにすること。
(6) 我が国の伝統的な歌唱や和楽器の指導に当たっては,言葉と音楽との関係,姿勢や身体の使い方についても配慮するとともに,適宜,口唱歌を用いること。
(7) 各学年の「A表現」の(3)の創作の指導に当たっては,即興的に音を出しながら音のつながり方を試すなど,音を音楽へと構成していく体験を重視すること。その際,理論に偏らないようにするとともに,必要に応じて作品を記録する方法を工夫させること。
(8) 各学年の「B鑑賞」の指導に当たっては,次のとおり取り扱うこと。
　ア　鑑賞教材は,我が国や郷土の伝統音楽を含む我が国及び諸外国の様々な音楽のうち,指導のねらいに照らして適切なものを取り扱うこと。
　イ　第1学年では言葉で説明したり,第2学年及び第3学年では批評したりする活動を取り入れ,曲や演奏に対する評価やその根拠を明らかにできるよう指導を工夫すること。
(9) 各学年の〔共通事項〕に示す「音楽を形づくっている要素」については,指導のねらいに応じて,音色,リズム,速度,旋律,テクスチュア,強弱,形式,構成などから,適切に選択したり関連付けたりして指導すること。
(10) 各学年の〔共通事項〕の(1)のイに示す「用語や記号など」については,小学校学習指導要領第2章第6節音楽の第3の2の(9)に示すものに加え,生徒の学習状況を考慮して,次に示すものを音楽における働きと関わらせて理解し,活用できるよう取り扱うこと。

第1章　総則
第1　幼稚園教育の基本

　幼児期の教育は，生涯にわたる人格形成の基礎を培う重要なものであり，幼稚園教育は，学校教育法に規定する目的及び目標を達成するため，幼児期の特性を踏まえ，環境を通して行うものであることを基本とする。

　このため教師は，幼児との信頼関係を十分に築き，幼児が身近な環境に主体的に関わり，環境との関わり方や意味に気付き，これらを取り込もうとして，試行錯誤したり，考えたりするようになる幼児期の教育における見方・考え方を生かし，幼児と共によりよい教育環境を創造するように努めるものとする。これらを踏まえ，次に示す事項を重視して教育を行わなければならない。

1　幼児は安定した情緒の下で自己を十分に発揮することにより発達に必要な体験を得ていくものであることを考慮して，幼児の主体的な活動を促し，幼児期にふさわしい生活が展開されるようにすること。

2　幼児の自発的な活動としての遊びは，心身の調和のとれた発達の基礎を培う重要な学習であることを考慮して，遊びを通しての指導を中心として第2章に示すねらいが総合的に達成されるようにすること。

3　幼児の発達は，心身の諸側面が相互に関連し合い，多様な経過をたどって成し遂げられていくものであること，また，幼児の生活経験がそれぞれ異なることなどを考慮して，幼児一人一人の特性に応じ，発達の課題に即した指導を行うようにすること。

　その際，教師は，幼児の主体的な活動が確保されるよう幼児一人一人の行動の理解と予想に基づき，計画的に環境を構成しなければならない。この場合において，教師は，幼児と人やものとの関わりが重要であることを踏まえ，教材を工夫し，物的・空間的環境を構成しなければならない。また，幼児一人一人の活動の場面に応じて，様々な役割を果たし，その活動を豊かにしなければならない。

第2　幼稚園教育において育みたい資質・能力及び「幼児期の終わりまでに育ってほしい姿」

1　幼稚園においては，生きる力の基礎を育むため，この章の第1に示す幼稚園教育の基本を踏まえ，次に掲げる資質・能力を一体的に育むよう努めるものとする。

(1) 豊かな体験を通じて，感じたり，気付いたり，分かったり，できるようになったりする「知識及び技能の基礎」

(2) 気付いたことや，できるようになったことなどを使い，考えたり，試したり，工夫したり，表現したりする「思考力，判断力，表現力等の基礎」

(3) 心情，意欲，態度が育つ中で，よりよい生活を営もうとする「学びに向かう力，人間性等」

2　1に示す資質・能力は，第2章に示すねらい及び内容に基づく活動全体によって育むものである。

3　次に示す「幼児期の終わりまでに育ってほしい姿」は，第2章に示すねらい及び内容に基づく活動全体を通して資質・能力が育まれている幼児の幼稚園修了時の具体的な姿であり，教師が指導を行う際に考慮するものである。

(1) 健康な心と体

　幼稚園生活の中で，充実感をもって自分のやりたいことに向かって心と体を十分に働かせ，見通しをもって行動し，自ら健康で安全な生活をつくり出すようになる。

(2) 自立心

　身近な環境に主体的に関わり様々な活動を楽しむ中で，しなければならないことを自覚し，自分の力で行うために考えたり，工夫したりしながら，諦めずにやり遂げることで達成感を味わい，自信をもって行動するようになる。

(3) 協同性

　友達と関わる中で，互いの思いや考えなどを共有し，共通の目的の実現に向けて，考えたり，工夫したり，協力したりし，充実感をもってやり遂げるようになる。

(4) 道徳性・規範意識の芽生え

　友達と様々な体験を重ねる中で，してよいことや悪いことが分かり，自分の行動を振り返ったり，友達の気持ちに共感したりし，相手の立場に立って行動するようになる。また，きまりを守る必要性が分かり，自分の気持ちを調整し，友達と折り合いを付けながら，きまりをつくったり，守ったりするようになる。

(5) 社会生活との関わり

　家族を大切にしようとする気持ちをもつとともに，地域の身近な人と触れ合う中で，人との様々な関わり方に気付き，相手の気持ちを考えて関わり，自分が役に立つ喜びを感じ，地域に親しみをもつようになる。また，幼稚園内外の様々な環境に関わる中で，遊びや生活に必要な情報を取り入れ，情報に基づき判断したり，情報を伝え合ったり，活用したりするなど，情報を役立てながら活動するようになるとともに，公共の施設を大切に利用するなどして，社会とのつながりなどを意識するようになる。

(6) 思考力の芽生え

　身近な事象に積極的に関わる中で，物の性質や仕組みなどを感じ取ったり，気付いたりし，考えたり，予想したり，工夫したりするなど，多様な関わりを楽しむようになる。また，友達の様々な考えに触れる中で，自分と異なる考えがあることに気付き，自ら判断したり，考え直したりするなど，新しい考えを生み出す喜びを味わいながら，自分の考えをよりよいものにするようになる。

(7) 自然との関わり・生命尊重

　自然に触れて感動する体験を通して，自然の変化などを感じ取り，好奇心や探究心をもって考え言葉などで表現しながら，身近な事象への関心が高まるとともに，自然への愛情や畏敬の念をもつようになる。また，身近な動植物に心を動かされる中で，生命の不思議さや尊さに気付き，身近な動植物への接し方を考え，命あるものとしていたわり，大切にする気持ちをもって関わるようになる。

(8) 数量や図形，標識や文字などへの関心・感覚

　遊びや生活の中で，数量や図形，標識や文字などに親しむ体験を重ねたり，標識や文字の役割に気付いたりし，自らの必要感に基づきこれらを活用し，興味や関心，感覚をもつようになる。

(9) 言葉による伝え合い

　先生や友達と心を通わせる中で，絵本や物語などに親しみながら，豊かな言葉や表現を身に付け，経験したことや考えたこと

などを言葉で伝えたり，相手の話を注意して聞いたりし，言葉による伝え合いを楽しむようになる。

(10) 豊かな感性と表現

　心を動かす出来事などに触れ感性を働かせる中で，様々な素材の特徴や表現の仕方などに気付き，感じたことや考えたことを自分で表現したり，友達同士で表現する過程を楽しんだりし，表現する喜びを味わい，意欲をもつようになる。

第3　教育課程の役割と編成等

1　教育課程の役割

　各幼稚園においては，教育基本法及び学校教育法その他の法令並びにこの幼稚園教育要領の示すところに従い，創意工夫を生かし，幼児の心身の発達と幼稚園及び地域の実態に即応した適切な教育課程を編成するものとする。

　また，各幼稚園においては，6に示す全体的な計画にも留意しながら，「幼児期の終わりまでに育ってほしい姿」を踏まえ教育課程を編成すること，教育課程の実施状況を評価してその改善を図っていくこと，教育課程の実施に必要な人的又は物的な体制を確保するとともにその改善を図っていくことなどを通して，教育課程に基づき組織的かつ計画的に各幼稚園の教育活動の質の向上を図っていくこと（以下「カリキュラム・マネジメント」という。）に努めるものとする。

2　各幼稚園の教育目標と教育課程の編成

　教育課程の編成に当たっては，幼稚園教育において育みたい資質・能力を踏まえつつ，各幼稚園の教育目標を明確にするとともに，教育課程の編成についての基本的な方針が家庭や地域とも共有されるよう努めるものとする。

3　教育課程の編成上の基本的事項

(1) 幼稚園生活の全体を通して第2章に示すねらいが総合的に達成されるよう，教育課程に係る教育期間や幼児の生活経験や発達の過程などを考慮して具体的なねらいと内容を組織するものとする。この場合においては，特に，自我が芽生え，他者の存在を意識し，自己を抑制しようとする気持ちが生まれる幼児期の発達の特性を踏まえ，入園から修了に至るまでの長期的な視野をもって充実した生活が展開できるように配慮するものとする。

(2) 幼稚園の毎学年の教育課程に係る教育週数は，特別の事情のある場合を除き，39週を下ってはならない。

(3) 幼稚園の1日の教育課程に係る教育時間は，4時間を標準とする。ただし，幼児の心身の発達の程度や季節などに適切に配慮するものとする。

4　教育課程の編成上の留意事項

　教育課程の編成に当たっては，次の事項に留意するものとする。

(1) 幼児の生活は，入園当初の一人一人の遊びや教師との触れ合いを通して幼稚園生活に親しみ，安定していく時期から，他の幼児との関わりの中で幼児の主体的な活動が深まり，幼児が互いに必要な存在であることを認識するようになり，やがて幼児同士や学級全体で目的をもって協同して幼稚園生活を展開し，深めていく時期などに至るまでの過程を様々に経ながら広げられていくものであることを考慮し，活動がそれぞれの時期にふさわしく展開されるようにすること。

(2) 入園当初，特に，3歳児の入園については，家庭との連携を緊密にし，生活のリズムや安全面に十分配慮すること。また，満3歳児については，学年の途中から入園することを考慮し，幼児が安心して幼稚園生活を過ごすことができるよう配慮すること。

(3) 幼稚園生活が幼児にとって安全なものとなるよう，教職員による協力体制の下，幼児の主体的な活動を大切にしつつ，園庭や園舎などの環境の配慮や指導の工夫を行うこと。

5　小学校教育との接続に当たっての留意事項

(1) 幼稚園においては，幼稚園教育が，小学校以降の生活や学習の基盤の育成につながることに配慮し，幼児期にふさわしい生活を通して，創造的な思考や主体的な生活態度などの基礎を培うようにするものとする。

(2) 幼稚園教育において育まれた資質・能力を踏まえ，小学校教育が円滑に行われるよう，小学校の教師との意見交換や合同の研究の機会などを設け，「幼児期の終わりまでに育ってほしい姿」を共有するなど連携を図り，幼稚園教育と小学校教育との円滑な接続を図るよう努めるものとする。

6　全体的な計画の作成

　各幼稚園においては，教育課程を中心に，第3章に示す教育課程に係る教育時間の終了後等に行う教育活動の計画，学校保健計画，学校安全計画などとを関連させ，一体的に教育活動が展開されるよう全体的な計画を作成するものとする。

第2章　ねらい及び内容

表現

〔感じたことや考えたことを自分なりに表現することを通して，豊かな感性や表現する力を養い，創造性を豊かにする。〕

1　ねらい

(1) いろいろなものの美しさなどに対する豊かな感性をもつ。

(2) 感じたことや考えたことを自分なりに表現して楽しむ。

(3) 生活の中でイメージを豊かにし，様々な表現を楽しむ。

2　内容

(1) 生活の中で様々な音，形，色，手触り，動きなどに気付いたり，感じたりするなどして楽しむ。

(2) 生活の中で美しいものや心を動かす出来事に触れ，イメージを豊かにする。

(3) 様々な出来事の中で，感動したことを伝え合う楽しさを味わう。

(4) 感じたこと，考えたことなどを音や動きなどで表現したり，自由にかいたり，つくったりなどする。

(5) いろいろな素材に親しみ，工夫して遊ぶ。

(6) 音楽に親しみ，歌を歌ったり，簡単なリズム楽器を使ったりなどする楽しさを味わう。

(7) かいたり，つくったりすることを楽しみ，遊びに使ったり，飾ったりなどする。

(8) 自分のイメージを動きや言葉などで表現したり，演じて遊んだりするなどの楽しさを味わう。

3　内容の取扱い

　上記の取扱いに当たっては，次の事項に留意する必要がある。

(1) 豊かな感性は，身近な環境と十分に関わる中で美しいもの，優れたもの，心を動かす出来事などに出会い，そこから得た感動を他の幼児や教師と共有し，様々に表現することなどを通して養われるようにすること。その際，風の音や雨の音，身近にある草や花の形や色など自然の中にある音，形，色などに気付くようにすること。

(2) 幼児の自己表現は素朴な形で行われることが多いので，教師はそのような表現を受容し，幼児自身の表現しようとする意欲を受け止めて，幼児が生活の中で幼児らしい様々な表現を楽しむことができるようにすること。

(3) 生活経験や発達に応じ，自ら様々な表現を楽しみ，表現する意欲を十分に発揮させることができるように，遊具や用具などを整えたり，様々な素材や表現の仕方に親しんだり，他の幼児の表現に触れられるよう配慮したりし，表現する過程を大切にして自己表現を楽しめるように工夫すること。

これからの音楽科の学習指導の充実に向けたウェブ情報

１．学習指導要領の理解を深める

1) 文部科学省

①平成 29・30・31 年改訂学習指導要領（本文，解説）：文部科学省 (mext.go.jp) － PDF 資料
　　https://www.mext.go.jp/a_menu/shotou/new-cs/1384661.htm

②平成 29 年改訂の小・中学校学習指導要領に関する Q&A（音楽に関すること）－ PDF 資料
　　https://www.mext.go.jp/a_menu/shotou/new-cs/qa/1422354.htm

2) 独立行政法人教職員支援機構

①学習指導要領：校内研修シリーズ No9 －解説動画・PDF 資料
　　https://www.nits.go.jp/materials/intramural/009.html

②小学校学習指導要領 音楽科の改訂のポイント：新学習指導要領編 No18 －解説動画・PDF 資料
　　https://www.nits.go.jp/materials/youryou/018.html

２．学習評価の理解を深める

1) 国立教育政策研究所

①「指導と評価の一体化」のための学習評価に関する参考資料（小学校 音楽），
　学校評価の在り方ハンドブックなど－ PDF 資料
　　https://www.nier.go.jp/kaihatsu/shidousiryou.html

2) 独立行政法人教職員支援機構

①新学習指導要領に対応した学習評価（小・中学校編）：新学習指導要領編 No33 －解説動画・PDF 資料
　　https://www.nits.go.jp/materials/youryou/033.html

②新学習指導要領に対応した学習評価（小学校 音楽科）：新学習指導要領編 No48 －解説動画・PDF 資料
　　https://www.nits.go.jp/materials/youryou/048.html

３．ＩＣＴの活用について理解を深める

1) 文部科学省

①GIGA スクール構想の実現について－ PDF 資料
　　https://www.mext.go.jp/a_menu/other/index_00001.htm

②各教科等の指導における ICT の効果的な活用に関する解説動画
　音楽，図画工作，美術，工芸，書道の指導における ICT の活用について－解説動画・PDF 資料
　　https://www.mext.go.jp/a_menu/shotou/zyouhou/detail/mext_00941.html

③各教科等の指導における ICT の効果的な活用に関する参考資料
　小学校音楽科の指導における ICT の活用について－ PDF 資料
　　https://www.mext.go.jp/a_menu/shotou/zyouhou/mext_00915.html

４．授業に活用できるお勧めサイト

1) 文部科学省

①子供の学び応援サイト～学習支援コンテンツポータルサイト～
　　https://www.mext.go.jp/a_menu/ikusei/gakusyushien/index_00001.htm

②子供の学び応援サイト教師向け詳細版（小学校 音楽）
　　https://www.mext.go.jp/content/20200407-mxt_kyoiku02-000005327_11.pdf

５．コロナ禍への対応

1) 日本音楽教育学会

①新型コロナウィルス感染症対策　音楽教育に関わる情報
　　https://info.onkyou.com/

著者一覧
（五十音順）

有本真紀 （立教大学教授）

石上則子 （元東京学芸大学准教授）

井上恵理 （国立音楽大学教授）

牛越雅紀 （長野県東信教育事務所学校教育課長）

小畑千尋 （文教大学教授）

樫下達也 （京都教育大学准教授）

古山典子 （福山市立大学教授）

権藤敦子 （広島大学教授）

齊藤忠彦 （信州大学教授）

酒井美恵子 （国立音楽大学教授）

阪井　恵 （明星大学教授）

清水　匠 （茨城県土浦市立土浦第五中学校教諭）

城　佳世 （九州女子大学准教授）

末永有哉 （宮城県仙台市立大和小学校教諭）

菅　裕 （宮崎大学教授）

高見仁志 （佛教大学教授）

津田正之 （国立音楽大学教授）

長井覚子 （白梅学園短期大学准教授）

西沢久実 （兵庫県神戸市立神戸祇園小学校教諭）

長谷川　慎 （静岡大学教授）

村上康子 （共立女子大学教授）

森　薫 （埼玉大学准教授）

山内雅子 （上野学園大学教授）

山下薫子 （東京藝術大学教授）

（職名は令和3年10月1日現在）

新版 New Edition 教員養成課程
小学校音楽科教育法
2022年改訂版

2019 年 1 月 30 日　第 1 刷発行
2025 年 1 月 27 日　第 7 刷発行（2022 年改訂版）

編著者	有本真紀　阪井 恵　津田正之
発行者	株式会社 教育芸術社（代表者　市川かおり） 〒171-0051　東京都豊島区長崎 1-12-14 電話 03-3957-1175（代表）　03-3957-1177（販売部直通） https://www.kyogei.co.jp/
表紙	西村淳一
本文デザイン	古屋真樹（志岐デザイン事務所）
印刷	新日本印刷
製本	ヤマナカ製本

©2019 by KYOGEI Music Publishers.

・本書を無断で複写・複製することは著作権法で禁じられています。
・★印の著作物は，教芸音楽研究グループによる編曲です。

JASRAC 出　1812363-507